KB067644

고객의 경험을 디자인하라

기업의 심장 콜센터 경영전략
Designing the Customer Experience

고객의 경험을 디자인하라

장정빈 지음

올림

고객의 경험을 디자인하라

초판 1쇄 발행 | 2007년 3월 20일
초판 7쇄 발행 | 2014년 1월 10일

지은이 | 장정빈
펴낸이 | 이성수
주간 | 박상두
편집 | 황영선, 이홍우, 박현지
마케팅 | 이현숙, 이경은
제작 | 박홍준
인쇄 | 천광인쇄

펴낸곳 | 올림
주소 | 110-999 서울시 종로구 신문로1가 163 광화문오피시아 1810호
등록 | 2000년 3월 30일 제300-2000-192호(구:제20-183호)
전화 | 02-720-3131
팩스 | 02-720-3191
이메일 | pom4u@naver.com
홈페이지 | www.ollim.com

값 | 12,000원
ISBN | 978-89-958839-3-8 03320

콜센터는 알고 있다!

"직원들은 모두 답을 알고 있습니다. 특히 콜센터 직원들은 수많은 고객과 상담을 하기 때문에 무엇이 고객을 실망시키는지, 어떻게 하면 고객에게 더 나은 경험을 제공할 수 있는지를 모두 알고 있습니다. 경영자나 본부의 직원들만 모르고 있는 것이지요. 그런데 기업에서는 콜센터의 중요성을 깨닫지 못할 뿐만 아니라 심지어 관리가 귀찮다는 이유로 외주를 주어버립니다."

필자가 기업의 서비스전략과 콜센터 경영에 관한 책을 쓰고 있다고 하자 어느 교수님께서 해주신 말씀이다.

오늘날 금융기관, 통신회사, 백화점, 공공기관 등 분야와 규모는 다를지라도 콜센터를 두고 있지 않은 기업은 거의 없다. 미국의 퍼듀대학에서 조사한 자료에 따르면, 콜센터에서 좋지 않은 경험을 할 경우 85%의 고객이 해당 기업의 제품과 서비스를 재구매할 의사가 없다고 응답했으며, 콜센터에서 문제가 제대로 해결될 경우 상품에 하자가 있더라도 89%의 고객이 그 기업의 제품을 재구매할 의사가 있다고 응답했다.

이들 수치는 상당한 의미를 지닌다. 콜센터의 서비스품질이 바로 고객의 충성도를 좌우하는 관건임을 뜻하기 때문이다. 그러나 실제로 기업의 서비스전략을 논의하는 자리에서는 콜센터가 쏙 빠져 있는 경우가 많다. 제품이나 서비스 문제로 화가 난 고객이 전화를 걸어 불만을 터뜨릴 때에야 비로소 어떤 문제가 발생했는지를 깨닫고 허겁지겁 관련부서와 대책을 마련하는 일이 비일비재하다.

그러나 최근 들어 '기업 그 자체이자 종합상황실과도 같은' 콜센터에 대한 인식이 높아지기 시작했다. 어느 보험사는 '어르신의 상담전화는 직접 받아야 한다고 생각합니다'라는 광고 카피를 통해 차별화된 콜센터 서비스를 내세우고 있다.

기업은 줄기차게 '자동화를 통한 효율성'과 '1인당 실적관리를 통한 수익의 극대화'를 추구한다. 그러나 고객은 문제가 빠르게 해결되기를 원하는 한편 상담원과의 개인적이고 따뜻한 대화를 갈망하기도 한다.

필자는 무인자동화 주차장에 들어갈 때면 언제나 겁부터 더럭 난다. 조작을 못해서가 아니다. 행여나 갇히게 되었을 때 비명을 듣고 달려와줄 사람이 곁에 없다는 막연한 불안감 때문이다. 같은 이유로 상담원이 곁에 없는 자동응답장치ARS에도 질려 있다.

고객이 특정 상품을 선택하는 기준은 제품과 서비스만이 아니다. 제품이나 서비스 외의 것에도 고객은 값을 지불한다. 바로 경험experience이다. 고객은 반드시 관련된 경험과 함께 제품이나 서비스를 구매하게 된다. 그런데 대부분의 사람들은 좋은 경험보다는 부정적인 경험을 더 오래 기억할 뿐만 아니라 다른 많은 사람에게 전파한다. 그러므로 고객에게 어떤 경험을 심어주느냐가 서비스의 성패를 가르는 관건이 된다.

이 책은 주로 콜센터의 서비스와 경영전략을 다루고 있지만 콜센터 관련자만을 위한 책은 아니다. 어느 회사나 서비스전략과 콜센터는 동전의 양면처럼 긴밀히 연결되어 있다. 콜센터는 기업의 종합상황실로서 전략의 수립에서부터 실행, 판매와 고충처리에 이르기까지 서비스에 관한 모든 것을 함축하고 있다.

이 책은 필자가 서비스 전문가로서 20여 년 동안 체험하고 연구한 결과

물이다. 어떻게 하면 콜센터를 통해 고객에게 즐거운 경험을 제공할 수 있을지, 종합적이면서도 개별적인 해답을 제공하고자 노력했다.

필자는 학교 교사로 직장생활을 시작했고 지금도 가르치고 책을 쓰는 일을 좋아한다. 20년이 지난 지금도 그 시절의 꿈을 꿀 때가 많다. 돌이켜보면 그때가 제일 행복했던 것 같다. 콜센터장 시절은 30년 직장생활 중 가장 행복한 기억들로 점철되어 있다. 이 책의 구석구석에 배어 있는 상담원에 대한 각별한 애정은 여기서 기인한 것이다. 아침마다 이들과 김밥과 커피를 나눠 먹으면서 상담사례를 주고받으며 더 좋은 서비스를 위해 함께 고민했다. 직원들은 고객이 행복해하면 즐거워했고 고객과 씨름하면서 힘들어했다. 회사에서 만들어준 규정과 절차의 벽 때문에 고객의 상식적이고 정당한 요구에도 '죄송하다'는 답변밖에 할 수 없을 때 가장 괴로워했다.

상담원이 무려 2천여 명이나 되는 콜센터장으로 부임하던 날, 필자는 대형서점을 찾았다. 콜센터 관련서적을 뒤져보니 무려 400여 페이지에 달하는 두꺼운 이론서가 한 권 눈에 띄었다. 그런데 전문용어와 이론을 나열하는 데 그친 책이어서 서비스와 마케팅 전문가인 필자가 보기에도 이해하기가 쉽지 않았다. 필자는 이 책을 서가에 그대로 꽂아두고 한 가지 결심을 했다. 책을 뒤지기보다는 현장에서 실제로 일어나는 일을 관찰하기로 한 것이다. 그리고 콜센터 관리자로서 현재 운영하는 방식이 좋은지를 알아보았다. 예전 관리자의 업무를 그대로를 답습하기는 싫었다. 바쁜 시간을 쪼개 이른바 '잘 운영된다'는 콜센터를 찾아다니며 벤치마킹을 했다. 어느 회사의 콜센터 팀장은 "이건 우리 회사만의 노하우라서 설명 드리기 곤란하다"며 필자를 섭섭하게 만들기도 했다. 그때부터 필자는 콜센터의 이모저모를 생생하게 담은 책을 꿈꾸게 되었다. 언젠가 콜센터를 떠날 즈음에 기업의 서비스전략과 콜센터 경영에 대한 현장사례와 운영 노하우, 그리고 필자의 체취가 듬뿍 담긴 책을 써야겠다고 결심했다.

오랫동안 콜센터에서 근무했던 관리자라면 이 책을 읽으면서 현실적인 한계를 무시한 주장이라고 여길 부분도 더러 있을 것이다. 그럼에도 필자가 고집(?)을 피운 이유는 단 하나다. 이 책을 읽는 모든 분들에게, 회사의 전반적인 서비스전략과 콜센터의 고객경험 관리를 일반고객이 바라는 상식적인 수준으로 설계하기를 멈추지 말아야 한다는 것을 간곡히 당부하고 싶어서이다.

기업의 이미지 메이커로서 그 존재가치가 날로 부각되는 콜센터의 관리자와 상담원들은 물론, 창의적인 서비스기업으로의 도약을 모색하는 경영자와 현장 책임자, 그리고 일선에서 더 나은 서비스를 위해 끊임없이 노력하는 모든 이들에게 필요한 영양분이 되기를 바란다.

책을 세상에 내놓을 때마다 그랬지만 지금은 그 어느 때보다 더 떨리는 마음이다. 더 풍부한 경험을 쌓고 식견이 높아지기를 기다려야 했던 것은 아니었는지, 책을 쓰는 내내 경험 부족과 능력의 한계를 뼈저리게 느꼈지만 디딤돌을 놓는다는 심정으로 용기를 냈다. 차후에 더 나은 책으로 다시 세상과 교감하겠다는 약속을 덧붙이면서 독자 여러분의 채점을 기다린다.

이 책이 나오기까지 많은 분들의 아낌없는 도움을 받았다. 책의 집필방향을 제시해주신 한근태 교수님, 풍부한 사례를 들려주신 박춘미 선생님, 서툰 글을 다듬어준 김태훈 지점장, 한 글자 한 글자 정성스럽게 봐준 박소은 과장, 원고를 입력하느라 수고해준 박수진 씨께 감사드린다.

2007. 3
장정빈

2 콜센터에 집중하라

3 고객의 경험을 디자인하라

4 콜센터는 회사의 심장이다

5 매뉴얼을 초월하라

1

회사의 대표선수
상담원을 구출하라

고객은
두 번만 옳다!

늦은 밤에 은행 콜센터에 전화를 했다면 십중팔구는 사정이 다급하거나 불만이 큰 경우이다. 도난, 분실, 고장 같은 긴급상황이거나 항의전화가 대부분이다. 밤 11시가 넘으면 현금카드, 신용카드 사고 신고가 부쩍 늘어나 대부분 아르바이트 대학생으로 구성된 야간 상담원들은 바짝 긴장한다. 행여 카드가 거래정지라도 걸려 있으면 상황이 복잡해진다. 만취한 고객이 "카드결제를 연체한 적이 없다. 분실신고도 한 적이 없다. 술값을 내야 하는데 현금지급기에서 돈이 나오지 않는다. 돈 갖고 어느 술집으로 와달라"며 행패를 부리는 일도 더러 생기기 때문이다.

언젠가 TV에서 술 취한 사람들이 파출소에서 갖가지 행패를 부리는 모습을 모아 방영한 적이 있다. 경찰관 면전에서 집기를 부수고 책상을 발로 차는 것은 다반사였다. 심야에 콜센터를 찾는 고객의 욕설과 고성도 결코 그에 못지않다.

어느 날 밤 11시쯤 귀청이 찢어질 듯한 고성과 입에 담지 못할 욕설을 퍼붓는 고객의 목소리에 콜센터는 순식간에 긴장이 감돌았다. 이유없이 카드가 거래정지되었다며 최고책임자를 바꾸라는 고객의 일방적인 성화에 결국 상담원이 팀장에게 전화를 연결했고, 팀장은 "책임자는 퇴근했다"고 답변했다. 급기야 고객이 "야간 담당 최고책임자가 따로 있어야 하지 않느냐, 이렇게 고객을 수렁에 빠뜨려놓고 집에 가는 책임자가 어디 있느냐, 찾아가서 모두 죽여버리겠다"며 으름장을 놓는 험악한 지경에 이르렀다.

확인해보니 그 고객은 BC카드 대금결제를 연체하고 있었다. 고객이 BC카드 결제를 위해 통장에 예치한 돈이 다른 카드의 사용대금으로 앞서 인출되어버린 것이다. 당연히 BC카드 결제잔액이 부족해져 거래정지에 걸린 것이다.

그런데 사실관계가 분명해진 다음에도 사태는 수그러들지 않았다. 상담원은 "고객님은 은행(국민은행과 주택은행)이 통합되었다는 사실도 모르고 있었습니까?"라고 반문했고, 고객은 "내가 그것을 어떻게 아느냐?"며 따지고 들었다. 결국 둘은 수화기를 붙들고 죽기 살기로 싸웠다. 녹음된 상담내용을 모두 들어보니 처음에는 상담원도 참는 기색이 역력했지만 종반부에는 고객과 직원을 떠나 서로 할퀴고 대거리를 하는 형국이 되어버렸다. 나중에 이 고객은 상담원을 해고하고 그 사실을 자기에게 통보해주기 바란다며 은행뿐만 아니라 금감원에까지 민원을 제기했다.

다음은 한국리더십센터 코디네이터로 활동하고 있는 방 교수로부터

들은 이야기다.

자동차를 새로 구입하여 아직 임시번호판을 달고 다닐 때 군에서 막 제대한 둘째아이가 차를 쓰겠다고 했다. 방 교수는 조심하라는 당부와 함께 키를 넘겨주었지만 마음이 놓이지 않았다. 막 출고한 새 차인데다 그날따라 비도 많이 오고 아들이 젊은 혈기에 함부로 운전하는 습관이 있어 걱정스러웠기 때문이다.

하지만 모처럼의 부탁인데 기분 좋게 해주어야지 싶어 애써 마음을 편하게 먹었다. 결국 그날 아들은 교통사고를 내고 말았다. 아들은 걱정이 되었는지 두 번이나 전화를 걸어 아버지의 동태를 살폈다. 머뭇머뭇 뜸을 들이던 아들이 마침내 사실을 털어놓았다.

"아빠, 사실은 차가 좀 스쳤거든요….."

"많이 스쳤어?"

"아니요… 조금….."

아들이 풀 죽은 목소리로 대답했다.

"괜찮다. 걱정하지 말고 어서 들어와라."

말로는 이렇게 다독거렸지만 차 상태가 어떤지 걱정되었다. 아들은 밤 12시 30분이 지나서 돌아왔다. 아들이 제 방으로 들어가는 것을 확인한 뒤 방 교수는 지하주차장으로 내려갔다. 차를 보는 순간 버럭 화가 치밀었다. 조수석의 창문은 박살이 나고 앞뒷문은 구겨놓은 종잇장처럼 찌그러져 있었다. 속이 부글부글 끓었지만 참고 방으로 올라왔다.

혼을 내며 야단을 칠 것인가, 아니면 『성공하는 사람의 7가지 습관』에서 가르친 대로 아이의 '감정계좌'에 저축할 기회로 삼을 것인가. 방 교수는 어떻게 하는 게 좋을지 잠시 고민했다. 그때 불현듯 '내가 언제 한 번이라도 아버지다운 모습을 보여준 적이 있었던가'하는 생각이 떠올랐다.

생각해보니 떳떳한 기억은 별로 없고 상처를 준 기억만 떠올랐다. 감정계좌에 저축할 수 있는 좋은 기회라는 생각이 들었다. 부자관계를 되돌아보니 아들과 아주 편한 관계, 마음으로부터 가까운 관계라고 생각했던 것은 혼자만의 착각이었음을 깨닫게 되었다.

'왜 아들은 처음 전화했을 때 사고 이야기는 하지 않고 내가 잠자리에 들었는가만 확인했을까? 아들의 마음은 저만큼 멀리 있는데 나 혼자만 가까이 있는 줄 알고 있었단 말인가? 나는 아버지 노릇을 잘하고 있는 줄 알았는데 그것이 아니었단 말인가?'

그는 자기도 모르게 아들에게 편지를 쓰기 시작했다.

사랑하는 아들아, 차가 저 지경이 되어 얼마나 걱정되고 놀랐니? 나도 차를 보는 순간 황당하고 화가 많이 났단다. 그러나 네가 다치지 않았다니 얼마나 다행이고 감사한 일이니? 괜찮다, 걱정하지 말아라. 네가 이번 실수를 통하여 앞으로 운전하는 데 큰 교훈을 얻을 것으로 믿는다. 편한 마음으로 잘 자거라. 너를 사랑하는 아빠가.

방 교수는 편지를 아들 방에 남기고 홀가분한 마음으로 잠자리에 들었다. 이튿날 아들이 조심스레 다가와 말을 건넸다.

"아빠! 고마워요. 간밤에 편지를 읽고 한숨도 못 잤어요. 예전처럼 또 난리가 날 줄 알았는데 아빠한테 이런 너그러움과 사랑이 있는 줄 몰랐어요. 아빠! 저도 결혼해서 아들을 낳고 제 아들이 차 사고를 내고 들어오면 아빠처럼 저도 화내지 않을 거예요. 아빠같이 할 거예요."

아들은 계면쩍은 얼굴로 고맙다는 인사를 한 뒤 제 방으로 돌아갔다. 방 교수는 모처럼 아버지 노릇을 제대로 했다는 생각에 흐뭇하고 행복했다.

최소비용으로 최대수익을 올리는 '감정투자'

문제의 고객과 심하게 다툰 직원 때문에 머리가 복잡하던 그때 불현듯 방 교수의 이야기가 떠올랐다. 나도 그가 말한 '감정계좌'를 그 직원에게 써먹기로 했다.

이튿날 심호흡을 몇 번 하고 아직 대학생 신분인 그를 내 방으로 불렀다. 고객과 심한 언쟁을 벌인 상담원의 이야기부터 경청해보기로 한 것이다. 먼저 상담원에게 이번 일에 대해서 어떻게 생각하느냐고 물었다. 그는 심려를 끼쳐 죄송하다, 전적으로 자기가 잘못했고 다시는 이런 일이 없도록 하겠다며 머리를 숙였다. 이런 일로 여느 상담원과 면담했을 때와 같은 예상된 반응이었다.

방 교수가 아들의 감정계좌에 저축했던 것처럼 나는 이왕 저질러진 일, 지금이 관리자로서 우리 직원들의 감정계좌에 저축할 기회라고 판단했다. 필자는 차분하게 이야기를 시작했다. 나이도 엇비슷한 고객이 거친 욕설을 퍼붓고 소리를 질러서 젊은 혈기에 참기가 몹시 힘들었을 텐데, 그나마 자제력을 발휘해주어 대견스러웠다. 자전거 타는 법을 배울 때 떨어지고 다시 올라타고 또 떨어지고 다시 올라타는 과정을 되풀이하다 잘 타게 되듯이 정말 중요한 것은 이런 실수를 통해서 제대로 배워나가는 것이라고 차근차근 말해주었다.

직원은 전혀 예상치 못한 듯 놀라는 표정이 역력했다. 더 뜻밖의 반응을 보여준 것은 직원들이었다. 센터장이 불같이 노해서 벼락을 칠 거라고 생각하며 얘기를 엿듣던 직원들이 "정말 감동스러운 광경이었습니다"라며 함께 기뻐해주었던 것이다.

탁월한 서비스를 위한 분위기를 만드는 것은 전적으로 리더에게 달려 있다. 말콤 볼드리지 상을 1992년, 1999년 두 번이나 수상한 리츠칼튼 호텔에서는 '당신은 부하직원들의 힘을 붇돋워주는 괜찮은 리더인가'를 이렇게 점검해보도록 하고 있다.

- 당신은 무엇이 직원들의 사기를 높이는지 알고 있는가?
- 그들은 당신과 쉽게 접촉할 수 있는가?
- 그들이 실수할 수 있다는 것과 그로부터 교훈을 얻을 수 있다는 것을 당신은 인정하는가?
- 직원들이 당신을 두려워하고 있는가?

콜센터 조직은 고객 지향적·커뮤니케이션 지향적·감성 지향적·마케팅 지향적인 서비스를 제공한다는 특성 때문에 그 어느 조직보다 분위기가 살아 있어야 하는 곳이다. 따라서 콜센터 리더는 전문가적 스킬과 커뮤니케이션 능력을 바탕으로 상담원을 지도하는 코치형 리더여야 하며, 무엇보다 부하직원에게 우호적이고 힘을 북돋워주는 치어리더여야 한다.

필자는 이런 치어리더로 일본 맥도날드 전 사장 후지타 덴을 떠올린다. 그는 감정계좌와 똑같은 말인 '감정투자'라는 독특한 경영을 한 것으로 유명하다. 그는 매년 4월 직원의 부인에게 특별보너스를 주었고 해마다 호텔에서 부부동반 파티를 열어주었다.

"저는 여러분 남편의 건강을 세심하게 살필 수 없습니다. 그래서 남편의 건강을 챙기는 일을 여러분에게 넘깁니다."

이렇게 해서 직원은 물론이요, 그 가족까지 감동시킨다. '감정투자' 경영은 직원들이 존중과 사랑을 받고 있다고 느끼도록 하는 것을 말한다. 그는 감정투자를 생각하게 된 이유를 이렇게 말하고 있다.

"나는 모든 투자에 대해 수익률을 분석해보았다. 그 결과 모든 투자 가운데 비용은 가장 적게 들고 수익률이 가장 높은 투자는 감정투자였다."

필자는 이날 관리자로서 꾸중이 아니라 너그러움과 용서로 직원들의 존경과 충성을 얻은 셈이다. "토끼는 귀를 잡아야 하고 고양이는 목덜미를 잡아야 하며 사람은 먼저 마음을 잡아야 한다"는 말이 있다. 필자는 직원들의 마음을 얻었다는 생각에 그날 하루를 뿌듯한 마음으로 보냈다.

이 글을 읽는 분들의 감정계좌가 높아지도록 어느 이동통신사의 민원 상담원이 올린 가슴이 뭉클해지는 사연을 덧붙인다.

저는 이동통신회사에서 민원을 상담하는 일을 하고 있습니다. 2년이 훨씬 넘게 많은 고객들과 통화를 하면서 아직까지도 가슴속에서 지워지지 않는 이야기가 있습니다. 그날따라 불만고객들이 유난히 많아 은근히 짜증이 나기도 했지요. 하지만 서비스업이라는 업무의 특성상 고객이 소리를 지르거나 욕설을 해도 저희 쪽에서 할 수 있는 말이란 "죄송합니다. 더 나은 서비스를 위해서 다시 조치하겠습니다"이지요. 이런 말 외에 같이 흥분하거나 소리를 지를 수는 없거든요. 그날은 비까지 오는데다가 컨디션도 많이 안 좋았지만 그건 어디까지나 제 사정이기 때문에 걸려오는 전화에 제 기분은 뒤로 숨긴 채 인사멘트를 했죠. 목소리로 보아 꼬마 여자아이였어요.

이ㅇㅇ   정성을 다하겠습니다. A텔레콤 이ㅇㅇ입니다.

고객   비밀번호 좀 가르쳐주세요.

이ㅇㅇ   (목소리가 무척 맹랑하다는 생각을 하며) 고객분이 사용하는 번호 좀 불러주시겠어요?

고객   1234-5678이오.

이ㅇㅇ   가입자가 남자분으로 되어 있는데 본인 아니시죠?

고객   제 동생이에요. 제가 누나니까 빨리 말씀해주세요.

이ㅇㅇ   죄송한데 고객분 비밀번호는 명의자 본인이 단말기를 소지하신 후에만 가능합니다. 저희는 밤 10시까지 근무하니 다시 전화 주시겠어요?

고객   제 동생 죽었어요. 죽은 사람이 어떻게 전화를 해요?

(가끔 타인이 다른 사람의 비밀번호를 알려고 이런 거짓말을 하는 경우가 종종 있기 때문에 저는 최대한 차가운 목소리로 이렇게 말했습니다.)

이ㅇㅇ   그럼 명의변경을 하셔야 하니까요, 사망진단서와 전화 주신 분 신분증, 또 미성년자이시니까 부모님 동의서를 팩스로 좀 넣어주십시오.

고객   뭐가 그렇게 불편해요? 그냥 알려줘요!

(너무 막무가내였기 때문에 저는 부모님을 좀 바꿔달라고 했죠.)

고객   아빠, 이 여자가 아빠 바꿔달래.

(수화기 저편으로 고객의 아빠와 엄마 말소리가 들리더군요.)

고객   비밀번호 알려달라고 그래! 빨리!

아빠   여보세요?

이〇〇   안녕하세요? A텔레콤인데요, 비밀번호 열람 때문에 그런데요, 명의자와 통화를 할 수 있을까요?

아빠   제 아들이오? 6개월 전에 사고로 세상을 떠났습니다.

(콰당?! 그럼 사실이란 말야?! 그때부터 미안해지더군요. 아무 말도 못하고 잠시 정적이 흐르는데 아빠가 딸에게 묻더군요.)

아빠   애야, 비밀번호는 왜 알려고 그러니?

고객   (화난 목소리로) 엄마가 자꾸 혁이(가입자 이름이 김혁이었거든요.) 호출번호로 인사말 들으면서 계속 울기만 하잖아. 그거 비밀번호 알아야만 지운단 말야.

(전 그때 가슴이 꽉 막혀왔습니다.)

아빠   비밀번호 알려면 어떻게 해야 합니까?

이〇〇   아, 예… 그거는 명의자만 가능하기 때문에 명의변경하셔야 합니다. 의료보험증과 보호자 신분증을 팩스로 넣어주셔도 가능하지요.

아빠   알겠습니다.

이〇〇   (저는 '감사합니다'로 멘트를 종료해야 하는데도 저도 모르게 이렇게 말했습니다.) 죄송합니다… 확인 후 전화주십시오.

저는 통화종료 후 조심스레 호출번호를 눌러봤죠. 역시나 이렇게 되어 있더군요.

"안녕하세요? 저 혁인데요, 연락주셔서 감사합니다…."

그리고 혁이 아빠의 목소리가 들렸습니다.

첫번째 메시지입니다.

"혁아, 아빠다… 이렇게 음성을 남겨도 니가 들을 수 없다는 걸 알지만 오늘은 니가 보고 싶어 어쩔 수가 없구나… 미안하다 혁아, 아빠가 오늘 니 생각이 나서 술을 마셨다. 니가 아빠 술 마시는 거 그렇게 싫어했는데… 춥니? 혁아… 아빠 안…보고 싶어?

가슴이 메어지는 것 같았습니다. 그날 하루를 어떻게 보냈는지….

아마도 혁이 엄마는 사용하지도 않는 호출기에 녹음되어 있는 자식의 목소리를 들으며 매일 밤 울었나 봅니다. 그걸 보다 못한 딸이 인사말을 지우려 전화를 한 거구요. 가슴이 많이 아프더군요.

악마고객은 어떤 사람인가

필자는 2년 전에 쓴 『먼저 돌아눕지 마라』라는 책에서 '대부분의 고객만 옳다'라는 내용의 글을 썼는데, 많은 서비스 전문가와 독자들이 공감을 표시했다. 미국의 낙농업체인 스튜 레오나드의 정문 바위에 새겨져 있는 다음의 말도 이제는 꽤 친숙해진 말이다.

규칙1 고객은 항상 옳다.

규칙2 만약 이 말이 옳지 않다고 생각되면 규칙1을 다시 읽어라.

불만고객의 행동에 대한 연구로 유명한 서비스 연구회사인 TARP Technical Assistant Research Programs 도 고객의 문제 중 1/3이 고객 책임이라는 것을 발견했다. 술에 취해 직원들을 괴롭히거나 자기 잘못을 뒤집어씌우거나 직원들의 사소한 실수를 악용해서 공짜 혜택을 얻어내려는 악질 고객들은 어디에나 존재한다.

그래서 필자는 "고객은 항상 옳지는 않다. 그러나 곰곰이 생각해보면 대부분의 고객은 그래도 옳다"라고 고쳐 말하고 싶다고 썼던 것이다. 여기서 '그래도'라는 말을 굳이 붙인 이유는 고객들이 문제를 일으키는 이유의 상당 부분이 우리가 제대로 설명해주지 않은 데서 발생한다는 점을 강조하기 위해서다.

우리는 상품과 서비스에 대해서 고객이 꼭 알고 있어야 할 유의사항을 알려주는 것을 자주 잊어버리곤 한다. 우리가 너무 익숙하고 사용설명서에 모두 나와 있으니 고객도 상식적으로 잘 알고 있으리라는 믿음 때문이다.

모든 서비스의 목적은 고객을 만족시켜 고객이 계속 찾아주고 좋은 소문을 내주게 하는 데 있다. 악마라도 올바른 고객으로 인도할 능력을 갖추어야 한다. 그렇다고 악마들에게 직원들이 계속 학대당해도 된다는 말은 절대 아니다.

"요즘 기업들이 하나님 말씀처럼 신봉하고 있는 '고객은 항상 옳다'라는 말은 완전히 틀렸다. 그것은 종업원을 배신하는 것이다. 고객 중에는 기내에서 폭음을 하고 이유 없이 직원을 괴롭히는 등 해를 끼치는 이들이 있다. 가치 있는 고객들만 항상 옳으며 그런 고객만이 대접받을 가치가 있다."

허브 캘러허 사우스웨스트항공 전 CEO가 한 말이다. 그래서 사우스웨스트항공은 3회 이상 직원을 괴롭힌 고객은 더 이상의 탑승을 거절한다. 부득이하지만 '고객을 받지 않을 재량권'을 접점touch point 직원에게 줌으로써 고객 못지않게 회사의 큰 자산인 직원들을 보호해야 한다고 생각하기 때문이다.

미국의 로젠블루스 여행사도 직원에게 여러 번 무례한 행동을 보인 고객들을 다른 여행사로 유도하고 있다.

이 회사의 CEO인 할 로젠블루스가 한 말이다.

"전화를 통해 직원에게 무례하게 구는 고객과 계속 대화하도록 두는 것은 회사가 직원을 학대하는 짓이다!"

고마운 고객들에게 성의를 다하지 못하는 직원들을 바로잡는 교육이 필요하듯이 사랑하는 직원들을 위해서 악마 같은 고객을 거부할 수 있는 캘러허나 로젠블루스 사장의 용기가 부럽다.

여기서 악마 같은 고객이나 상습적인 불만고객이란 비합리적인 요구를 하면서 시간을 소비하게 만드는 고객을 말한다. 그러나 합리적인 이유로 불만을 제기하는 고객을 상습적인 불만고객으로 간주하는 것은 아주 위험한 일이다. 따라서 이를 구분하는 데 신중을 기해야 한다. 다음은 상습적인 불만고객이 가진 몇 가지 특징들이다.

- 항상 누군가 비난을 퍼부을 대상을 찾는다 실수로 발생하는 문제란 절대 없어야 하며 항상 누군가가 잘못해서 문제가 생긴다고 생각한다. 그리고 '그 누군가는 바로 상담원 당신'이라고 주장한다.
- 고객 자신의 실수나 책임은 조금도 인정하지 않는다 자신은 흠잡을 데 없는 사람이며 다른 사람의 무능력과 잘못으로 자기가 희생당하고 있다고 생각한다.
- 다른 사람이 무엇을 해야 하는지에 대한 생각이 확고하다 '항상', '결코', '해서는 안 되는' 등과 같은 단어를 강조하며 불만을 늘어놓는다.
- 불만을 길게 늘어놓는다 정상적인 불만고객은 한두 가지 불만을 말하지만 상습적 불만고객은 쉴 새 없이 또 다른 불만을 제기한다.

악마고객, 어떻게 대처하고 관리할 것인가

일단 상습적인 불만고객이라고 판단되면 어떻게 대처할 것인지를 생각해야 한다. 실제로 상습적인 불만고객이 많은 것은 아니지만 이들을 효과적으로 다루지 않으면 귀중한 서비스 인력과 시간을 비생산적인 일에 낭비하는 셈이 된다. 더 큰 문제는 상담직원들이 학대받고 있다는 점이다. 상습적인 불만고객을 다루기 위한 몇 가지 접근방법은 다음과 같다.

- 끊임없이 늘어놓는 불평 속에 합리적인 불만내용이 들어 있는지를 찾아내기 위해 적극적으로 경청하라.
- 고객이 늘어놓는 장황한 불만을 상담원이 서비스 제공자의 표현으로

요약해서 확인하라. 예를 들어 "죄송합니다만, 결국 오래 기다리셔서 기분이 나쁘다는 말씀이신가요?" 하는 식이다.

- 고객이 불만을 과장하거나 확대하는 일을 줄이기 위해 사실관계를 질문하라. 예를 들어 고객이 "하루 종일 전화했지만 아무도 안 받았다"고 주장한다면, 실제 몇 번, 언제 전화했는지 확인한다.

- 고객에게 사과하는 일이 자연스럽더라도 잠시 사과하고 싶은 욕망을 억제해야 할 경우가 있다. 고객이 진정으로 원하는 바가 문제를 해결하는 데 있지 않고 책임을 덮어씌우려는 데 있을 수 있기 때문이다.

- 특히 서비스 제공자, 즉 상담원의 문제해결 방식에 만족하지 않을 때에는 고객으로 하여금 직접 문제해결 방법을 제시하도록 유도하라. 또한 고객과의 대화를 위해 할애할 수 있는 시간을 제한하라. 예를 들어 "10분 후에는 다른 사람과 약속이 되어 있습니다. 그때까지 어떤 방법이 있는지 함께 생각해볼까요?"와 같은 식으로 유도하라. 목표는 불평을 중단시키고 문제해결을 위한 대화를 시작하게 만드는 데 있다.

어느 기업, 어느 콜센터나 상습적인 불만고객 즉, 악마고객이 있다. 그런 악마고객들로부터 직원을 보호하는 차원에서 필자는 캘러허와 로젠블루스를 흉내내보기로 했다. 우선 이들을 '특별관리고객'이라 지칭하고 지침을 만드는 일부터 시작했다.

특별관리고객에 대한 선정기준·전산등록 및 관리방법·상담원 보호지침 중에서 몇 가지만 간추려서 소개하면 이렇다(참고로 특별관리대상 고객을 3회 이상 분쟁이 발생한 경우로 잡은 이유는 이렇다. 어느 영업점에서 어느 상담원과 한 번 분쟁이 있었다고 해서 이 고객을 바로 불량고객이나 비양심적인 고객으로 간주해 대처하는 것은 위험하기 때문이다. 의심스러워도 고객이 옳을지 모른다고 한 번 더 생각해보는 것이 바람직하다. 외국의 어느 비디오대여점 사장은 야구의 룰을 적용해서 삼진아웃제도를 실시한다고 한다. 고객과 직원 사이에 비디오 반납 여부를 두고 분쟁이 생기면, 첫번째는 무조건 대여점의 착오가 분명하다고 말한다. 같은 고객과 두번째 분쟁이 생겨도 마찬가지다. 하지만 세번째에 동일한 일이 생기면 이 고객은 상습적인 불만고객으로 간주한다).

특별관리고객 선정기준(3회 이상)

● 불만사항 민원을 월 3회 이상 제기하는 고객
● 직원의 단순한 실수를 꼬투리 잡아 금감원이나 회사 민원담당팀에 민원을 제기하지 않겠다는 조건으로 금전적인 보상을 요구하는 고객
● 심한 욕설과 음담패설로 상담원에게 수치심을 유발하는 고객
● 상담 이외의 의도로 상담원과 1시간 이상 인터넷 채팅을 끄는 고객

전산등록 및 관리방법

● 상담이력 등록란에 상담유형과 그 세부사항을 구체적으로 기록한다.
● 해당 고객으로부터 전화가 올 경우 모니터에 '특별관리고객'임을 알리는 팝업pop-up이 뜨게 한다.
● 전산에 등록하는 시점의 최종 상담원을 해당 고객의 전담직원으로 지정하여 향후 전담하여 응대한다.
● 콜센터뿐만 아니라 전 영업점에서도 해당 고객에게 특별한 관심과 주의를 기울일 수 있도록 정보를 공유하는 프로그램을 개발한다.

상담원 보호지침

● 직원의 과실이 없는 경우 해당 고객으로부터 항의나 민원이 들어올
　때 상담원에게는 책임을 일체 묻지 않는다.

● 고객에게 시달린 전담직원은 당일 센터장이 위로의 뜻으로 저녁식사
　쿠폰을 제공한다.

핵심 포인트

고객은 항상 옳은가? 그렇지 않다. 가치 있는 고객들만 항상 옳다. 모든 고
객이 항상 옳다고 말하는 것은 회사가 직원을 배신하는 일이다. 리더는 악마
같은 상습 불만고객들로부터 더 소중한 자산인 직원들을 보호해야 한다. 그
런 리더가 진정한 치어리더다.

마음의 길을 좇아라

한 회사에서 아주 견고한 안전화를 새로 제작하여 현장직원들에게 제공했다. 무거운 물건을 들다가 떨어트려 발을 다치는 사고가 자주 있었기 때문이다. 사장은 직원들의 안전에 각별히 신경을 쓰는 사람이었다. 그래서 많은 돈을 들여 군화 같은 특수한 안전화를 만들어 즐거운 마음으로 나누어주었다.

어느 날, 현장을 둘러본 사장은 몹시 화가 났다. 안전화를 신은 직원들이 거의 없었기 때문이다. 사장은 자신의 성의가 완전히 무시당한 느낌이었다. 그래서 현장 관리자를 불러 그 이유를 파악하게 했다. 왜 현장직원들은 성의를 무시하고 그 튼튼한 안전화를 신지 않았을까? 안전화가 무거워서? 아니면 공기가 잘 통하지 않아 무좀이 생기니까?

현장직원들이 밝힌 이유는 참으로 뜻밖이었다. 안전화를 신으면 다른 직원, 특히 관리직들하고 확연하게 구별되기 때문이었다. 자기 업무와 신분이 확연하게 구분되는 상징, 즉 자신들이 블루칼라라는 것을 남들에게 명확하게 알려주는 안전화에 거부감을 느낀 것이었다.

우리 주변에는 이처럼 '발을 잘 보호해주는 튼튼한 안전화'인데도 직원과 고객의 인간적인 측면이나 마음 흐르는 방향을 놓쳐서 실패하는 일이 적지 않다.

어느 회사에서 성심껏(?) 마련했다는 행사도 똑같은 경우다. 이 회사는 얼마 전 대대적인 명예퇴직을 실시하고 나서 그간의 노고에 감사하고 성공적인 제2의 인생을 격려하기 위해 유명 호텔에서 퇴임식을 거행하기로 했다. 그런데 과연 회사의 순수한 의도가 해당 직원들에게 제대로 전달되었을까?

대부분의 경우 명예퇴직은 순수하게 자기 의사로 회사를 떠나는 경우보다는 실적이 부진하거나 나이가 많아 위로부터 권고를 받아서 타의로 떠나는 경우가 더 많다. 이런 마당에 직원들이 '그간의 노고와 공헌에 감사'하는 자리에 흔쾌히 나올 수 있을까?

실제로 이 퇴임식이 어떻게 진행되었는지 직접 확인해보지는 못했다. 그러나 아름다운 퇴임의 장이 되도록 하겠다는 회사의 의도와 떠나는 직원들의 마음길이 같은 방향이었을 것 같지는 않다.

이렇게 논리와 의도, 명분과 정서가 다르게 나타나는 사례는 콜센터에서도 마찬가지다. 필자가 콜센터장으로 근무할 때는 1년 계약이 끝날 때마다 실적이 나쁜 직원과는 재계약하지 않는 방식으로 많은 상담원들을 강제로 줄이는 구조조정을 대신했다.

본인은 더 일하고 싶은데 실적이 부진하여 재계약이 허락되지 않은 상담원 본인의 아픈 마음은 말할 것도 없고, 회사의 정책을 따라야 하는 내게도 그 고통이 이만저만이 아니었다. 마음 같아서는 한자리에 모아서 조촐한 송별회라도 열어 위로해주고 싶지만, 필자는 개별면담을 하면서 '그간의 노고에 대해 감사 드립니다'라는 글귀를 새긴 기념품으로 안타까운 마음을 대신했다.

내친 김에 한 가지 더 언급하자면 떠나가는 직원에 대한 면담은 반드시 경영자가 해야 할 임무 중의 하나다. 회사의 문제점이나 건의사항 등 평소 하고 싶었지만 묻어둔 이야기를 용기를 내 쏟아놓을 수 있는 절호의 기회가 되기 때문이다. 경영자가 그냥 '수고했다'는 인사치레의 악수만 하고 보낸다면 이는 마치 고객에게 ARS의 자동해약기능 버튼을 주는 것과 진배없는 일이다. 이것은 회사와 거래해왔던 고객에게도 그대로 적용된다.

어느 회사의 콜센터도 ARS로 자동으로 신규거래가 취소되거나 해지되는 옵션을 제공하지 않는다. 경우에 따라서는 고객이 해약을 하거나 취소하지 못하도록 일부러 고약하고 까다로운 절차를 만들어둔 회사도 있다.

미국에서 물건을 샀을 때 놀라게 되는 것 중의 하나가 바로 완벽한 반품 시스템이다. 이들은 상품가격에는 미소와 친절은 물론 반품비용도 포함되어 있다고 생각한다. 어떤 이유를 대든 군소리 없이 받아준다. 이유를 묻는 것은 오로지 상품과 서비스를 더 완벽하게 하기 위함이다.

이렇듯 경쟁력 있는 회사들은 고객이 상품을 교환하거나 취소하는 것을 허용함은 물론 그 이유를 알아내기 위해 갖가지 방법을 동원한다. 가장 대표적인 방법은 매장에 '고객서비스센터'를 운영하여 고객의 불만이나 서비스의 문제점을 상시 관리하는 것이다. 콜센터를 설치하는 것도 그러한 노력의 일환이다. 동시에 노련한 상담원을 배치하여 반품이나 교환, 취소나 해약을 원하는 고객을 대상으로 더 좋은 조건을 제시하는 등 해약을 만류하려는 노력을 기울인다.

이때 무엇보다 중요한 것은 고객이 취하는 행동의 이면에 있는 사연들을 정확히 찾아내는 일이다. 그것은 여간 어려운 일이 아니다. 상담원이 있는 것은 직접 상담을 해야 고객의 마음을 알아내고 고객의 불만을 들어주고 해결할 수 있기 때문이다. 또한 대체상품을 직접 안내해주어 실망한 고객이 떠나지 않도록 설득할 수 있는 기회를 한 번 더 갖게 되는 것이다.

'낙제생' 딱지를 붙여 교육하지 말라

상담원 교육을 담당하고 있는 모 과장이 성적이 나쁜 직원에 대해 특별과정이 필요하다고 해서 이를 놓고 열띤 토론을 벌인 적이 있다. 그는 매달 근무성적 및 업무지식에 대한 시험결과를 산출해 하위 10%의 직원에 대해서는 '부진자'라는 딱지를 붙여 '특별연수'를 시켜야 한다고 주장했다.

필자는 그 실효성에 의문을 제기하는 쪽이었다. 교육은 직원들을 통해서 현장에서 실천되고 실적을 향상시킬 수 있어야만 그 효과가 있는데, '부진자'라는 딱지를 붙인 집합연수나 강의 중심의 의식훈련으로 될 일이 아니라는 것을 이미 체험적으로 깨닫고 있었기 때문이다.

과거 고객만족팀에서 과장으로 근무할 때 필자가 저지른 참 부끄러운 일 하나는 아직도 잊혀지지 않는다.

"장 과장님, 저는 잘못한 일이 없습니다. 고객의견카드 때문에 그런가 본데요, 그때는 고객이 객장에서 행패를 부리며 억지를 써서 직원들이 일을 할 수가 없었습니다. 객장에 계시던 다른 고객들도 그 사람이 너무 심하다고 욕을 할 지경이었습니다. 지금이라도 증인 10명은 데려올 수 있습니다. 정말로 억울합니다. 제발 부탁합니다. 이번만 '특별연수'에서 빼주십시오."

한 직원이 이렇게 호소하면서 억울한 벌을 받는 듯이 연수를 피하고자 할 때, 필자는 '잘한 사람에게는 상을 주고 칭찬해야 하는 것처럼 잘못을 저지른 직원에게도 응당 반성하고 다시 배울 기회를 주어야 한다'고 강력히 주장하고 있었다. 그리고 고객 불만을 유발한 정도가 심한 지점의 직원들을 대상으로 'CS 특별연수과정'이라는 이름을 붙여 5박 6일 일정으로 서너 차례에 걸쳐 연수를 추진했다.

그런데 직원들은 강의실을 나오자마자 오늘 무엇을 배우고 어떤 생각을 가지게 되었는가보다는 고객이 문제 삼은 일이 어떻게 발생했으며 자기가 왜 정당한지를 해명하려 했고, 필자는 이야기를 들어주느라 밤마다 엄청나게 시달려야 했다.

결론적으로 "고객에게 잘못 걸려서 인터넷이나 전화로 고객만족실에 불만이 접수되면 너희들 어떻게 되는지 알지!" 하는 위협 빼고는 별로 한 게 없는 연수였다.

심지어 '부진자' 딱지를 달고 함께 연수원에 모인 직원들은 서로 얼굴을 피하고 말을 붙이려고도 하지 않았다. 자존심에 상처를 입은 직원들은 몸은 강의실 의자에 앉아 있지만 마음으로는 어떤 강의 내용도 긍정적으로 수용하지 않고 거부했다. 다른 직원들에게도 심리적인 위축감을 주어 오히려 근무의욕을 잃게 만들었다.

당시 필자는 나름대로의 분명한 논리와 훌륭한 의도를 갖고 있었지만 안전화를 신긴 사장처럼 직원들의 마음길을 따라가는 데 실패했던 것이다.

그렇다면 부진한 직원에 대한 특별교육을 시키는 것 이외에 다른 방법이 있는가? 대안을 하나 제시한다면 성적을 매겨 열등, 우등으로 나누어 교육하기보다는 QA항목별로 스킬이 부족한 상담원끼리 함께 모여 토론을 진행해보는 것도 하나의 방법이 될 것이다.

운동경기 코치들은 경기 중에는 그라운드를 누비는 선수들을 격려하고 경기가 끝나면 비디오테이프 등을 보면서 잘못된 경기내용과 부족한 스킬을 찾아낸 다음 그 부분을 집중적으로 연습해서 다음 경기에 대비하도록 한다.

마찬가지로 부진한 상담원들은 상급자나 QAA들과 함께 녹음된 상담내용을 검토하면서 집중적으로 지도받아야 한다. 이때도 자존심을 다치지 않도록 개별적으로 피드백해야 한다. 자존심을 다치지 않게 하기 위해서 때로는 옆자리에서 상담원들의 서비스를 들으면서 현장에서 코치하고 격려하며 콜센터 시스템을 지속적으로 점검하는 현재진행형 코치도 필요하다.

이런 맥락에서 최근 들어 한국 고유의 독특한 정서와 문화를 살려 '한국형 콜센터를 만들자'라는 주장이 여러 전문가에 의해 제기되고 있다.

미국 콜센터 경영의 핵심은 효율적인 관리와 표준화된 프로세스라고 할 수 있다. 한마디로 합리성을 중시하는 조직문화를 지니고 있다.

그러나 한국형 콜센터는 전문 스태프진이 체계적으로 관리하는 조직이기보다는 오랜 경험과 정겨운 가족적인 분위기를 중시하는 정서적인 조직문화를 가지고 있다고 할 수 있다. 때문에 미국식으로 지나치게 프로세스화된 업무처리를 강조하게 되면 틀에 박힌 녹음기처럼 비인간적인 분위기를 초래할 수도 있다.

한국 고유의 정서문화와 인적자원의 특성을 무시하고 있지는 않은지 생각해보아야 한다. 아웃소싱은 투자나 계약인력의 유연성을 확보하는 장점이 있다. 그러나 한국의 경우 고유의 정서 때문에 애사심이 뚝 떨어지고 이직률이 높아지며 프로 근성이 약화되는 부작용이 나타난다. 일일 목표콜과 모니터링으로 생산성만 따지고 합리적 관리에만 집착할 때 우리 고유의 정서와 팀워크, 신바람이라는 동기부여를 살리지 못하게 되는 것이다.

마음의 블랙박스를 열어라

어느 조직에서나 그러하지만 다양한 사람들이 밀집해 근무하는 콜센터에서는 상담원에 대한 동기부여가 생산성을 향상시킬 수 있는 가장 강력한 카드라는 사실을 잊어서는 안 된다.

사실 많은 콜센터 관리자들이 상담원에게 동기를 부여하는 방법으로 고액의 돈이나 상품을 제공함으로써 생산성 향상을 가져올 수 있다고 믿고 있다. 콜센터 상담원뿐만 아니라 모든 조직의 구성원, 아니 모든 사람들은 속내를 알 수 없는 블랙박스와 같은 존재다.

빙산이 수면에 떠 있는 것만 보고 그 밑에 있는 거대한 부피의 실체를 보지 못하는 것처럼 콜센터 관리자도 눈에 보이는 당장의 성과에 급급한 나머지 구성원이 진정으로 필요로 하는 것이 무엇인지를 간과하는 경우가 많다. 상담원의 직업적 특성과 마음길을 놓친 때문이다. 콜센터 경영자나 관리자들이 '안전화를 신긴 사장처럼' 상담원의 마음길을 잘못 읽은 것이다.

한 평도 안 되는 좁은 부스에서 하루 종일 고객의 문의를 듣는 상담원의 입장에서는 하루하루가 지긋지긋할 수도 있다. 결근은 물론 지각, 조퇴까지도 평가점수의 대상이 된다. 위로부터 내려오는 끝없는 지시와 간섭, 일일 목표콜과 모니터링으로 완벽하게 통제되는 환경에서 진정한 의미의 서비스가 고객에게 전달되기란 거의 불가능하다.

이러한 상황을 고려한다면 콜센터 관리자들에게 있어 구성원 개개인에 대해서 명확한 비전과 목표를 제시하고 통제시스템을 완화하고 다양한 방식으로 동기를 부여함으로써 이들이 회사의 목표나 팀의 목표를 이루도록 도와주는 것이 절대적인 사명이며 필수덕목임에 틀림없다.

또한 콜센터 조직 내에 제대로 숨을 쉴 수 없을 정도의 통제시스템을 어느 정도 걷어내야 한다. 스티븐 코비가 말콤 볼드리지 상을 수상한 기업의 CEO와 대화를 나눈 적이 있다. 훌륭한 기업을 이끌어가는 데 가장 큰 장애가 무엇이었느냐고 묻자 "통제를 포기하는 것이었다"고 대답했다고 한다. 어느 조직에서나 통제하기에 바쁜 사람은 훌륭한 리더가 아닌 것이다.

상담원의 마음길을 열어 동기를 부여하는 방법

일반적으로

- 상담원들에게 긍정적인 면(지금까지 잘되고 있는 것, 할 수 없는 것보다 할 수 있는 것)을 강조한다.
- 상담원들의 피드백을 받아 서비스 개선 계획에 반영하고 실천에 옮긴다.
- 상담원들이 일을 더 잘할 수 있도록 각종 정보를 제공하되 자주 업데이트해준다.
- 상담원들이 업무환경에 영향을 끼치는 의사결정에 참여할 수 있도록 한다.
- 상담원들을 진실하게 대하되 부드러운 말로 대화한다.
- 상담원들의 사생활에도 관심을 기울인다.

조금 특별하게

- 매주 월요일에 상담원 전체에게 격려 메시지를 보낸다.
- 개인적으로 어려운 일을 겪고 있는 상담원에게는 위로하는 편지를 쓴다.
- 업무가 시작되기 전이나 업무 마감 후에 상담원들이 좋아하는 음악이나 기분을 들뜨게 하는 음악을 틀어놓는다.
- 상담원의 생일이나 입사일에 기념카드를 보낸다.
- 월례회의나 교육을 진행할 때 센터장이나 팀장이 직접 하지 말고 특정한 상담원이 진행하게 한다.

서로 옆에
앉게 하라

필자가 한때 근무했던 콜센터는 은행업무 상담을 담당하는 대방동 콜센터와 카드업무를 상담하는 역삼동 콜센터로 나뉘어 있다. 콜센터가 이렇게 지리적으로 떨어져 있는 것 자체가 큰 문제가 되는 것은 물론 아니다. 콜센터는 전국 어디에 있든 통신 네트워킹 시스템이 있어 한 건물의 위아래층에 있는 것과 마찬가지기 때문이다.

그런데 두 콜센터는 업무적으로는 은행업무와 카드업무로, 지리적으로는 대방동과 역삼동으로 나뉘어 있지만 원래 두 다른 회사가 하나로 통합되었기 때문에, 두 곳을 동시에 맡은 필자에게는 각 센터 직원들의 뚜렷한 차이가 금세 눈에 들어왔다. 가장 대표적인 것이 상담원들간의 친밀도와 커뮤니케이션에서 비롯되는 차이였다. 내 나름대로 이유를 찾아보니 상담원의 좌석배치 방식에 원인이 있었다.

대방동의 은행 콜센터는 비교적 넓은 공간의 사무실에 좌석이 ㅁ자형으로 배치되어 있고 의자를 뒤로 돌려서 앉으면 가운데 원탁을 중심으로 자연스럽게 회의를 하거나 담소를 나눌 수 있게 되어 있었다. 실제로 김밥, 음료수, 다과 등을 놓고 회의를 하거나 한바탕 이야기꽃을 피우는 광경을 여러 차례 보았다.

반면에 역삼동 카드 콜센터는 11자형으로 한 사람이 통행할 정도의 공간을 가운데 두고 두 줄로 쭉 앉아 있는 형태였다. 상담원들이 옆 직원과 애기라도 나누려면 부스 밖으로 나와 의자를 뒤로 빼서 통로를 막아야 하고, 아침 미팅 때도 진행자 주변에 길게 서서 잠시 업무를 전달하는 정도에 그치고 말았다. 그렇다고 휴게실까지 가서 애기를 나누며 서로 친밀감을 쌓기에는 상사 눈치도 보이고 그럴 시간을 내기도 마땅치 않아 보였다.

필자 역시 좌석의 배치에서 오는 차이를 잘 인식하고는 있었지만 상담 부스를 모두 해체하고 새로 배치하려면 비용이 만만치 않았다. 그러던 중 드디어 희망이 생겼다. 은행 차원에서 두 센터를 하나로 통합하기로 한 것이다.

그런데 시설을 관리하는 본부의 담당부서와 한바탕 언쟁을 벌일 수밖에 없었다. 현재의 은행 콜센터와 같은 ㅁ형 좌석배치는 동일한 공간에 많은 상담원을 수용할 수 없기 때문에 11자형으로 좌석배치를 할 수밖에 없다는 것이었다. 그러나 이것은 단순한 좌석배치 이상의 의미를 갖고 있다는 점을 모르는 데서 오는 소치이다.

커피숍에 가서 청춘남녀를 보았을 때 두 사람이 얼마나 친숙하고 깊은 관계인가를 바로 알아보는 간단한 방법이 있다. 좀 더 구석진 곳에서 옆자리에 가깝게 붙어 있을수록 더 친숙한 사이다. 시험 삼아 열애중인 김 대리에게 "커피숍에서 애인과 만날 때 어느 쪽에 앉느냐"고 물었더니 역시 옆자리에 앉는다는 것이다. 스킨십은 말보다 강하다. 협력하는 사이라면 옆으로 어깨를 나란히 하여 앉고, 경계하는 사이면 마주 보고 앉는다. 한 가지 예로 TV 뉴스에서 이따금씩 나오는 남북회담을 보자. 양측이 항상 마주 앉아 회담을 하고 있지 않던가. 하지만 두 나라의 정상이 만나 회담할 때는 언제나 옆으로 나란히 앉아 담소를 나눈다.

최근 어느 유명 호텔 커피숍에서는 선을 보는 젊은 남녀를 위하여 테이블을 서로 마주 보는 형태에서 옆에 앉아 얘기할 수 있는 둥근 테이블로 교체했는데 그 후로 이 호텔에서 맞선을 보는 남녀가 30%나 늘었다고 한다.

콜센터 경영자가 기억해야 할 것들

서비스정신은 상담원 개개인이 자신보다 고객을 배려하는 셀프 마인드 컨트롤이며 긍정적 에너지의 표현이라고 할 수 있다. 특히 콜센터의 훌륭한 서비스는 협동적이고 긍정적인 분위기에서 창출되며, 친밀하고 우호적인 분위기는 고객에게까지 긍정적인 영향을 미친다.

따라서 콜센터 상담원끼리 커뮤니케이션이 잘 되고 동료애를 다지고 자기의 전문지식 및 경험을 잘 나눌 수 있도록 하는 좌석배치는 큰 의미를 가진다. 이런 디테일한 노력이 적극적으로 표출되면 궁극적으로 서비스품질이 향상된다.

여기서 콜센터 경영자가 반드시 알아두어야 할 사항이 몇 가지 있다.

첫째, 많은 인원과 촘촘한 부스 그리고 화장실이 딸려 있다고 해서 모두 다 콜센터가 되는 것은 아니다. 서로의 능력과 경험을 나누며 고객에게 받은 숙제를 같이 풀어갈 친근한 동료가 곁에 있고 함께 담소를 나눌 시간과 환경이 주어져야 한다.

둘째, 상담원은 고객과의 상담에 필요한 지적인 업무처리 능력IQ과 고객의 마음을 헤아리고 배려하며, 불만을 쏟아내는 고객들을 잘 다독거려주는 감성능력EQ이 충만한 사람이어야 한다.

셋째, 급여가 상담원의 감성능력을 키워준다고 생각하는 것은 큰 오산이다. 조직문화, 분위기, 함께 일하는 사람들, 편안한 근무공간, 섬세한 배려, 인정과 칭찬, 즐거움과 재미, 이런 것들이 실제로 감성능력을 채워주는 요소들이다.

넷째, 콜센터의 주인공인 상담원들이 근무하는 기간 내내 성격 망가지지 않고 체력 챙겨가며 감성서비스 전문가, 커뮤니케이션 전문가로 성장할 수 있도록 지원을 아끼지 말아야 한다.

상담원을 배려한 근무환경을

근무처의 물리적 환경은 상담원들에게 적잖은 영향을 준다. 대개의 상담원들은 하루에 적어도 8시간 이상 근무하는 동안 잠깐도 마음대로 돌아다니기가 어렵다. 콜센터의 시설과 좌석배치는 고객상담의 편리성과 상담원 간의 커뮤니케이션, 아울러 개인의 프라이버시가 적절히 균형을 이루도록 해야 한다. 상담 서비스의 질은 바로 콜센터 시설 그 자체의 품질에 의해 상당한 영향을 받기 때문이다.

도심의 으리으리한 빌딩의 화장실 입구나 후미진 계단 한켠에서 휴식을 취하거나 졸고 있는 청소부들을 한두 번쯤 본 적이 있을 것이다. 쾌적하고 편안한 휴식공간을 요구할 힘을 갖고 있지 않은 청소부에 대한 회사의 무관심이 그대로 드러난 결과이다. 물론 사장이나 임원 등 경영자와 관리자의 사무공간은 넓고 채광이 좋은 곳에 마련할 것이다. 권한이 크지 않은 상담원이라고 해서 마치 계단 한켠에서 휴식을 취하는 빌딩 청소부처럼 비좁은 사무실에 무관심하게 쑤셔넣는 회사들이 없지 않다.

실제로 유능한 관리자들이 아무리 훌륭한 코칭기술과 체계적인 지도 방법을 적용해도 시설이 열악하거나 좌석배치가 불합리한 탓에 서비스의 품질이 떨어지는 사례가 비일비재하다. 그러나 콜센터의 경영자와 관리자들은 지금도 생산성과 이익을 내세워 끊임없이 시스템화·정형화·효율화를 꾀하고 있다.

일본 NTT텔레마케팅의 콜센터를 탐방했을 때 사선형으로 배열된 상담석을 보고 우리 시찰단은 너나 할 것 없이 감탄한 적이 있다. 그때까지 본 콜센터 상담석은 한결같이 사각형으로 구간을 나누어 컴퓨터 데스크를 배열한 형태뿐이었던 것이다. 사선으로 배열된 외국의 콜센터 사례를 사진이나 그림으로 본 적은 있지만 직접 눈앞에서 본 것은 처음이었다. 양 방향으로 갈라져 사선으로 배열된 콜센터 내부는 사선이 만나는 지점에 있어서 매니저석이 한눈에 전체를 보며 상담원들을 관리하기가 용이하다.

일본의 텔레마케팅 전시회에는 콜센터 전용 사무용 가구 제작업체가 콜센터 에이전시(아웃소싱기업)와 공동으로 전시회에 참여하기도 한다. 효율적인 콜센터 운용을 위한 다양한 좌석배치는 물론, 공간을 절약하면서도 상담원을 배려한 인체공학적 콜센터 전용 사무용 가구들이 많이 전시되고 있다.

우리나라에서도 액정모니터를 사용하여 콜센터의 공간효율화를 도모한 곳이 점점 늘고 있다. 확실히 모니터만으로도 꽉 차 보이는 예전의 상담석에 비해서 훨씬 여유로워 보인다.

이제는 아늑한 시설과 적절한 휴식공간, 좌석배치, 사무용 가구 등으로 상담원들이 일하기 편한 분위기를 조성해야 할 때이다.

핵심 포인트

좌석배치는 11자형에서 ㅁ자형으로. 원활한 커뮤니케이션과 동료의식을 나눌 수 있는 공간구조는 서비스품질에 직결된다. 훌륭한 서비스는 긍정적이고 협동적인 분위기에서 창출된다.

마음고생도
노동이다

"저도 외국에서 콜센터 매니저를 맡아본 적이 있습니다. 그곳에서는 상담원 활용도를 80~90%로 높이지 않으면 무능한 관리자로 간주됩니다."

상담원 활용도OR, occupancy ratio에 대해 토론하던 중 어느 직원이 한 말이다. 하루 8시간 근무 중 고객과 통화하는 실근무시간을 산출하는 방법을 논하는 자리였다. 필자는 갑자기 무능한 관리자가 되어버린 듯하여 몹시 민망스러웠다.

은행의 새로운 사업부를 맡아 여러 분야에서 온 사람들과 함께 일하다 보니 그간 일해온 환경이 다르고 특히 생각이 서로 달라서 부딪히는 일이 많았는데, 그 직원의 말이 오래도록 필자를 섭섭하게 했다.

상담원 활용도란 직원당 전체 근무시간에서 고객과 실제 통화한 시간의 비율을 가리킨다. 1인당 하루 목표통화시간을 높게 산정하면 그만큼 적은 인원으로 감당할 수 있다는 계산이 나오고, 상담원 활용도나 목표통화시간을 낮게 산정하면 그만큼 많은 직원이 필요하다는 계산이 나온다. 필자가 민망했던 것은 바로 이 계산식에 대해 담당부서와 의논하던 중 생긴 일이다.

고객이 상담원들 사정을 생각해서 한가한 아침 시간대나 늦은 저녁시간에 전화를 해주는 것이 아니기 때문에 보통 오전 11시에서 오후 4시 사이에 통화량이 포화상태에 이르고, 고객이 기다리다 못해 중간에 전화를 끊어버리는 포기콜이 생기는 것도 이 시간대다. 특히 월말이나 월요일 피크타임 때 파김치가 되어가는 상담원들을 보면 안쓰러울 지경이다.

그러므로 직원들이 안정감과 여유를 갖고 고객을 대할 수 있도록 통화량이 많은 시간대를 기준으로 적정 인원을 산정하는 일은 직원에게나 서비스품질에 있어서 대단히 중요하다.

비교적 콜수가 적은 한가한 시간대를 어떻게 적절히 활용하느냐는 다른 차원의 문제로 보아야 한다. 여유 있는 시간을 활용하면 고객에게 이메일 보내기, 고객의 수신전화를 활용하여 다른 상품 추천하기, 자동응답으로 하던 업무를 상담원이 직접 받도록 전환하기, 고객관리나 해피콜 등 좀 더 적극적이고 깊이 있는 상담이 가능해진다.

상담원들은 정서와 휴식이 필요한 인간이지 원료를 공급하면 시간당 일정한 개수의 물건을 만들어내는 기계가 아니기 때문에 공장가동률과 같은 개념으로 접근해서는 안 된다. 상담원뿐 아니라 대부분의 서비스업이 '정서노동emotion labor'이라는 점을 간과해서는 안 되기 때문이다. 정서노동은 개인의 감정에 따라 품질이 좌우되는 노동이므로 감정에 크게 좌우되지 않는 단순한 노동과는 구별되어야 한다.

스트레스를 관리하라

한국 전체 산업에서 서비스업이 차지하는 비율은 45% 정도다. GDP의 절반이 서비스업에서 나온다는 의미다. 최근 서비스업 노동자들이 스트레스에 시달리고 있다는 보고서가 나왔는데, 그것은 바로 서비스업이 정서노동이기 때문이다.

최근 한 공중파 TV의 고발 프로그램에서 〈친절한 서비스, 그 이면의 고통〉이라는 다큐멘터리를 방영해 정서노동자가 사회적 이슈가 되기도 했다. '정서노동'은 자신의 감정을 스스로 다스려 억눌린 상태를 지속적으로 유지해야 하는 노동이다. 다른 말로 '감정노동'이라고 한다.

"대놓고 상소리를 하는 고객을 상대할 때 겉으로야 웃죠. 그러나 속으로는 피눈물을 흘립니다."

상담원들이 자주 내뱉는 이 말에는 불특정 다수의 고객을 직접 상대하는 정서노동 종사자들의 감정상태가 고스란히 드러난다. 이런 스트레스에서 오는 우울증을 '스마일 우울증'이라고도 하는데, 감정이 고갈되어버려 스스로의 감정상태를 잘 느끼지 못하는 일종의 불감증과도 같다.

특히 서비스업에서는 직무 그 자체나 직무 외적인 요인, 즉 상사와 부하, 고객과의 관계에서 여러 가지 정서를 체험하게 된다. 그 정서가 불쾌한 정서라고 할지라도 표현하는 정서는 다르게 나타내야 하므로, 고객과 직접 만나는 접점의 직원은 다른 업종에 종사하는 사람들보다 정서노동이 더 많이 요구되는 특수한 상황에 노출되어 있다.

즉 개인의 정서와 상관없이 회사에서 만든 매뉴얼이나 지침에 맞추어 자신의 감정표현을 관리해야 하는 것이다.

예를 들어 패스트푸드점에서 바쁜 시간대에 주문한 음료가 조금 늦게 나왔다고 화를 내는 고객이나 함부로 반말하는 고객, 음료나 음식이 입맛에 맞지 않는다고 화를 내는 고객 때문에 불쾌한 정서를 경험하게 된다고 하더라도 점원은 시종 웃는 얼굴로 상냥하고 정중하게 사과해야 한다.

콜센터 직원들도 외식업 종사자들처럼 정서노동을 많이 하는 상황에 노출되어 있으므로 자신이 실제로 느끼는 정서와 고객에게 표현해야 하는 정서가 다를 때가 많으며, 자신의 불쾌한 감정을 드러내지 않고 조절해야 하는 경우가 자주 생긴다. 그러므로 정서노동의 강도가 종업원들의 이직률과 서비스품질에 상당한 영향을 미칠 것이라고 예상할 수 있다.

칼 알브레히트는 『서비스 아메리카Service America in the New Economy』에서 고객과 계속 접촉하는 직원들은 기본적으로 정서노동에 종사하므로 '대인접촉 과잉증후군'에 빠지기 쉽다고 말한다. 특히 은행 창구직원, 식당 종업원, 비행기 승무원, 콜센터 직원들은 과잉 대인접촉에 의해 심한 스트레스를 받는다.

이러한 스트레스는 두 가지 측면에서 심각한 문제를 낳는다. 첫째는 종업원 자신의 건강이다. 심할 경우 자신의 직업을 하찮게 생각하고 무력감에 빠지는 등 개인적인 생활에도 문제가 된다. 둘째는 육체피로, 긴장감 등으로 결정적 순간에 서비스품질을 훼손한다는 것이다.

- 직장에 출근하는 것이 부담스럽거나 두렵다
  - □ 거의 그렇지 않다   □ 약간 그렇다   □ 자주 그렇다   □ 거의 항상 그렇다

- 일에 흥미가 없고 지겹게 느껴진다
  - □ 거의 그렇지 않다   □ 약간 그렇다   □ 자주 그렇다   □ 거의 항상 그렇다

- 최근 업무와 관련해서 문제가 발생한 적이 있다
  - □ 거의 그렇지 않다   □ 약간 그렇다   □ 자주 그렇다   □ 거의 항상 그렇다

- 남들보다 업무능력이 떨어진다는 느낌이 든다
  - □ 거의 그렇지 않다   □ 약간 그렇다   □ 자주 그렇다   □ 거의 항상 그렇다

- 직장에서 업무에 집중하기 힘들다
  - □ 거의 그렇지 않다   □ 약간 그렇다   □ 자주 그렇다   □ 거의 항상 그렇다

- 항상 시간에 쫓기면서 일한다
  - □ 거의 그렇지 않다   □ 약간 그렇다   □ 자주 그렇다   □ 거의 항상 그렇다

- 업무상 책임이 너무 많은 것 같다
  - □ 거의 그렇지 않다   □ 약간 그렇다   □ 자주 그렇다   □ 거의 항상 그렇다

- 회사일을 집에까지 가져가서 할 때가 많다
  - □ 거의 그렇지 않다   □ 약간 그렇다   □ 자주 그렇다   □ 거의 항상 그렇다

- 업무가 내 적성에 잘 맞지 않는다고 느낀다
  - □ 거의 그렇지 않다   □ 약간 그렇다   □ 자주 그렇다   □ 거의 항상 그렇다

- 내 일이 전망이 별로 없다고 느낀다
  - □ 거의 그렇지 않다   □ 약간 그렇다   □ 자주 그렇다   □ 거의 항상 그렇다

- 요즘 나는 우울하다
  - □ 거의 그렇지 않다   □ 약간 그렇다   □ 자주 그렇다   □ 거의 항상 그렇다

- 별 이유 없이 긴장하거나 불안할 때가 있다
  - □ 거의 그렇지 않다   □ 약간 그렇다   □ 자주 그렇다   □ 거의 항상 그렇다

● 요즘 잠을 잘 자지 못한다
   □ 거의 그렇지 않다   □ 약간 그렇다   □ 자주 그렇다   □ 거의 항상 그렇다

● 짜증이 나서 배우자 또는 가족과 다툰다
   □ 거의 그렇지 않다   □ 약간 그렇다   □ 자주 그렇다   □ 거의 항상 그렇다

● 사람들과 어울리지 않고 혼자 지내고 싶을 때가 있다
   □ 거의 그렇지 않다   □ 약간 그렇다   □ 자주 그렇다   □ 거의 항상 그렇다

● 요즘 대인관계가 원만하지 못할 때가 있다
   □ 거의 그렇지 않다   □ 약간 그렇다   □ 자주 그렇다   □ 거의 항상 그렇다

● 최근 지나치게 체중이 늘거나 빠졌다
   □ 거의 그렇지 않다   □ 약간 그렇다   □ 자주 그렇다   □ 거의 항상 그렇다

● 쉽게 피곤하다
   □ 거의 그렇지 않다   □ 약간 그렇다   □ 자주 그렇다   □ 거의 항상 그렇다

● 무기력감을 느끼거나 멍할 때가 있다
   □ 거의 그렇지 않다   □ 약간 그렇다   □ 자주 그렇다   □ 거의 항상 그렇다

● 술, 담배를 예전보다 많이 한다
   □ 거의 그렇지 않다   □ 약간 그렇다   □ 자주 그렇다   □ 거의 항상 그렇다

거의 그렇지 않다(1점), 약간 그렇다(2점), 자주 그렇다(3점), 거의 항상 그렇다(4점)

20점 미만	직무스트레스 거의 없음
20~40점	직무스트레스 약간 있음. 관리 필요
41~50점	직무스트레스 위기상황. 대처능력 필요
51~60점	직무스트레스 경보상황. 전문의 상담 필요
60점 초과	매우 위험한 상황. 전문의 상담 시급

이들에게 통화품질을 높이기 위하여 태도나 예절 교육을 시키는 것은 별 효과가 없다. 관리자들이 이들이 정서노동에 종사하고 있다는 사실을 깊이 이해하여 업무를 설계하고 휴식과 여유를 갖도록 보살피며 좀 더 인간적으로 대우하는 것만이 심각한 문제를 방지하는 길이다.

전문가들이 얘기하는 그 증세와 처방은 대강 이렇다.

정신과 전문의들의 처방을 들어보면 일과 자신을 분리하는 것이 가장 좋은 대처법이라고 한다. 가령 "나는 지금 연극을 하고 있어. 잠시 일 때문에 다른 사람이 된 거지"라고 생각하라는 것이다. 특히 고객이 인신공격을 하거나 비아냥댈 때는 그 상황을 그냥 받아들이고 긍정적으로 해석하려고 노력하는 게 좋다. 예컨대 "이 고객이 집에서 무슨 일이 있어 화를 내는 것이겠지. 나를 무시하려고 그런 말을 한 것은 아닐 거야"라고 생각하라는 식이다.

스트레스를 심하게 받을 때는 무엇보다도 이를 밖으로 표출해야 한다. 밀폐된 공간이라면 소리를 지르거나 주먹을 휘둘러보는 것도 괜찮은 방법이다. 때로는 스스로를 위로하는 혼잣말이 큰 도움이 된다.

"이 상황에서 내가 꼭 화를 내야 될까? 그만큼 중요한 일인가?"라거나 "화를 내봐야 나만 손해지. 그냥 무시하자"라고 넘어가면 된다. 이도 저도 안 되면 그냥 생각을 '중단'하는 것도 한 가지 방법이다. 사무실 같은 공공장소에서 입 밖으로 소리를 지를 수 없으니 마음 속으로 '그만!' 하고 소리를 지른 뒤 머릿속을 백지장처럼 만들 듯 그 고객을 지워버리는 것이다.

상처는 건드릴수록 덧나는 법이다. 그래도 분노를 억누를 수 없다면 적극적인 스트레스 해소법을 찾을 필요가 있다. 가장 좋은 것이 '이완호흡'이다. 눈을 감고 3, 4회 정도 깊숙이 크게 숨을 들이마신 뒤 천천히 내쉬도록 한다.

T차트 모델에 정서를 집어넣어라

정서노동에 종사하는 직원들은 제대로 보살피고 보호해야 한다. 그래야 매뉴얼을 내장한 로봇처럼 무미건조하게 고객을 대하는 일이 없게 된다. 필자가 근무하던 콜센터는 애초에 콜센터를 새로 만들면서 상담원이 모든 전화를 직접 받게 했다. 그리고 모든 상담 및 거래 절차에 관한 대화 스크립트script에 따뜻한 인간미와 자연스러운 배려를 덧붙이는 칼 알브레이트의 T차트 모델을 활용했다.

T차트 모델은 직원들이 자동화된 로봇이 되는 것을 방지하기 위해 결정적 순간에 고객에게 따뜻함과 배려를 표시하는 방법으로 고안된 것이다. T차트 모델은 다음 표에 있는 것처럼 우선 종이에 T자형의 표를 그린다. 좌측의 결정적 순간에는 회사에서 요구하는 수준의 행동을 기입한다.

예들 들면 손님으로부터 요금을 받는다, 전화주문에 응한다 등과 같은 수준의 행동이다. 서비스의 결정적 순간 중 기계적이고 비인간적인 부분이다.

다음으로 T차트의 우측에는 자기의 정서적 행동을 써넣는다. 고객이 편안함을 느끼게 하는 개인적 차원의 정서적인 행동 리스트이다. 예를 들면 친숙함을 담은 인사, 가벼운 농담, 정중한 표현 등이다. 결정적 순간에 이런 행위를 곁들일 때 인간미가 더해져서 비인간적이고 기계적인 대응으로부터 벗어날 수 있는 고객응대 차트가 작성되는 것이다.

타행계좌송금 T차트(예시)

회사의 요구 수준	나의 자율적인 정서 수준
고객명과 주민번호를 확인한다.	고객의 이름과 직책을 불러주면서 맞이 인사를 한다.
고객의 요청업무를 확인한다. (타행이체 요청을 한다.)	고객이 대답하기 쉽도록 내가 설명하고 고객이 대답하게 한다.
상담원은 IVR*을 통해 고객의 폰뱅킹 비밀번호를 확인한다.	
상담원은 계좌이체를 위해 고객의 계좌번호, 이체은행명, 계좌번호, 이체금액과 송금인 정보 등을 체크한다.	
이체 요청금액이 1천만원 이상의 경우 이체 용도를 확인한다.	타행이체 용도를 자연스럽게 문의하고 세일즈 기회를 찾는다. -재테크 목적 : 대출상품 소개 -해지목적 : 해지 반려를 위해 상담하고, 서비스 불친절 사유로 인한 경우 서비스 개선방안을 제시한다.
상담원은 불러준 정보를 한 번 확인한 후에 확인버튼을 누른다.	고객의 관심사항을 파악하고 최근의 금융 트렌드 정보를 제공하여 고객과의 신뢰를 형성한다.
타행이체 처리 후 고객에게 계좌잔액을 알린다.	더 궁금한 사항은 없는지 추가질문을 한다.
	상황(시간대, 계절, 날씨, 명절)에 맞는 마무리 인사를 하고 상담원 이름을 안내한다.

＊IVR: interactive voice response 회사에 전화했을 때 주민번호 등을 고객이 입력하면 이를 DB나 상담원에게 보내는 기능. 이 점에서 단순안내 기능만 있는 ARS와 구별된다.

정서의 매장량이 큰 직원을 선택하라

그러나 이런 T차트보다 처음부터 감성이 풍부하고 끼가 넘치며 자제력이 뛰어난 직원을 채용하는 것이 문제를 원천적으로 해결하는 방법이다. 처음부터 매장량이 큰 광산을 개발하듯이 정서의 매장량이 크고 쉽게 감정이 고갈되지 않는 상담원을 선택하는 것이다. 다시 말하자면 상담에 자질이 있고 이 일을 좋아하는 사람을 채용하는 것이 가장 좋은 방법이다.

디즈니랜드는 '우리는 행복을 팝니다'라는 회사의 이미지를 보여줄 수 있는 직원을 채용하고 있다. 즉 자연스러운 미소, 개성과 뛰어난 사교능력이 회사의 요구조건이다. 적임자를 가려내기 위해 3명 단위로 그룹 인터뷰를 실시하는데 응시자들이 서로 어떻게 사귀고 반응하는가에 초점을 맞추고 있다.

언젠가 연료 부족 경고등을 무시하고 차일피일 급유를 미루고 달리다가 연료가 바닥이 나버려 도로에 서버린 황당한 경험이 있다. 인간의 정서도 자동차의 휘발유와 마찬가지다. 처음부터 자질이 뛰어난 사람을 채용하는 경우라 해도, 언제나 중요한 것은 정서노동에 종사하는 직원들의 감정잔고가 바닥나지 않도록 지속적으로 재충전하고 체크하는 관리자의 노력이다.

개인과 개인 사이에 존재하는 믿음의 양과 직원이 고객을 대하는 정서적인 배려를 은유적으로 표현한 것이 감정은행 계좌이다. 마치 은행계좌처럼 잔고가 많으면 찾아 쓸 수 있지만 잔고가 바닥나면 부도처리된다. 관리자들은 직원들이 고객에게 나눠줄 감정은행 잔고가 얼마나 되는지

수시로 체크할 필요가 있다.

소리를 지르고 욕을 하는 고객을 상대로 자제력을 잃지 않고 웃는 모습으로 30여 분 상담하고 나면 누구라도 스트레스가 극에 달할 것이다. 그날 업무는 완전히 망쳐버릴 게 뻔하고 그 여파로 T차트고 뭐고 인간미가 넘치는 친절한 상담은 생각도 못할 것이다.

이럴 때는 산책을 하거나 휴게실에서 커피를 마시며 동료들과 대화하면서 나쁜 기분을 풀어버려야 한다. 인터넷 유머란을 뒤지면서 한바탕 웃고 마음을 풀어야 한다. 이렇게 마음의 녹지를 만들어두어야 다음 고객을 위한 소중한 정서가 다시 충전될 것이다. 이럴 때 상사는 상담원이 충분히 쉴 수 있게 하고 동료들과 격의 없이 어울리게 배려하며 고민을 들어주어야 한다.

서로가 도움을 주고받고 작은 일에도 크게 칭찬하는 분위기가 조성될 때 상담원들이 인간적으로 고객을 대할 수 있게 된다. 그렇게 되면 조직에 믿음이 넘치고 감정계좌가 끊임없이 충전되어 신바람 나는 일터가 될 것이다.

관리자를 위한 상담원 스트레스 관리법

- '스트레스 해소 게시판'을 사무실에 설치한다. 농담, 만화, 익명 글쓰기 난 등 스트레스 해소에 도움이 되는 다양한 내용을 적을 수 있게 한다.
- 상담원들이 스트레스를 받을 때 땀을 닦을 수 있도록 물티슈를 미리 나누어준다. '스트레스를 날려버려요!'라는 메모와 함께.
- '상담원을 위한 스트레스 해소법'을 포스터로 만들어 붙인다.
- 마사지 전문가를 초빙하여 상담원들이 목과 어깨 마사지를 받을 수 있게 한다.
- 상담원들이 스트레스를 어떻게 해소하는지 개인적으로 물어본다. 스트레스 해소법 중 가장 유익한 방법을 제시한 상담원에게 상을 준다. 그리고 그 방법대로 실천한다.

상담원의 스트레스 해소법

- 감정적으로 버티기 힘든 일이 생겼을 때는 잠시 밖에 나가 산책한다.
- 산책이 어려우면 잠시 창가로 가서 몇 분간 밖을 내다본다(연구결과에 의하면 창가에 근무하는 직원들의 스트레스 관련 증상이 사무실 안쪽에서 근무하는 직원들보다 23% 정도 적다).
- 아주 간단하지만 효과 있는 방법은 심호흡이다. 몇 분간 심호흡을 하면 근육의 긴장이 풀린다.
- 행복했던 순간이나 크게 성공했던 경험을 떠올려본다.
- 한 번 웃으면 근육의 긴장이 최고 45분 동안 풀린다고 한다. 유머책을 읽거나 재미있는 그림을 보면서 긴장을 푼다. 웃음은 어떠한 스트레스에도 효과적인 치료법이다.
- 마음을 진정시키기 어려우면 스트레스의 원인을 잠시 잊을 수 있도록 조용히 집중해서 할 수 있는 일을 한다. 책상 위를 정리하거나 연필을 깎는 등 아무리 사소한 일이라도 스트레스를 잊을 수 있는 일에 집중해본다.

철새를 텃새로

콜센터만큼 이직률이 높은 직종도 많지 않은 듯하다. 필자는 통신회사·카드회사·은행·증권사·전자회사 등 여러 업종의 콜센터에서 강의를 하거나 산업자원부의 인증심사위원으로서 여러 회사의 상담원 또는 관리자들을 만나는 기회가 잦은 편이다.

그러다 보니 은행에서 보험회사로, 통신회사에서 은행으로, 신용카드회사에서 전자회사의 A/S센터 등으로 옮겨다니는 직원들과 자주 만나게 된다. 콜센터에서 근무했던 경험과 이력이 새로운 직장에서 직원으로 채용되는 데 크게 작용했을 것이다.

물론 콜센터는 전화라는 특정한 수단을 통해 서비스나 세일즈를 제공하는 특성을 갖고 있기 때문에 상담원 개개인의 독특한 경험과 전문성이 인정되어야 한다. 그러나 신용카드면 신용카드, 은행이면 은행, 홈쇼핑이면 홈쇼핑, 휴대폰이면 휴대폰에 관해서 그 업종만의 전문적 지식과 서비스를 제공받는 고객에 대한 이해, 즉 전문분야에 대한 지식이 더 일차적인 기준이 되어야 한다고 생각한다.

고객이 콜센터를 찾는 것은 단순히 전화 받는 상담원이 필요해서가 아니라 전화라는 접촉수단을 통해 문제해결 능력이 탁월한 전문가와 대화하기를 원하기 때문이다.

고객은 스크립트 내용을 달달 외워 매뉴얼을 읽듯 하는 단순상담이 아니라 모든 발생 가능한 상황까지 예견하는 전문컨설팅을 원한다. 고객은 제품에 함께 따라오는 조립지시서뿐 아니라 어떻게 유지보수를 해야 하는지, 어떻게 업그레이드시키는지까지 알기를 원한다. 사람들은 홈쇼핑 콜센터에 전화를 걸어 단지 주문만 하는 게 아니라 해당 제품에 대해서 시시콜콜 문의한다.

필자는 대부분 사람들이 공손한 바보보다 확실한 전문가를 선호한다고 믿고 있다. 그래서 필자는 은행 콜센터 직원들을 선발할 때 특히 슈퍼바이저가 되는 팀장급들은 오랜 동안 창구직원으로 있어 은행업무에 정통하고 대출·예금·카드·방카슈랑스 등 업무별로 고객의 특성을 훤히 꿰뚫고 있는지를 중요한 채용기준으로 삼았다.

상담원은 아무나 한다?

우리나라는 3천여 개의 콜센터에 약 35만의 상담직원이 근무하고 있는데 이는 전체 산업인구의 2.3%에 해당한다. 그중 여성이 93%를 차지하는, 대표적인 여성직종의 하나다. 연령별로는 20대가 45%, 30대 34%, 40대 12%며, 학력별로는 고졸 이하 72%, 전문대졸 10%, 대졸 18%로 나타나고 있다(한국산업인력공단·중앙고용정보원, 2002).

　젊은 여성의 상냥한 목소리가 남성의 딱딱한 목소리보다 더 낫다는 생각에서인지 일반적으로 콜센터 상담원이라는 직업은 여성에게 적합한 일자리라고 생각한다. 이렇듯 목소리로도 '남녀분업'이 이루어지고 있다. 또 '여성은 밤에 일하면 위험하다'는 통념에 따라 소수의 남성직원이 야간근무에 배당된다. 또 민원상담 업무는 '신뢰감 있는' 남성의 목소리가 적합하다 하여 남성직원은 능력과 상관없이 '해결사' 역할을 맡기도 한다.

　이러한 구분은 콜센터 상담원은 '아무나 할 수 있는' 쉬운 일이라고 보는 일반의 시각과 무관하지 않다. 그러나 콜센터 상담원은 일반적으로 생각하듯이 여성이면 '누구나' 잘할 수 있는 일이 아니며, 또한 누구에게나 적합한 일도 아니다. 콜센터 상담원은 관련업무에 대한 지식·성격·목소리·커뮤니케이션 능력·인내심·성실함·숙련도 등 다양한 능력이 요구되는 전문직이다.

　그러나 상담에 관한 한 전문가여야 할 상담원들은 대부분 불안정한 계약직 상태에서 일하고 있으며 심지어 노동자로서 인정받지 못하는 경우마저 있다. 이들은 하루 8시간 이상 칸막이가 되어 있는 작은 부스에 앉아 헤드세트를 끼고 쉴 사이 없이 불특정 다수의 고객과 통화를 하는 단순노동자로만 간주되고 있다.

　상담원들은 보통 하루에 수백 명 이상과 통화하는데 대체로 불만이 있거나 화가 나 있는 고객이다. 상담원들은 이 불만을 고스란히 받아내야 한다. 욕을 얻어먹기도 하고 성희롱을 당하기도 한다. 그러나 상담원이 하는 말은 엄격히 통제되고 있고 통화내용은 모두 녹음이 되어 상담의 정확성과 친절도의 기준에 따라 낱낱이 평가된다.

낮은 기본급과 실적평가에 의한 성과급 지급은 상담원들이 '자발적으로' 노동강도를 심화시키는 결과를 낳고 동료들 사이에 경쟁을 유도하는 촉진제 역할을 한다. 엄격한 평가기준에 맞추어 어떤 경우에도 친절과 미소로 고객을 대하며 일하지만 보상수준은 그다지 높지 않다. '고객만족'을 위해 강도 높은 정서노동에 시달리며 업무 스트레스가 심한 데 비해 급여수준이 낮아 이직률이 전국 평균 22%에 이른다.

지금은 예전보다는 이직률이 다소 떨어져서 많이 안정된 편이기는 하지만 다른 조직에 비하면 여전히 높다. 이 수치는 일에 대한 자부심이나 애사심을 기대하기가 얼마나 힘든지를 단적으로 보여주고 있다고 할 수 있다.

상담원끼리 하는 이야기 중에 '369게임'이라는 말이 있다. 369게임은 아는 것처럼 3, 6, 9가 들어가는 차례에 박수를 치지 못하면 지는 게임이다. 언뜻 보면 간단하지만 정신 차리지 않으면 실수를 한다. 그런데 콜센터 상담원의 369게임이란 이런 얘기다.

3개월 내가 왜 이러고 있지?

6개월 따뜻한 밥 먹고 내가 왜 고객에게 욕을 들어야 하지?

9개월 기본급이 더 높은 다른 센터는 없을까?

공손한 바보보다
확실한 전문가가 되어라

최근 이직률을 낮추고 생산성과 고객만족도를 높이며 단순업무로 인한 스트레스를 극복하는 방안 등이 활발하게 모색되고 있는 것은 고무적인 현상이 아닐 수 없다. 그러나 콜센터 상담업무가 어느 날 갑자기 흥미진진하고 남들이 부러워하는 일로 확 바뀌기는 불가능할 것이다.

그렇다면 어떻게 그들의 마음을 추스르고 열정이 샘솟게 할 것인가. 상담원들이 자기 일을 전문영역으로 만들어내고 보람과 긍지를 느끼게 하는 방법에 관해 몇 가지 사례를 통해 생각해보도록 하자.

첫째, 상담원이라는 직업은 선택한 것이 아니라고 하더라도 그 역할을 어떻게 수행할 것인가는 선택할 수 있다. 직업 자체를 바꿀 수는 없지만 어떤 방식으로 일을 할 것인지는 스스로가 결정할 수 있는 이야기다.

우연한 기회에 우리나라에서도 출간된 『펄떡이는 물고기처럼』의 무대인 시애틀의 파이크 플레이스 어시장을 둘러본 적이 있다. 비린내가 진동하는 보통의 어시장과 다를 바 없는 일상이 반복되고 있지만 이곳 사람들은 진정으로 자기 일을 사랑하고 나름대로의 보람을 느끼며 열성적으로 일하고 있었다.

이 세상 모든 사람이 자신이 원하는 직업을 갖게 되지는 않는다. 그렇지만 대부분의 사람들은 불평을 늘어놓으면서도 매일 출근하고 주어진 일을 해낸다. 지금 정말로 사랑하는 일을 하고 있지는 못할지라도 지금 하고 있는 일을 사랑하게 될 수는 있다. 생각을 바꾸면 된다.

당신이 어떤 일을 하는가에는 선택의 여지가 없다 하더라도 어떤 방법으로 그 일을 할 것인가에 대해서는 항상 선택의 여지가 있다.

리츠칼튼 호텔의 청소부 버지니아 아주엘라의 이야기도 이와 일맥상통한다. 그녀는 그저 "주어진 일에 충실했다"고 말한다.

청소비품이 담긴 손수레에 달린 그녀의 작은 수첩에는 그녀가 담당한 객실의 고객의 특성과 습관 등이 일목요연하게 정리되어 있다. 예컨대 수건을 많이 쓰는 고객이나 객실비품의 위치를 바꿔주기를 원하는 고객, 그리고 〈월 스트리트 저널〉 외에 〈유에스에이 투데이〉를 원하는 고객 등 자신이 파악한 정보를 기록해두었다가 고객이 다시 찾아왔을 때 그들이 원하는 객실 서비스를 빈틈없이 제공한다. 그녀가 웬만한 고객들의 이름을 모두 외우는 까닭도 바로 이 때문이다. 복도에서 만나는 투숙객에게 그의 이름을 부르면서 인사하면 고객은 놀라면서도 몹시 좋아한다는 것이다. 리츠칼튼 호텔은 이러한 직원들 덕택에 기적과 같은 99%의 고객

재방문율을 기록하고 있다.

마찬가지로 콜센터 상담원도 앉아서 돈을 버는 것이 아니라 남을 도와주는 일을 즐기고 단순히 대답을 해주는 것이 아니라 고객의 문제를 해결해주고 보람을 느껴야 한다.

둘째, 똑같은 상담을 하면서도 자기 일에 차이를 만들어내고 긍지를 가질 수 있다.

어느 은행은 이런 목적으로 『우체부 프레드』라는 책에서 감동적으로 그린 '우체부가 사는 법'을 소개하고 콜센터의 프레드가 되자는 운동을 펼쳤다. 『우체부 프레드』는 우체부라는 직업의 사회적 위상과는 상관없이 자기 일을 창의적으로 수행함으로써 우편배달 일을 명품으로 바꿔낸 미국 덴버 시의 프레드라는 한 우체부의 이야기다.

프레드는 우편함에 우편물이 잔뜩 쌓이는 것은 도둑을 부르는 신호라 생각하고 장기간 집을 비운 고객의 우편물을 따로 모아두었다가 전해준다. 또 프레드는 택배회사의 실수로 잘못 배달된 우편물이 있으면 대신 처리한다. 업무처리가 완벽하게 된 것에 만족하지 않고 한 발 더 나아가 고객의 안부를 챙기고 고민까지 함께 나눈다.

셋째, 콜센터야말로 기업의 종합상황실로서 기업 그 자체이자 세일즈와 서비스를 동시에 경험하는 곳이기 때문에 경력관리와 자기계발에 최적의 장이다. 콜센터 상담원으로서 자부심을 가질 수 있는 근본적인 이유가 여기에 있다.

필자가 근무하는 은행에서 신입사원을 면접해보면 대개 글로벌한 기업에 와서 영어를 유창하게 구사하고 싶고, 해외에서 근무하고 싶고, 마케팅·기획·펀드 관련 일을 해보고 싶다고 말한다.

그러나 회사에서 가장 중요한 것은 생산과 영업이다. 생산이나 영업 경험이 없는 신입사원이 어떻게 기획을 하고 마케팅을 할 수 있을지 의문이다. 회사의 일은 배우는 순서가 있다. 처음부터 기획과 마케팅을 하기보다는 생산이나 영업 쪽에서 먼저 경험을 쌓는다면 뒷날 원하는 업무를 할 때 큰 도움이 될 것이다.

삼성 에버랜드 직원들은 신입사원 시절에 반드시 에버랜드 곳곳을 누비며 청소를 해야 한다. 또한 이 회사 신임간부 임명식 때는 간부 사령장과 그보다 더 의미 깊은, 솔선수범과 헌신을 의미하는 흰 장갑과 집게를 함께 수여한다. 간부는 이것을 들고 에버랜드 곳곳을 누비며 눈에 띄지 않는 구석진 곳을 찾아 쓰레기를 치우고 바닥에 붙어 있는 껌을 제거하는 등 궂은일을 직접 해본다. 현장 구석구석을 청소하면서 고객들이 무엇을 원하는지, 무슨 불평을 하는지, 왜 직원들이 힘들어하는지, 그래서 간부들이 무엇을 도와주어야 할 것인지를 직접 몸으로 배우는 것이다.

그런 면에서 필자는 어느 기업이든 콜센터라는 고객접점을 신입사원의 경험 축적과 우수인력 양성의 장으로 활용할 것을 제안한다. 신입사원이 나중에 어떤 부서에 배치되든 입사하고 첫 한두 달은 생산·영업·공장·대리점·A/S센터, 특히 콜센터에서 현장업무와 고객상담을 해보는 것이다. 고객이 무엇을 생각하고 무엇을 기대하는지, 다른 동료들은 무엇을 원하는지를 배울 수 있는 산 교육이 되리라 믿는다. 이때 축적한 고객서비스에 대한 다양한 경험들이 다른 부서에 갔을 때 큰 역할을 할 것이다.

호주의 한 은행장은 한 달에 하루는 반드시 콜센터에서 근무한다고 한다. 제품·서비스·제도·규정에 대한 고객의 경험이 때로는 칭찬과 감사의 모습으로, 때로는 불평불만의 모습으로 한곳에 집결되는 유일한 지점이 바로 콜센터이기 때문이다. 말 그대로 콜센터는 회사의 종합상황실인 셈이다. 그가 콜센터 근무 경험을 자랑스러워하는 것도 이런 이유에서다.

또한 콜센터는 회사의 모든 제품과 업무 프로세스에 대해서 상담원들이 동일한 내용으로 답할 수 있도록 가장 정교한 스크립트에 따라서 서비스가 이루어지도록 표준화되어 있는 곳이다. 그리고 여기서 만들어진 교본이 지점이나 대리점, A/S센터의 고객접점 직원들을 위한 교육자료로 활용되어야 한다. 그렇게 될 때 고객은 콜센터 상담원이든 지점직원이든 본사 담당자든 어느 직원에게 문의를 하더라도 균일한 품질의 서비스와 일관된 답변을 받을 수 있다.

넷째, 콜센터라는 특수한 근무경험과 상담원들의 노하우는 경력관리제도를 통해 콜센터 밖의 부서나 다른 회사에서 활용되어야 한다.

현재 어느 콜센터나 상담원들의 자기계발과 동기부여를 위해 경력관리제도를 시행하고는 있지만 콜센터 안에서의 승진이나 업무변경만으로는 아무래도 제한적일 수밖에 없다. 다시 말해 경력관리제도가 본래 의도대로 운영되기 위해서는 콜센터에서 다른 부서나 대리점·지점 등으로 전근하는 것은 물론 그 역의 방향, 즉 대리점·지점·A/S센터 직원이 콜센터 상담원이 되는 방향으로도 추진되어야 한다는 것이다.

필자가 전에 근무했던 직장에서는 상담원 가운데 지원자를 받아 은행 창구에서 근무하게 했는데, 이들은 콜센터에서 익힌 탁월한 상담능력과 전문성을 지점직원들에게 인정받았다. 이처럼 일정한 선발기준을 마련하여 콜센터 상담원을 관련 특정 업무와 상담업무의 전문성이 활용되는 부서에 배치하고 콜센터 계약직을 정규직으로 전환하는 회사가 늘고 있다. 이와 같은 조치는 콜센터의 프레드와 버지니아 아주엘라를 꿈꾸는 많은 상담원들에게 새로운 희망이 될 것이다. 그래야 상담원들이 철새가 아닌 텃새로 콜센터에 둥지를 틀게 될 것이다.

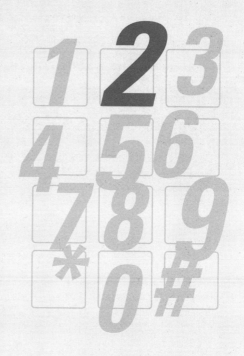

콜센터에 집중하라

가치를
공유하라

센터장 CIF의 의미가 뭡니까?

상담원 A C는 customer의 약자인 거 같은데요, 나머지는 무슨 뜻이죠?

센터장 CIF란 customer information file, 곧 고객정보를 말하지요. 그럼
기다리는 고객도 많고 더 많은 전화를 받아야 하는데 왜 굳이 공을
들여 고객정보 변경을 해야 합니까?

상담원들 ….

센터장 여러분이 오늘 이렇게 탁월한 실적을 올린 비결은 뭡니까?

상담원 B 이번 캠페인 기간에 1인당 하루에 10명 이상씩 해서 목표를 채울
수 있었습니다.

상담원 C 보통 다른 동료들은 주소, 전화번호, 이메일, 카드결제일이나 청

구서 발송지 등이 변경되었는지만 고객님께 여쭤보는데요, 그간 이미 많이 업데이트되었고, 남편 대신 부인이 전화를 받는 경우가 많았습니다. 그래서 실적을 올리기가 쉽지 않은데, 저는 '결혼기념일'란을 채워넣어서 1등을 한 겁니다. 아내가 받더라도 부부니까 결혼기념일은 말씀해주시더군요.

모두가 상담원 C의 아이디어와 노력에 박수를 치며 축하해주었다.

내가 다시 상담원 C에게 물었다.

"고객분들이 선선히 말씀해주시던가요?"

"아뇨, 한번은 고객이 주저하시기에 '기념일에 축하메일을 보내드리고 싶다'고 했더니 사실은 재혼해서 결혼기념일이 두 번이라고 말씀하셔서 민망했던 때도 있었습니다."

모두가 다시 박수를 치며 한바탕 웃음을 터뜨렸다.

한동안 상담원 성과지표KPI, key performance indicator 중의 하나인 CIF 갱신을 독려하는 캠페인을 벌인 적이 있었다. 그 성과를 시상하는 자리에서 우수 상담원들에게 그냥 상금만 전달하기가 뭐해서 고생한 직원들을 모아놓고 필자가 몇 마디 말을 붙이면서 벌어진 풍경을 그대로 옮겨본 것이다.

CIF 갱신은 캠페인 기간뿐만 아니라 언제나 필요한 일이고 또한 매우 중요한 일이다. 이를 위해서 상담원들은 고객의 문의가 오면 우선 모두 대답해주고 나서 상담 말미에 "고객님의 주소나 전화번호 등 정보가 맞게 되어 있는지 확인해주시겠습니까?"라고 문의하여 상담이력과 함께 변경된 고객정보를 수정하거나 새롭게 채워넣는다.

이 작업은 매우 기본적이면서 모든 상담원이 심혈을 기울여야 하는 것으로 개인성과를 평가하는 중요한 지표가 되기도 한다. 따라서 이에 대한 세심한 관리는 필수적이다. 우수한 실적을 올린 상담원들을 공개적으로 인정하고 표창하는 일이 리더가 해야 할 가장 중요한 일이라고 말하는 이유가 여기에 있다.

대개의 콜센터에서 최고의 실적을 달성한 상담원의 사진을 벽에 붙여놓거나 우수상담원을 사내 게시판에 공지하여 매주 또는 매달 공개적으로 칭찬하는 방법으로 상담원들의 사기를 북돋운다. 칭찬이나 표창의 횟수가 많아질수록 동료 상담원들도 긍정적인 영향을 받아 분위기도 달라지고 각자 목표달성을 위해 더 분발한다. 이런 방법 외에 수시로 상담원들간에 선의의 경쟁의식을 유발하는 다양한 이벤트를 실시하여 역동적인 환경을 만들 수도 있다.

그러나 콜센터의 경영자나 관리자들은 이렇게 상담원들의 목표달성을 축하하고 독려하기 위해 각종 인센티브를 지급하고 이벤트를 벌이는 일에는 친숙해져 있는 반면에, 더 근본적인 동기를 부여하고 성취감을 불어넣는 데는 소홀하다는 사실을 이날 시상식에서 깨닫게 되었다.

콜센터에서는 CIF 갱신 외에도 상담원의 목표달성 독려 차원에서 여러 가지 프로모션을 진행하게 되는데 전혀 의도하지 않은 결과가 나타나기도 한다. 그것은 프로모션이나 동기부여 프로그램에 참여하는 상담원이 한정된다는 것이다.

우수상담원으로 뽑히지 않은 나머지 상담원들은 회사에서 한다고 하니까 어쩔 수 없이 의무적으로 참여한다는 식의 반응을 보인다. 상을 타기 글렀다고 아예 포기하거나 무관심한 상담원들도 있다. 실제로 물어보면 "처음에는 저도 인정받기 위해서 프로모션에 열심히 참여했는데요, 늘 상을 타는 상담원만 타더라구요. 그래서 저는 처음부터 포기했어요"라고 대답한다.

이런 현상이 생기는 이유는 다른 것이 아니다. 오로지 목표달성과 인센티브 부여만을 위해 계획된 포상 프로그램이, 일부 상담원이 독식하는 프로그램으로 변질되면서 이 일의 진정한 가치를 공유하는 분위기를 만들어가는 데는 실패하고 있기 때문이다.

기업의 가치는 고객정보에 있고, 정보의 가치는 갱신에 있다

영국에는 명성의 중요성을 인식하고 이를 적극 활용해서 성공한 기업으로 평가받는 버진Virgin이라는 그룹이 있다. 이 그룹은 '우리는 모든 것을 다 한다'라는 슬로건을 갖고 있으며 문어발식으로 많은 계열사를 거느리고 있다. 이 그룹의 사업영역은 그야말로 다양하다. 여행사를 운영하는가 하면 음반을 팔기도 하고, 항공업에도 뛰어들었고, 금융상품을 팔기도 한다. 모두가 버진이라는 동일한 브랜드를 내걸고 하는 사업이다.

버진그룹의 사업원리는 간단하다. 정교하게 다듬어진 고객의 데이터베이스를 보유하고 있으니 무엇이든 고객에게 팔고자 하는 좋은 상품이 있으면 다 가져오라는 것이다. 한마디로 막강한 CRM customer relation management의 데이터베이스가 버진그룹의 가장 큰 자산이다. 고객정보만 있으면 어떤 상품이든 어렵지 않게 팔 수 있다. 상품을 팔려는 회사는 버진그룹의 CRM 데이터베이스에 접속하면 된다. 접속의 대가로 버진그룹은 매출액에 비례하는 수수료를 챙긴다.

수수료 수입말고도 버진그룹에는 또 다른 부수적인 이득이 있다. 바로 상품을 팔고 나면 자동적으로 축적되는 고객에 대한 판매자료다. 이 자료의 분석을 통해 고객의 소비성향을 파악함으로써 데이터베이스가 자동으로 업데이트된다. 이러한 구조는 정보의 선순환을 불러온다. 그래서 버진그룹의 CRM 데이터베이스는 손 하나 대지 않고도 시간이 갈수록 계속해서 그 가치가 올라간다.

신용카드회사의 경우 가장 막강한 CRM 데이터베이스를 구축할 수 있다. 카드 사용내역과 결제계좌 등을 분석하면 고객의 소비패턴을 한눈에 알 수 있다. 법적 제약만 없다면 이 고객의 정보를 기초로 하여 버진그룹처럼 다른 회사의 제품을 가지고 효과적인 제휴 마케팅을 펼칠 수 있다.

예를 들어 3년 전에 유아용 기저귀를 구입한 고객에게 세 살짜리 어린이용 상품만을 모아놓은 카탈로그를 보내주고 결혼 10주년 기념일에 축하 메시지와 함께 배우자가 좋아할 만한 선물목록을 보내주는 것이다.

앞으로 기업의 가치는 그 기업이 보유한 고객의 정보, 즉 CRM 데이터베이스의 가치로 결정된다고 해도 과언이 아닐 것이다. 예를 들어 제품만 팔고 고객의 데이터베이스는 축적되지 않는 일회성 판매를 생각해보자. 해당 기업에 한 차례의 마진만 남겨주는 일차적 판매로 끝날 뿐 더 이상의 판매가 연속해서 일어나기는 쉽지 않으며, 고객과의 관계는 그것으로 끝나고 만다.

메모 한 장의 놀라운 위력

싱가포르를 방문한 한 비즈니스맨은 자신이 처음 이용하는 호텔에 체크인하고 방으로 들어갈 때까지 호텔 직원들 모두가 자신의 이름을 불러주며 환대하는 것에 매우 놀랐다. 정교한 컴퓨터 시스템일까 아니면 종업원들끼리 무전기를 들고 알려주는 걸까? 둘 다 아니었다. 실은 택시 운전사가 손님의 이름을 메모지에 적어서 손님이 포터에게 짐을 옮기게 하는 동안 도어맨에게 슬쩍 건네주었고 도어맨은 리셉션 담당자에게, 리셉션 담당자는 다시 포터에게, 포터는 손님의 짐을 객실로 옮긴 뒤 그 객실을 청소하는 직원에게 전달한 것이다.

리츠칼튼 호텔 직원들은 "고객에게 최고의 개별 서비스를 제공하기 위해서 모든 직원들은 고객의 개별적인 기호를 찾아내고 기록할 책임이 있다"는 서비스 수칙을 철저히 지킨다.

예컨대 이름, 입실 날짜, 객실번호를 적고 나서 "체구가 커서 땀을 많이 흘림. 더운 것을 싫어하며 비용에 매우 민감함. B위스키를 물과 함께 마심. 물은 S샘물. 베개를 딱딱한 것으로 교체. 흡연실을 요청했으며 줄담배. 특히 D담배를 즐겨 피움. 일본 스포츠 신문을 달라고 함"처럼 말이다.

뿐만 아니라 고객이 공항에 도착하는 시간을 체크해 공항에 상주하는 직원이 정중하게 영접한 후 사진을 찍어 호텔로 전송한다. 호텔에 도착한 후 도어맨이나 프런트 직원이 고객을 알아보고 이름을 불러주기 위한 것이다. 이러한 세심한 서비스는 '고객 기호카드'라는 메모 형태로 다음과 같은 절차들이 체계적으로 수행된 덕택이었다.

- 좋아하는 것, 싫어하는 것 등 고객의 기호를 관찰한다.
- 고객 기호카드를 작성하여 고객관리 코디네이터에게 제출한다.
- 고객관리 코디네이터는 고객의 기호사항을 전 세계 리츠칼튼 호텔이 공유하는 데이터베이스에 등록한다.
- 고객에 대한 정보, 기호사항을 공유하기 위한 리포트는 고객이 도착하기 전날 제작되어 해당부서에 배포한다.

콜센터는 기업과 고객을 이어주는 '끈' 역할을 담당하기 때문에 고객 정보 수집에도 활발해야 한다. 기본정보의 갱신은 물론 캠페인에 대한 고객 반응과 고객서비스의 문제점, 만족도 등 고객과 관련한 다양한 정보를 수시로 수집하고, 이를 기업경영이나 서비스 전략에 반영할 수 있도록 도와야 한다. 이러한 이유로 몇몇 기업은 콜센터를 CRM센터로 부르기도 한다.

고객의 개인적인 관심사나 문의사항들에 대한 데이터가 차곡차곡 쌓이면서 획일적이며 기계적인 응대가 아닌 '개인화된 서비스'가 가능해지고 이것이 고객 한 사람 한 사람을 감동시키는 원천이 되는 것이다.

고객을 유지하기 위해서는 콜센터를 비롯한 여러 채널을 통해 고객의 특성을 파악하고 리츠칼튼처럼 이를 전사적인 차원에서 공유해야 한다. 고객의 행동특성을 파악하는 것 역시 여러 채널이 관련될 수 있으나 가장 강력한 역할을 할 수 있는 것은 역시 콜센터이다.

고객 대부분은 서비스나 제품에 대한 불만을 털어놓을 때는 편지나 고객의견카드, 인터넷 등의 채널보다는 손쉽게 접할 수 있는 채널인 콜센터를 선호하기 때문이다. 이래서 콜센터는 기업의 종합상황실 역할을 하게 되는 것이다.

이름을 적은 메모지 한 장이 중요했던 것처럼 콜센터는 고객을 식별할 수 있는 단서나 정보를 습득하는 중요한 채널이다. 기업의 서비스 경쟁력은 시스템, 내부 프로세스, 전략, 서비스품질, 인적 인프라 등 다양한 형태로 나타나는데, 이러한 서비스 경쟁력을 한꺼번에 보여줄 수 있는 조직이 바로 콜센터다.

목표가 아니라 가치를 공유하라

콜센터에서 고객정보 갱신에 관한 캠페인을 벌이는 것은 이와 같이 고객정보가 곧 재산이고 이를 통해서 고객 개인별 맞춤서비스를 도모할 수 있기 때문이다. 그런데 일부 콜센터 관리자들은 '왜 이 일을 해야 하느냐'에 대한 설명과 동기부여 없이 상담원들에게 목표건수만 할당하고 독려한다. 상담원이 CIF가 업무목표달성이나 고객서비스 향상에 도움이 된다는 사실을 제대로 알고 업무에 임하는 것과는 큰 차이가 있다는 사실을 간과하기 때문이다.

관리자들은 성당을 지을 돌을 깎는 세 석공의 이야기처럼 자기 일에 보람과 행복을 느끼게 해주는 이야기를 하지 않은 것이다.

솔로몬 왕이 세 석공에게 차례로 물었다.
"어떤가? 상당의 돌을 조각하는 일이 재미있나?"
그러자 세 석공이 차례로 대답했다.

"천만에요. 돈 때문에 하는 수 없이 합니다."

"의무로 생각하고 하는 것이지요."

"기쁩니다. 이 성전이 완성될 때를 생각하면 벌써부터 가슴이 두근거립니다. 이 일에 동참하게 된 것을 감사하고 있습니다."

첫번째 석공은 석공일을 하는 자신의 처지가 비참하다고 느끼고 있고, 두번째 석공은 염증을 느끼고 있다. 그러나 세번째 석공은 행복한 마음으로 일을 한다.

사실 많은 콜센터 관리자들이 첫번째나 두번째 석공을 부리듯 CIF 갱신 일일 할당량과 급여 책정을 위한 기본목표만 제시할 뿐 고객정보를 축적해나가고 최신화updating하는 일의 중요성에 대해서는 이야기하지 않는다. 직원들을 파트너로 인정하는 내부마케팅 과정을 생략하는 것이다. 이는 외부고객들에게 신제품을 보여주면서 무조건 구매를 강요하는 것과 같다.

고객에게 신제품을 판매할 때 상품의 성능과 가치를 충분히 설명해야 하는 것처럼 직원들도 자신이 하는 일의 가치를 깨닫고 보람과 긍지를 느낄 수 있게 해야 한다.

핵심 포인트

진정한 동기부여는 지금 하는 일의 가치를 제대로 인식하는 것으로부터 시작된다.

상담원에게
물어보라

어느 날 휴게실에서 점심을 먹고 있는 직원들과 마주앉게 되었다. 그런데 오후 1시에 출근해서 밤 10시에 퇴근하는 오후근무조 상담원들의 불만이 대단했다. 밤 8시~9시 시간대의 콜포기율이 너무 높으니 대책을 강구해서 보완하라는 경영진의 지시를 이행하기 위해 포기율이 거의 생기지 않을 만큼 오후근무조 인원을 크게 늘였기 때문이다.

그 결과 오후근무조 상담원들은 저녁 8시, 9시가 지나면 통화량이 뚝 떨어져 남아도는 시간을 어찌할 줄 모른다고 했다. 또한 이 여파로 오후근무조의 차례도 빈번하게 돌아오고 있으며 남아도는 시간이 많다 보니 당연히 1인당 콜수도 줄어들어 개인별 성과평가에도 대단히 불리하다는 것이었다.

경영진이 지시한 사항이라 다시 손대면 곤란하다는 부하직원들의 협박(?)을 무시하고 바로 그 다음날부터 오후근무조에 대해서 11시나 12시부터 출근하도록 조정하고, 밤 8시 이후에는 소수 인원만 남아 근무하게 하였다.

당연히 점심식사 시간대의 인원이 늘어나 교대 등으로 인해 가장 바쁜 시간대의 콜포기율이 낮아졌고(하루 중 전화가 가장 많이 걸려오는 시간은 오전 11시부터 오후 3시 전후이다), 상담원 1인당 콜수가 대폭 증가하여 성과평가에 대한 불만도 없어졌다. 또한 밤 10시에 퇴근하던 직원들이 한두 시간 앞당겨 8시나 9시에 퇴근하게 되어 근무여건도 대폭 개선되었다.

대단한 지혜를 짜낸 것도 아니고 함께 김밥을 먹다 털어놓은 상담원의 얘기에 센터장인 필자가 귀를 기울였던 것뿐이다. 이렇게 간단한 변화가 그간 이루어지지 못한 것은 관리자들이 상담원의 건의를 무관심하게 넘겼거나 상담원들이 관리자에게 건의할 용기를 내지 못했기 때문일 것이다.

고객에 대한 서비스도 획일적이고 수평적인 것을 뛰어넘어 원투원one-to-one 마케팅을 지향하는 것처럼 이제는 매니저나 관리자의 모습도 달라져야 한다. 동기부여를 위해서도 상담원 한 사람 한 사람에 대해 원투원 서비스를 해야 한다.

상담원이 원하는 것은 높은 급여나 비싼 상품만은 아니다. 수백의 직원들 속에 파묻히는 존재가 아니라 한 사람 한 사람 개인의 목소리가 존중받고 콜센터에서 꼭 필요한 귀한 존재로 인정받고 싶은 것이다. 아침에 눈뜨면 출근하고 싶은 회사, 열심히 일한 만큼 성과를 인정해주는 회사를 만들어 이들이 상담원을 평생의 직업으로 생각하면서 이 분야의 전문가가 되겠다는 꿈을 가지게 해야 한다.

개가 사나우면 술이 쉰다

　필자는 분기별 실적우수자에 대한 시상식이 끝나면 최고상을 탄 직원들을 격려하는 의미로 점심식사를 함께하며 그들의 고충이나 건의사항을 듣곤 했다. 대개의 건의사항은 센터장이 독단적으로 해결할 수 있는 과제보다는 예산이 많이 소요되거나 회사 차원에서 도와주어야 하는 해묵은 과제들이지만 10개 중 2~3개 정도는 마음만 먹으면 바로 해결 가능한 것들이었다.

　필자는 바로 해결할 수 있는 일에 한해서는 그날 밤을 넘기지 않고 즉시 해결해주고 누가 건의한 어떤 일이 이렇게 고쳐졌다고 콜센터 구석구석에 써 붙였다. 이래야 주저하던 상담원도 차츰 말문을 열게 되기 때문이다. 그러기 위해서는 항상 자신이 먼저 물어보아야 한다.

　필자가 쓴 『먼저 돌아눕지 마라』라는 책에서도 언급했지만 '사나운 개와 주점' 이야기는 이 시점에서도 적절한 교훈이 된다.

　옛날 어느 주막에 주인의 말을 아주 잘 듣는 개 한 마리가 있었다. 이 개는 낯선 사람들에게는 무척 사나웠지만, 주인은 그 사실을 까마득히 모르고 아주 귀여워했다. 그런데 하루가 지나고 이틀이 지나도 주막에 손님은 커녕 개미 한 마리 얼씬하지 않았다. 주막에 손님이 없으니 술은 팔리지 않고 시간이 지나자 쉬어버렸다. 사나운 개가 으르렁거리며 문 앞을 지키고 있으니 손님이 없는 것이 당연한데도 주인은 오지 않는 손님만 탓했다.

구맹주산狗猛酒酸, 즉 '개가 사나우면 술이 쉰다'는 성어의 유래다. 주인에게는 더할 나위 없이 충성스런 개였지만 사실은 손님을 내치는 것을 어리석은 주인이 몰랐던 것이다.

이 이야기가 주는 교훈은 한마디로 술이 왜 쉬었는지를 '고객에게 물어보자'라는 것이다. 고객은 왜 그 주점에 가지 않는지 주인에게 바로 알려줄 수 있기 때문이다. 이 교훈은 고객서비스에도 그대로 적용된다. 접점직원들에게 물어보라. 그들은 다 알고 있다. 경영자나 본부직원들만 모르고 있을 뿐이다.

시카고의 매리어트 호텔에 새로 부임한 한 매니저가 예산청구서를 검토하면서 욕실에 있는 흑백TV를 컬러TV로 교체하는 데 2만 달러가 책정되어 있는 것을 보았다. 처음에는 획기적인 서비스 개선처럼 보였지만 더 깊이 생각해본 매니저는 의심이 들었다. 그는 직원들이야말로 고객의 목소리를 귀담아듣는다고 생각하고 직원들을 불러 물었다. 먼저 관리담당 직원과 엔지니어링 직원들에게 고객들이 컬러TV를 요청했는지 물어보니 "아니오. 하지만 괜찮은 아이디어라고 생각했습니다"라고 대답했다. 그 다음 청소부들에게 우리가 아직 없는 것 중에 고객이 요청한 것이 무엇이냐고 물었다. 청소부들은 거의 만장일치로 다리미와 다리미판이라고 대답했다. 매니저는 TV를 살 돈으로 다리미와 다리미판을 구입했다.

이렇게 호텔이든 기업이든 오랫동안 똑같은 일을 해온 소위 전문가나 관리자들은 때로 자신들이 고객을 제대로 꿰뚫고 있다고 오해한다. 이러한 오해 때문에 '고객이 정말로 원하는 것'과 '기업이 제공하고 있는 것' 사이에 갭이 생기게 된다. 그리고 이런 갭으로 인해 고객이 원하지 않는 서비스에 값비싼 비용을 지불하게 되는 경우가 종종 발생한다.

익숙한 것이 때로는 방해가 된다

어느 날 아침 라디오의 건강 프로그램에서 이런 이야기를 들었다. 그날 주제는 두통이었다. 한 신사가 만성두통에 시달리다 병원을 찾았다. 그런데 온갖 검사를 다 받아봐도 원인이 발견되지 않았고, 의사로부터 '스트레스를 좀 줄이라'는 처방(?)을 받았다.

뇌종양이 아닌 것만도 다행이지 싶어 그냥 참고 지내던 어느 날, 와이셔츠를 맞추러 양복점에 갔다. 그런데 양복점 주인이 "머리 자주 아프지 않으셨어요?"라고 귀신같이 알아맞혔다.

주인 말에 따르면 셔츠가 작아 목이 조이면 머리가 아프다는 것이었다. 뜻밖에도 양복점 주인에게 두통의 원인과 해답을 얻을 줄 누가 알았으랴. 양복점 주인은 목이 꽉 조이도록 작은 셔츠를 입는 고객들로부터 이야기를 자주 들었기 때문에 만성두통의 원인을 바로 알 수 있었던 것이다.

두뇌에 혈액순환이 잘 안 되면 중풍과 두통의 원인이 된다는 의학적인 지식은 없었지만 양복점 주인처럼 아주 단순한 상식과 풍부한 고객 경험으로 간단하게 문제의 해답을 찾아내는 경우를 종종 볼 수 있다. 익숙하게 잘 알고 있는 것, 학습을 통해 알고 있는 이론들이 오히려 손쉬운 해결을 방해하는 경우 말이다.

한번은 어느 경영혁신 관련 책자에 나온 문제를 당시 초등학교 다니는 아들과 중학교 다니는 딸 그리고 필자가 머리를 맞대고 함께 풀어본 적이 있다. 이런 문제였다.

문제 연못에 거북이와 오리가 있습니다. 다리를 세어보니 24개, 머리는 7개였습니다. 거북이와 오리는 각각 몇 마리입니까?

(제한시간 20초)

연립방정식을 배운 필자와 딸애는 망설이지 않고 이렇게 풀어나가기 시작했다. 거북이를 x로 놓고 오리를 y로 놓아 $4x+2y=24$, $x+y=7$이라는 2차 연립방정식을 세웠다. 하지만 우리가 중학교, 고등학교를 거치면서 너무 익숙해져 있는 이 수학문제를 20초 내에 풀기는 곤란했다.

20초라는 짧은 시간에 풀기 위해서 이런 방법으로 풀어볼 수도 있을 것이다. 거북이 3마리와 오리 4마리로 또는 거북이 4마리와 오리 3마리로 가정하고 다리수를 맞추어보면 거북이가 16개, 오리가 6개 총 22개가 된다. 다음은 다리수가 많아져야 하므로 거북이 5마리, 오리 2마리로 결정해놓고 다리수를 확인해가는 과정을 두세 번 거치면 답을 찾을 수도 있을 것이다. 그러나 이 방법도 20초를 넘기기 쉽다.

그런데 아들녀석은 이렇게 그림을 그려나갔다. 머리가 7개이므로 동그라미를 7개 그리고, 다리가 24개이므로 다리를 그려나가는 방법이다.

● 먼저 머리를 7개 그린다.

● 오리를 기준으로 먼저 다리를 2개씩 그린다.(다리 14개)

● 거북이를 만들어나가 다리를 두 개씩 더 그려 24개가 되면 멈춘다.

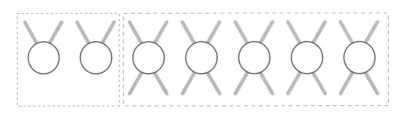

정답은 오리 2마리, 거북이 5마리로 10초가 걸렸다.

날씨가 추워져서 따뜻한 겨울옷을 찾기 위해 장롱 서랍을 뒤적이다 보면 입지도 않으면서 차마 버리기 아까워 차곡차곡 쌓아둔 옷들을 본 적이 있을 것이다. 그런 묵은 옷들은 꺼내서 버려야 한다. 마찬가지로 다시 쓸 일이 없는 묵은 생각과 고정관념도 마음속에서 버려야 한다. 그리고 그 자리에 새로운 트렌드와 고객의 눈높이에 맞춘 신선한 생각을 다시 채워넣어야 한다.

기업의 여러 자산 중에서 서비스정신은 가장 연약하고 부서지기 쉬운 자산이다. 고객은 직원을 대하는 순간 자기가 거래하는 기업의 문화를 바로 알아챈다. 강력한 리더십의 지원이 없으면 서비스문화는 곧 평범한 수준으로 떨어진다. 일회성 서비스 프로그램이나 캠페인은 6개월도 버티지 못하고 시들어버리는 것은 그 때문이다. 그래서 직원들이 고객에게 탁월한 서비스 가치를 전달하는 데 필요한 사기와 에너지, 헌신을 유지하려면 경영자의 혁신 마인드와 지속적인 관심이 필수조건이다.

콜센터 관리자에게만 해당되는 이야기는 아니겠지만, 관리자는 '있는 것들을 잘 관리'하여 봉급을 받는 게 아니라 '일을 다르게 하고 변화시키는 것'으로 봉급을 받는 사람이 되어야 한다. 하지만 관행과 규정에 깊이 빠져 있는, 이른바 '전문가'들이 일을 다르게 하고 변화시키는 방법을 찾아내는 데 오히려 걸림돌이 되는 경우도 있다. 그들은 묵은 옷들을 그만큼 많이 갖고 있기 때문이다.

고객들이 어디에서 무엇 때문에 투덜거리는지를 생생하게 듣고 있는 상담원들의 이야기를 복잡한 방정식으로 풀지 말고 그림을 그려나가듯이 쉽게 풀어나가기 바란다.

핵심 포인트

익숙한 것들은 문제를 해결하는 데 방해가 되기도 한다. 생생한 정보나 적절한 해법은 경영자의 과거 지식이나 경험이 아니라 현장의 직원들에게서 튀어나온다.

상담원은 알고 있다

2006년 새해 벽두에 〈한국인 남자의 자립지수 57.9점, 아내 없이는 한 달이면 폐인〉이라는 제목의 기사가 눈길을 끌었다. 한국 남자들이 부인이나 가정부 등의 도움 없이 혼자 밥을 해 먹고 집안을 정리할 수 있는지를 평가하는 자립지수가 57.9점에 불과하다는 내용이었다. 생활자립도 면에서 평균적인 한국 남자는 아내 없이 잠깐은 버틸 수 있지만 한 달 내로 엉망이 되는 수준이고, 11.8%는 아내가 없으면 일주일 내로 '폐인'이 될 수준이라는 것이다.

필자도 비슷한 경험이 있다. 아내와 함께 딸애가 사는 LA에 여행을 갔다가 필자는 2주 후 귀국하고 아내는 한 달쯤 더 머물다 돌아온 적이 있다.

아내가 없는 2주 사이 밀린 세탁물이 산더미처럼 쌓이고, 설거지를 하지 않아 그릇에 곰팡이가 끼고, 정성 들여 키워오던 화분은 모두 말라 죽어버렸다. 아침마다 겨우 옷만 주섬주섬 입고 출근하는 형편이니 행색도 날이 갈수록 꾀죄죄해졌다. 다행히 아내는 집안 구석구석 먼지가 쌓여서 도깨비가 나오는 폐가 수준으로 떨어지기 직전에 돌아와주었다.

필자가 외국계 은행에 들어와 초기에 받은 충격과 당황스러움은 말로 표현하기조차 부끄럽다. 회사에서는 직접 모든 문서를 기안하고 통계처리 프로그램을 다루어서 분석하고 프리젠테이션하라고 했다. 그것도 회사 공용어인 영어로. 그간의 경험과 명성이 무색해진 필자는 한순간에 멍청한 바보가 된 느낌이었다.

필자도 국내 은행에서 행원, 대리로 근무하던 시절에는 분석능력이 탁월하고 기안서며 프리젠테이션 문서를 설득력 있게 잘 만든다고 칭찬을 들었던 사람이다. 그러나 대기업에서 대개 그렇듯이 과장부터는 컴퓨터로 직접 일을 하는 경우가 많지 않다. 팀장, 지점장, 센터장 정도 지위에 오르면 간단한 문서조차도 직접 작성하는 경우가 드물다. 필자 역시 대리 시절에는 부장이나 임원의 간단한 인사말조차도 직접 작성해서 결재를 올렸으니까 말이다.

그때까지도 스스로는 어지간한 일은 손수 해결해왔다고 자부하고 있었다. 나중에 생각해보니 그것은 젊었을 때 서류에 치여 산 것이 너무 억울해서 부장이 되면 필자부터 모범을 보여 인사말이나 간단한 기안은 손수 작성해야겠다고 다짐한 것에 지나지 않았다.

어쨌거나 직급이 오를수록 그런 일들은 필자 곁에서 차츰 멀어져갔고 부하직원들이 작성한 자료에 부족한 점은 없는가만 살피는 전형적인 관리자로 변해가고 있었다. 이따금 문서를 만들 때 속도가 예전보다 훨씬 떨어지는 것을 느끼면서 이래서 되겠는가 싶어 마음을 다잡아 보기도 했지만 역시 쉽지 않았다. 자립지수가 부하직원 없이는 살 수 없는 수준으로 곤두박질한 것이다. '써먹을 데가 없다'는 이유를 붙여 영어회화를 그만둔 지가 언제인지 기억도 나지 않는다. 그러던 중 외국계 은행으로 오면서 자신의 자립지수와 경쟁력의 한계를 깨닫고 그간의 안일함을 털어내게 되었다.

대사관남, 대사관녀에게서 배운다

〈대화1〉 제3국에 있는 대한민국 대사관과 통화한 이야기

대사관 말씀하세요.

장무환 난, 국군포로 장무환인데….

대사관 네, 그런데요.

장무환 장무환인데… 거기서 좀 도와줬으면 좋겠습니다. 다른 게 아니라….

대사관 여보세요, 무슨 일로 전화하셨죠?

장무환 한국대사관 아닙니까?

대사관 맞는데요.

장무환 맞는데… 다른 게 아니라… 내가 ○○에 와 있는데 좀 도와줄 수 없는가 이래서 묻습니다.

대사관 (한숨을 내쉬며) 없죠.

장무환 북한 사람인데… 내가….

대사관 아, 없어요. (전화를 끊는다.)

장무환   국군포론데….

<대화2> 중국의 한 한국 영사관과 통화한 이야기

최욱일   납북어부입니다. 1975년 남한에 살다가 공화국에 납북되어 탈
         출했습니다! 저 좀 도와주세요!
영사관   우리는 동북3성의 한국인 사건사고를 담당하지 탈북자는 관여
         하지 않습니다. 관련부서를 알려드릴게요.
(여러 차례 전화가 돌아간 끝에 탈북자 사무소 전화번호를 알아냈으나 받지 않
자 다시 영사관에 전화를 걸어 탈북자 사무소 직원의 핸드폰 번호를 알아내어 다
시 한 번 구조를 요청했다.)
사무소 직원   제 전화번호 누가 알려줬어요?

〈대화1〉은 국군포로의 절박한 도움 요청을 쌀쌀맞게 거절한 일명 '대
사관녀' 사건이고, 〈대화2〉는 납북된 어부가 구조를 요청하는데 역시 냉
정하게 도움을 거절한 일명 '대사관남' 사건이다. 온 국민과 네티즌의 분
노를 샀던 사건이었다.

중국 사람들의 술자리 특징 중의 하나가 그날 술값을 내는 사람이 제
일 상석에 앉는 것이라고 한다. 돈 내는 사람이 주인이기 때문이다. 고객
을 떠받드는 이유도 고객이 돈을 내고 상품과 서비스를 사주기 때문이
다. 정부도 마찬가지다. 납세자가 주인인 것이다.

대사관녀, 대사관남 사건에는 두 가지 시사점이 있다.

첫째로, 정부가 그동안 수많은 서비스 혁신을 주창해왔지만 과연 고객
인 국민을 위한 서비스 혁신을 추진해왔는가 하는 것이다.

지금 이 원고를 쓰는 시간에 경기도 어느 시는 특급호텔에서 미혼 공무원들을 대상으로 시민의 혈세로 1인당 10만원씩 들어가는 '짝짓기 미팅'을 주선해 시민들의 비난이 들끓고 있다.

기업이나 정부, 지방자치단체나 혁신의 초점은 편의나 겉치레가 아니라 돈을 내는 시민과 고객에게 맞추어져야 한다.

둘째로, 이 두 사건에 대해 정부에서 공식사과까지 했으나 한두 사람의 실수로 전체 대사관이 욕을 먹는다고 억울해 하고 있을지도 모르겠다. 그러나 이 사건이 아니더라도 대사관의 고위책임자가 단 한 번이라도 현장을 돌아보면서 공공서비스를 점검해봤는지 궁금하다. 최일선의 서비스 창구에서 문제가 생겼다면 이것은 단순히 한두 사람의 실수로 생긴 일이 아니다.

이따금 기업 홍보물을 보면 〈L사장, 일일 콜센터 상담원 변신〉등의 기사를 접할 수 있다. 대부분 천편일률적인 내용으로 줄거리는 대충 이렇다.

L사장은 고객들에게 직접 차량 모델에 대해 설명하고 긴급 서비스 차량을 출동시키는 등 고객들의 각종 문제를 상담했다. L 사장의 콜센터 체험은 현장의 목소리를 직접 듣고 경영에 고객의견을 반영하겠다는 의지를 보여주는 것이다. L사장은 "평소 보고를 통해서만 듣던 고객의 요구사항뿐 아니라 일선에서 고객을 대하는 직원들의 애로사항도 확실히 느낄 수 있었다"며 앞으로 고객이 원하는 서비스를 제공하는 경영을 실천해나갈 것이라고 말했다.

물론 경영자나 간부의 현장 체험이 전부 홍보용이거나 전시효과라고 비난하는 것은 아니다. 단 몇 시간만이라도 함께 헤드세트를 끼고 고객의 의견을 직접 들어보고 상담원들의 노고를 이해하는 시간이기 때문이다. 어느 TV 프로그램의 삶의 현장 체험처럼 각계 유명인사들이 구슬땀을 흘리는 장면은 그 자체가 신선하듯이 경영자의 현장 체험은 콜센터 상담원들에게는 회사가 자기들을 중요하게 여기고 있다는 자긍심을 높이는 계기가 된다.

성공적인 서비스를 이해하는 기업의 최고경영진은 서비스품질에 대한 각오와 헌신을 직접 몸으로 보여주는 데 인색하지 않다. J. W. 매리어트 2세가 워싱턴에 있는 매리어트 호텔 주방을 돌며 접시의 청결상태를 점검한다면 서비스품질에 대한 그의 지대한 관심이 일부 직원들을 곤혹스럽게 만들지도 모른다. 그러나 어느 누구도 그가 손님의 메리어트 호텔 숙박 경험에 많은 신경을 쓰고 있다는 사실을 의심하지는 않을 것이다.

스타벅스의 창업자 하워드 슐츠는 이미 전 세계에 1만 1천 개의 매장을 갖고 있는 엄청난 부자다. 그는 30년 동안 매일 25개의 매장을 직접 방문하고 있다. 한국을 방문했을 때 그는 이렇게 말했다.

"회사가 아무리 커져도 우리의 일은 커피 한 잔을 파는 일입니다. 만일 내가 고객과 직원을 두 눈으로 직접 보지 않으면 무슨 일이 일어나고 있는지 알 수 없습니다."

경영컨설턴트인 톰 피터스는 이렇게 말했다.

"만일 보통의 한국 기업이나 대기업이었다면 어떤 일이 일어났을까요? 아마도 임원이나 직원을 30명쯤 이끌고 사전에 해당 매장에 충분히 공지한 다음에 짜여진 각본에 따라 사장이 입장할 것입니다."

미국의 유명한 카우보이 철학자이자 해학가인 윌 로저스는 "사람들은 대화보다는 관찰에서 더 많은 것을 배운다"고 말한 적이 있다.

경영자든 고위 임원이든 자신이 직접 모범을 보임으로써 직원들에게 상당한 영향을 미칠 수 있다. 톰 피터스와 보브 워터먼은 이를 '돌아다니며 하는 경영'이라고 했고 스칸디나비아항공의 CEO였던 얀 칼슨은 '눈에 보이는 경영'이라고 했다. 우리는 이를 '현장경영'이라고 부른다.

리츠칼튼의 경영론에는 '어떤 일이 잘못되었을 경우 그것은 관리자들이 그런 방식으로 계획했기 때문'이라는 내용이 있다. 제품을 설계한 사람, 제품을 생산한 사람, 제품을 판 세일즈맨과 A/S맨, 그리고 이러한 의사결정에 관여한 책임자와 경영자는 업무결과에 대해 고객의 의견을 들어야 한다는 것이다. 프로세스의 맨 끝에 있는 고객관계는 모두에게 책임이 있기 때문이다. 다행히 이처럼 가시적 모범을 통한 리드의 중요성을 인식하는 경영자들이 점점 많아지고 있다.

콜센터가 회사의 심장부인 까닭은?

불량품에 관한 데이터이든 고객불만에 관한 데이터이든 경영자가 가장 믿을 만한 정보는 자신이 직접 수집한 것이다. 서비스를 중요시하는 많은 경영자와 중견간부들이 정기적으로 콜센터에 앉아 전화를 받고 고객질문에 대답함으로써 고객의 요구를 피부로 느끼고, 프런트 라인의 업무를 체험한다. 또 어떤 경영자는 고객으로 가장해 콜센터의 서비스를 경험해보기도 한다. 이러한 직접적 경험은 고객서비스에 대한 통계 리포트를 읽는 것보다 몇 배의 효과를 낼 수 있다. 결재서류나 리포트보다 훨씬 가치있는 정보와 건의사항이 거기에 있기 때문이다.

또한 경영자는 콜센터의 전략적 중요성을 전 직원에게 부각시키는 데도 소홀해서는 안 된다. 콜센터는 이제 고객접점의 채널로서 회사 전체의 경쟁력을 좌우할 수 있는 핵심으로 자리매김하고 있다.

급격한 변화의 소용돌이 속에서 고객의 니즈도 다양해지고 있다. 이제 콜센터는 단순히 고객불만을 처리하는 차원을 벗어나 기업 차원의 고객관리를 하는 중요한 채널이 되고 있다.

콜센터는 고객접점에서 가장 중요한 구성요소 중의 하나다. 뿐만 아니라 기업의 이미지와 서비스품질에 대한 고객의 평가는 콜센터에서 결정된다고 해도 과언이 아니다. 그런만큼 기업 전체를 놓고 볼 때 콜센터는 전투사령부이며 종합상황실 역할을 수행하는 곳이다.

콜센터는 알고 있다. 고객과 시장이 어디에 있는지. 그런데 참으로 안타까운 사실은 대부분의 경영자들이 기업의 건강상태를 정확하게 알려주는 지표가 되는 이 부서를 소홀히 하거나 전혀 돌보지 않고 있다.

핵심 포인트

고객이 빠진 혁신은 성공하지 못한다. 콜센터는 혁신을 위한 전투사령부이자 종합상황실이다. 콜센터를 체험하라. 직원들이 하는 일을 수시로 체험하지 않는 경영자는 현장에서 어떤 일이 벌어지는지 전혀 알 수 없다.

페이스 세터가
필요하다

　서울 방배동 한 은행에서 지점장으로 1년 반 가량 근무했던 적이 있다. 부유한 고객층이 비교적 많은 동네여서 영업여건이 좋은 편이었다. 그러나 영업점 여건과 규모에 비례하여 목표가 할당되고 목표란 것은 항상 전년도 실적에 그 기준이 맞추어져 있기 때문에 본부에서 설정한 영업목표를 달성하려면 말 그대로 직원들과 함께 전쟁을 치르듯이 영업을 해나가야 한다.

　우리나라에서 가장 큰 은행이어서 1천여 개가 넘는 전국의 영업점을 60~70여 개 단위로 묶어 지역본부로 만들고 각 지역 본부 단위로 경쟁을 시키는데 매월 또는 분기 단위로 각종 캠페인이나 이벤트를 내세운 실적증강운동이 벌어졌다. 자랑스러웠던 것은 필자가 근무했던 점포는 각종 실적증강운동이 벌어질 때마다 초기나 중반까지는 항상 선두를 유지했다는 것이다.

"주인보다 한두 발짝 먼저 걸어가는 개는 목이 아프지 않은 법이다. 이왕 해내야 할 것이라면 끌려가지 말고 앞장서서 하자. 나중에 대책회의에 불려가서 질책을 받고 나서 서두르는 것은 미련한 짓이다"라는 필자의 전략을 우리 직원들이 열심히 따라주었기 때문이다.

당연히 초반에는 선두를 유지했고, 그 페이스가 시간이 갈수록 조금씩 떨어지기는 했지만 마지막에도 상위권은 지킬 수 있었다. 관내 60~70여 개 점포의 실적을 독려하고 점검해야 하는 지역본부 입장에서는 초반 선두로 치고 나가는 우리 지점의 역할이 대단히 중요했을 것이다. 각종 증강운동 실적이 매일, 어떤 경우는 한 시간 단위로 게시되는데, 우리 점포를 이기거나 따라잡겠다고 덤비는 다른 점포의 비상한 노력을 부추기는 역할을 우리 점포가 담당했기 때문이다.

최근 웰빙 바람이 불면서 마라톤이 인기다. 마라톤은 많은 돈을 들이지 않고도 쉽게 시작할 수 있는 운동이어서 동호인들이 늘어나고 있으며 해마다 수십여 개의 마라톤대회가 열리면서 그 열기가 높아지고 있다.

그러나 여기서 하려는 이야기는 건강을 위하여 취미 삼아 달리는 마라톤이 아니라. 42.195킬로미터를 달리는 마라톤 경기에서 선수들의 달리는 속도를 조절해주는 '페이스 세터pace setter'이다.

TV 마라톤 중계를 주의 깊게 살펴보면 선두권에서 달리거나 메달권 안에 있는 유명한 선수들보다 좀 더 빠르게 달리는 무명의 선수들을 볼 수 있다. 이들은 메달권 선수들보다 좀 더 빠르게 레이스를 진행하는데 대부분 중도탈락하므로 최종순위에서는 그 이름을 찾아볼 수가 없다.

모르는 사람들이 보면 영락없이 속도를 조절하지 못한 무리한 경기운영의 결과라고 보겠지만 사실은 주전선수들이 최고의 기록을 낼 수 있도록 속도를 조절하기 위해 배치하는 전략적인 러너, 바로 페이스 세터들인 것이다.

생각해보니 마라톤 경기에서처럼 우리 지점이 페이스 세터의 역할을 한 셈이 되었다. 우리 스스로 선두를 치고 나가서 속도를 조절하고 다른 지점에 긍정적인 영향력을 전파함으로써 경쟁을 촉진하고 결과적으로 우리 지역본부의 성과를 높이는 역할을 했던 것이다.

적절한 경쟁을 도입하라

어느 날 상담원들의 성과평가에 대해 토론하다가 흥미로운 사실을 발견했다. 모든 상담원들의 실적을 평가하는 공통지표에는 콜처리량call volume과 실제 상담콜시간OR:occupancy rate. 상담원 활용도이 포함되어 있다. 그런데 상담원 1인당 목표콜수를 설정하는 기준으로 상위 20% 상담원의 1일 평균콜수를 적용한다. 실적이 우수한 상담원의 하루 평균콜수를 목표로 설정하는 것에 대해 직원들의 개선요구가 대단히 많았다. 말 그대로 상위 20% 직원들의 실적이 좋아질수록 중·하위권 직원들의 경쟁의식이 치열해져서 스트레스가 대단히 심했다.

목표콜수도 성과를 높이기 위해서 마라톤의 페이스 세터 역할을 하도록 교묘하게 설계되어 있었다. 그렇다면 상담원들 사이에서 의도적으로 상위 20% 직원들이 더 높은 실적을 내지 못하도록 '담합'할 수도 있겠다 싶어 월별로 분석해보니 곧 기우였음이 밝혀졌다. 대출담당팀의 경우 상위권 20%의 월별 기준콜수가 2,066콜, 2,132콜, 2,198콜, 2,236콜 등으로 매월 높아져가고 있었기 때문이다.

브라질의 커피나무에 대해 쓴 글을 본 적이 있다. 브라질의 대단위 커피농장 주인이 커피나무 묘목을 만들기 위해 인부들과 작은 모래주머니에 씨앗을 두 개씩 심고 있었다. "왜 하필이면 두 개를 심습니까?"라고 묻자 농장 주인은 "두 개를 심어야 서로 경쟁하면서 자랍니다. 몇 달이 지나면서 그중에서 잘 자란 것 하나만 종묘로 쓰고 다른 하나는 버리지요"라고 대답했다.

커피 한 잔도 이렇게 의도된 경쟁의 소산인 것이다. 경쟁자의 존재는 잠재적 에너지 발산에 기여한다. 이렇게 의도적인 경쟁을 통해 끝없이 상담원들을 비인간적으로 괴롭히고 기계처럼 활용하자는 의도는 물론 아니다. 이 책 안에서 누누이 강조하겠지만, 그것은 필자가 콜센터의 인간화에 대해 남다른 신념을 가지고 있기 때문이다.

필자는 콜센터에서도 상담원들의 잠재능력을 최대한 발휘하도록 페이스 세터의 역할을 활용하고 적절한 경쟁을 도입하자고 제안하는 것이다.

어느 심리학자가 줄다리기에 관한 실험을 한 적이 있다고 한다. 둘이서 줄을 당기면 각자가 가진 힘의 93%밖에 사용하지 못하고, 사람의 숫자가 늘면서 그 퍼센트는 급격히 줄어들어 3명씩 당기면 85%, 4명씩 당기면 49%밖에 사용을 못한다는 것이다.

사람들의 능력을 최대한 끌어올리기 위해 가장 좋은 방법은 선의의 경쟁을 유도하는 것이다. 경쟁은 목표의 수용도를 높여주고 스스로 목표를 설정하도록 북돋워 성과를 높여준다.

관리자나 리더는 스스로 속도를 조절하고 팀에서 생길 수 있는 불만요소들을 긍정적인 요소로 바꾸는 페이스 세터, 즉 촉진자를 의도적으로 양성하고 경쟁원리를 적절히 활용해야 한다는 점을 다시 강조하고 싶다.

좋은 경쟁을 하게 하는 페이스 세터의 기준

성취 가능한 범위 내에서 어렵고 도전적인 목표일수록 성과가 높다. 목표의 난이도라는 게 있는데, 목표달성을 위해 노력을 요구하는 정도의 크기를 의미한다. 목표설정이론에 따르면 한 집단이 과업을 수행하고 있을 때 그 집단의 표준편차가 약 2배 정도 되는 지점이 도전목표가 된다.

밤길에 자동차를 운전할 때 앞서 달리는 자동차의 불빛을 따라가면서 훨씬 쉽게 운전을 해본 경험이 있을 것이다. 그러나 그 자동차가 너무 느리게 가면 추월해야 하는 불편이 생길 것이고 너무 빨리 달리면 그 차를 따라가는 것을 포기해야 할 것이다. 밤길 운전의 편의성을 위해 앞차의 약간 빠른 속도를 따라가는 정도를 적절한 페이스 세터의 기준으로 잡으면 될 것이다.

탁월한 상담원은
어떤 사람인가

골프대회에 출전하기 위해 한국에 온 천재 골프소녀 위성미가 야구장을 찾아 배트를 휘두르는 모습이 스포츠지 1면을 메운 적이 있다. 골프장에서는 300여 야드를 날릴 만큼 남자 못지않은 파워를 과시하는 '장타소녀' 위성미였지만 야구장에서는 외야 '페어웨이'로 날아가는 타구가 없었을 정도로 고전했다는 내용이 눈에 띄었다. 위성미는 연방 헛 스윙을 해댔고 아주 가끔씩 공에 방망이를 맞춰 땅볼 타구를 만들었지만 그럴 때마다 관중은 격려의 박수를 쳐주었다는 것이다.

우선 야구와 골프는 공의 크기부터가 다르고, 골프는 정지되어 있는 작은 공을 치는 데 반해 야구는 변화를 일으키며 날아오는 큰 공을 타이밍에 맞추어 치는 종목이기 때문에 그녀가 고전한 것은 당연해 보인다.

골프공을 잘 날린다고 해서 야구공을 멀리 칠 수는 없는 것이다.

인도 출신의 국내 생명보험사 임원인 파스라는 분과 콜센터의 경영과 서비스전략에 관해 자주 토론을 하는 편이다. 한번은 그가 이렇게 물어왔다.

"아침 또는 영업시간이 끝나서 콜수가 적을 때나 한가한 날에 인바운드 상담원들에게 아웃바운드 콜을 부탁했더니 상담원들이 노골적으로 싫어합니다. 마땅한 해결책이 없을까요?"

필자는 이렇게 대답해주었다.

"그거야 간단합니다. 아웃바운드를 시키려거든 애초에 활달하고 적극적이며 고객의 단호한 거절에도 마음 다치지 않는 자제력이 뛰어난 세일즈형 상담원을 선택하는 거지요."

고객들이 ARS를 통하여 신용카드로 티켓을 구매하거나 홈쇼핑에서 물건을 구매할 때 주민등록번호 · 신용카드번호 · 신용카드 비밀번호 · 신용카드 유효기간 등 갖가지 정보를 입력하게 된다. 이때 제일 많이 잘못 입력되는 정보가 무엇인지 아는가. 가장 많은 숫자를 눌러야 하는 13자리 주민번호와 12자리 신용카드 번호가 아니다. 바로 신용카드 유효기간이다.

신용카드를 보면 알지만 유효기간 표시는 mm/yy 식으로 앞에 두 자리는 월(月)이고, 뒤의 두 자리는 연(年)을 표시한다. 그런데 대부분의 ARS 시스템이 yy/mm 식으로 입력하라고 요구한다.

필자는 콜센터에 갈 때마다 "신용카드 유효기간에 쓰여 있는 순서대로 입력하게 하라"고 부탁해왔다.

'의자를 바꾸면 앉아 있는 자세가 바뀐다'는 쇼핑 호스트의 멘트를 듣고 서재용 의자 하나를 구입하기 위해 현대 홈쇼핑에 ARS 전화주문을 했을 때였다(ARS로 신청하면 5천원을 할인해준다). 그런데 정말로 "유효기간을 카드에 쓰여 있는 순서대로 눌러주십시오"라고 녹음되어 있는 게 아닌가. 고객을 번거롭게 하지 않는 이 작은 편의가 신선하고 인상적이었다.

돌이켜 생각해보면 2천여 명의 콜센터 센터장으로 일했을 때 참으로 보람 있었고 즐거웠다는 생각이 든다. 그때는 매일 아침 상담석을 돌아다녔다. 보통 2~3시간 동안 고객에 대한 이야기며 직원들 개개인의 화제를 나누다 보면 시간 가는 줄 몰랐다. 이때 가외로 알게 된 것이 있는데, 그것은 대출팀·예금팀·보험팀·카드팀·텔레마케팅팀(아웃바운드 상담원) 등 파트별로 업무에 따라 상담원들의 성격이 확연히 다르다는 사실이다. 실제로 필자는 유머스럽고 활달한 텔레마케팅팀 직원들을 만나는 재미로 출근길이 더 즐거웠다.

필자가 자연스럽게 관찰하게 된 바로는 텔레마케팅팀이 우리에게 즐거움을 선사할 수 있었던 이유는 애초에 활달하고 적극적인 직원을 아웃바운드 텔레마케팅 팀원으로 선택했다는 것, 또한 이 직원들이 같은 일을 계속하다 보니 성격 또한 업무성격에 맞추어 변해갔다는 것이고, 이 팀은 그 전형적인 예였기 때문이다.

'포지션에 따라 선수 성격도 변한다'는 어느 야구방송 해설위원의 이야기를 들은 적이 있다. 투수는 항상 혼자 서 있고 또 야구는 항상 투수를 도와주는 경기라 투수들은 대개 일을 안 하는 성격들이라는 것이다. 반면 포수는 대개 경기에서도 궂은일을 다 맡아해서 그런지 일상생활에서도 신발을 정리한다든가 방을 치우는 일도 잘한다는 것이다. 그리고 외야를 보는 사람들은 혼자 플레이하는 경우가 많아서 자기 것은 잘 치우는 반면에 내야 선수들은 협력 플레이를 많이 하니까 뭐든 혼자 안 하고 같이 하려 든다고 했다.

어디 야구뿐이겠는가? 인생살이도 마찬가지라는 생각이 든다. 전에 어느 글에서 혼자 활동하는 가수가 팀을 이루어 활동하는 가수보다 이혼율이 더 높다고 했는데, 이 역시 일이 성격에 영향을 준다는 말을 실감하게 해주는 예가 아닌가 싶다.

'타고난' 직원을 뽑아라

필자가 현재 몸담고 있는 외국계 은행에서는 콜센터를 다이렉트 센터 Direct Center라고 부르고 있다. 이곳 사업부에서도 이와 비슷한 문제로 고민한 적이 있다. 직원들은 업무적으로 크게 두 부문으로 구성되어 있다. 하나는 전화를 통해 고객과 전문적인 재무상담을 담당하는 콜센터 부문이고, 또 하나는 보험회사의 설계사처럼 고객을 찾아다니며 상담과 세일즈 활동을 벌이는 영업 부문이다.

그런데 이 두 부문 직원들의 적성과 능력에 상관없이 회사의 정책이나 필요에 따라 역할을 자유롭게 조정할 수 있게 하자는 주장이 제기되었다. 이런 안을 낸 직원 생각은 다양한 경험을 쌓게 해줄 수 있고 충분한 교육이 이루어지면 어느 업무를 맡겨도 아무 문제가 없다는 것이었다.

그러나 필자의 생각은 달랐다. 물론 다양한 경험을 해보는 것도 나름대로 장점이 있고 무리 없이 잘 소화해내는 직원도 있을 것이다. 그러나 똑같이 공을 맞추는 것이라고 해서 야구선수와 골프선수가 그 재능이 같을 수가 없는 것처럼, 뛰어난 골프선수를 훈련시켜 유능한 야구선수로 만들 가능성은 희박하다. 골프를 좋아하고 재능이 있는 선수와 야구를 좋아하고 타격감이 뛰어난 인재를 따로 선발해서 각각 훈련을 시켜야 한다는 뜻이다.

사람은 제각각 타고난 성격이 있다. 그런데 '타고난' 성격은 아무리 교육을 시키더라도 그 자체를 통째로 바꾸기는 어렵다. 단점을 알게 해주고 장점을 충분하게 발휘할 수 있도록 하는 것이 더 현명할 수 있다는 말이다.

"기업이 한 사람의 신입사원을 채용하는 데 40분밖에 투자하지 않는다면, 그 사람의 잘못을 바로잡기 위한 교육을 시키는 데는 400시간이 걸린다"는 피터 드러커의 말을 다시 들려주고 싶다.

작은 음식점 하나를 차리더라도 사람이 필요하고, 백화점이나 대형 유통업계는 더 많은 직원을 필요로 한다. '도대체 어떤 직원을 채용하고 어떻게 관리할 것인가?'는 필자가 창업하는 분들에게서 가장 많이 받는 질문이다. 결국 사람의 문제다.

"도대체 이렇게 큰 회사에서 어떻게 직원들이 모두 웃을 수 있는가?"

"첫째, 우리는 웃을 줄 아는 사람을 뽑는다. 둘째, 정말로 잘 웃는 사람을 승진시킨다."

세계적인 경영학자 톰 피터스의 질문과 하워드 슐츠 스타벅스 사장의 대화다. 역시 피터 드러커의 말과 일맥상통한다.

서비스가 탁월한 기업의 성공사례들을 연구하다 보면 두 가지 공통된 특징을 발견할 수 있다. 무엇보다 직원의 채용과 교육에 신중하다는 것이다. 이들은 우수한 사원을 채용하여 치밀한 계획에 따라 강도 높은 교육을 시킨다.

우연인지 모르겠지만 디즈니랜드나 삼성 에버랜드는 직원들을 연극배우 비슷하게 여긴다. 그래서 고객을 게스트guest, 직원을 캐스트cast라고 부른다. 연극의 성공 여부는 무엇보다도 얼마나 신중하게 오디션을 진행해서 역할에 잘 맞는 배우를 선정했는가에 달려 있다.

서비스 현장에서 배우를 뽑는 기준은 관련 기술 및 지식 등 서비스 '수행능력'과 가치관·사교성·친근감·고객에 대한 배려 등 서비스 '성향' 두 가지이다. 여기서 더 중요한 자질은 서비스 성향이다. 고객을 행복하게 해주는 서비스맨은 공손하고 예의 바르며 순종적인 '모범생 스타일'이 아니라, 고객과 공감대를 만들어내고 쇼맨십을 발휘하는 '끼'가 넘치는 직원이기 때문이다.

싱가포르항공의 승무원들이 항상 미소를 짓고 있는 것은 특별한 스마일 교육 때문이 아니라 채용 때부터 잘 웃는 사람을 선택하기 때문이다. 싱가포르항공은 교육으로 바뀔 수 없는 선천적인 특성으로 성실성·독창성·지성·사교적 기술과 함께 키·치아·눈·몸무게 등 신체적 요구사항 등을 들고 있으며, 선발위원회는 이러한 조건을 매우 중시하고 있다.

콜센터 상담원에게 요구되는 특별한 자질은 다음 몇 가지로 요약해볼 수 있다.

- 고객을 먼저 생각하는 마음
- 커뮤니케이션 스킬

- 남의 말에 귀를 기울이는 능력
- 전화가 밀리거나 민원이 많을 때 이를 관리하는 능력
- 남을 설득하는 능력
- 컴퓨터, 디지털 전화기 사용능력

리츠칼튼 호텔은 '처음에 올바른 사람을 뽑는 것이 무엇보다도 중요하다'는 인사정책을 갖고 있으며, '직원을 채용하는 것이 아니라 선택한다'고 강조한다. 경험보다는 직무수행을 위한 천부적인 재능을, 그리고 호텔이 지향하는 가치나 철학과의 적합성 여부를 가장 중요한 채용기준으로 삼는다. 이렇게 해서 믿을 만한 사람을 뽑은 후에는 권한을 대폭 위양하여 직원들이 마음껏 재능을 발휘하도록 충분히 지원하고 있다.

이 호텔은 인재 선택 때 업무윤리 · 자부심 · 설득력 · 대인관계 · 팀워크 · 긍정적 사고 · 서비스 마인드 · 감정이입 · 배려심 · 정확성 · 배움에 대한 열망 등 11가지 항목에 따라 수준 높은 서비스를 제공할 수 있는 사람인지 여부를 판단한다. 이렇게 해서 선택된 사람들이 자연스럽게 "안녕하세요? 뭘 도와드릴까요?" 하는 문화에 젖어들고 고객에게 그대로 실천하는 것이다. 콜센터 상담원의 자질 판단도 이와 다를 이유가 없다.

콜센터 경력사원을 뽑는 3가지 기준

필자는 직업상 여러 기업체에서 초청을 받아 서비스 · 마케팅 · 콜센

터 경영 등에 대해 컨설팅을 해주거나 강의를 한다. 그런데 콜센터 경영과 서비스 분야를 강의하러 갈 때면 이전 직장에서 내 강의를 들은 직원들과 자주 맞닥뜨린다. 가령 은행에서 일했던 직원을 이동통신업체에서 만난다거나 홈쇼핑업체에서 다시 만나기도 한다.

콜센터 분야의 이직이 심하다 보니 생기는 현상인데, 기업체에서 경력직원을 '선택'하는 기준을 어느 기업, 어느 업종인가보다는 '콜센터 관리자나 상담원을 얼마나 오래 했느냐'에 두고 있지 않나 하는 생각이 들었다.

이곳 은행에 부임해서 경력직원을 선발할 때 필자가 마련한 기준은 다음과 같다.

첫째, 서비스 성향. 앞서 언급했던 것처럼 고객에 대한 서비스 성향이 탁월하고 무엇보다도 자제력이 뛰어난지를 우선적인 선택기준으로 삼았다.

둘째, 전문성. 은행에서 오랫동안 고객과 접촉함으로써 다양한 응대 경험과 은행업무에 대한 전문지식이 풍부한가를 보았다.

셋째, 콜센터 경험 유무. 이것은 참고사항으로 콜센터 고유의 근무환경을 이해하고 상담원들을 '코칭'할 수 있는지를 확인하기 위해서였다.

필자는 이처럼 고객에 대한 서비스 성향 다음으로는 콜센터 근무경험보다 오히려 업무의 전문성을 더 고려했다. 즉 은행 창구직원 근무경험을 컴퓨터 회사의 콜센터 상담경험보다 우선시했다.

콜센터는 누가 뭐라 해도 휴먼 터치human touch적인 서비스이다. IT환경이 첨단화되고 제품과 서비스도 더 복잡해지고 있는만큼 복잡한 것을 알기 쉽게 풀어낼 수 있는 상담원들의 능력은 그만큼 절대적일 수밖에 없다. 한마디로 그녀들의 목소리가 회사를 '웃기고 울린다.' 콜센터의 성패는 '양질의 상담원'의 확보 여부에 달려 있는 것이다.

따라서 서비스가 탁월한 기업은 모두 서비스 성향, 즉 태도가 좋은 직원을 선발한다는 방침을 갖고 있다. 총수익이 20억 달러를 넘어서며 급성장하고 있는 로젠블루스 여행사의 CEO 할 로젠블루스는 이렇게 말한다.

우리가 찾는 것은 기술이 아니라 좋은 사람이다. 우리는 사람들이 업무 기술을 갖추도록 교육시킬 수는 있지만 태도가 좋아지도록은 만들 수 없다.

사우스웨스트항공의 고용방침도 이와 비슷하다. CEO 허브 캘러허는 이렇게 말한다.

고용은 태도가 좋은 사람, 곧 다른 사람에게 봉사하는 것을 즐기는 사람을 찾는 데서 시작한다. 이것이 바로 우리가 추구하고 있는 것을 찾는 것이다.

이 항공사의 채용광고는 이렇다.

우리는 남의 말을 잘 들어주고 다른 사람을 생각하고 미소를 잘 짓고 '감사합니다'라는 말을 할 줄 아는 다정한 사람을 찾습니다.

서비스가 탁월한 기업은 그래서 태도가 올바른 일선 직원을 채용하는

데 중점을 두고, 해당 업무에 필요한 기술은 교육과 훈련을 통해 전문성을 높여나간다.

탁월한 상담원을 뽑으려면

유명 입시학원은 달리 유명한 것이 아니다. 특별히 잘 가르쳐서라기보다는 사전에 똑똑한 학생만 선별해서 받기 때문이다. 애초부터 좋은 대학에 들어갈 확률이 훨씬 높은 것이다.

탁월한 상담원을 선택하는 방법은 무엇일까?

• 전화 인터뷰를 시켜본다. 대면 인터뷰를 하기 전에 장시간 전화 인터뷰를 하면 고객의 전화를 다루는 스킬을 미리 엿볼 수 있다.

• 프레젠테이션을 시켜본다. 감정컨트롤, 논리성, 약점 등 다양한 면을 볼 수 있다.

• 이메일이나 문자서비스로 질문을 보내서 답변하게 하고 고객 관점에서 메시지를 잘 전달하는지 체크한다. 요즘은 전화뿐만 아니라 다양한 채널을 통해서 고객을 만나게 되기 때문에 이러한 스킬이 중요하다.

• 롤플레잉을 시켜본다. 상담원들을 교육시킬 때 대부분 롤플레잉을 하게 되지만 채용 전에 미리 시켜본다. 프레젠테이션과 마찬가지로 강점과 약점에 대해 미리 알 수 있다.

• 데이터 입력속도나 정확성을 측정해본다. 전화로 고객과 대화하면서 컴퓨터를 다루어야 하기 때문에 이 또한 중요한 능력이다.

갈등비용을
줄여라

직원이 2천여 명이나 되는 K은행 콜센터에 부임해서 영문 명함을 받으니 직책이 'Chief Manager'로 적혀 있었다. 그러나 점차 시간이 지나면서 필자의 업무가 단순히 콜센터 관리자의 차원을 넘어선다는 사실이 분명해졌다. 필자의 업무는 상품 · 서비스 · 고객전략 · 시스템 · 인력관리 · 시설유지보수 · 네트워크 운영 · 수익 창출 · 경영성과 분석 및 평가 등을 포괄하고 있었고, 이것은 한 회사를 경영하는 데 필요한 전문적인 경영자의 역할이 수반되는 것들이기 때문이다.

이 점을 깨닫는 순간 필자는 단순히 은행 내의 부서장급인 센터장이 아니라 필자의 회사라고 생각하고 주제넘지만 이곳을 교실 삼아 경영자 수업을 받아보기로 결정했다. 그래서 먼저 경영자의 시각에서 자기소개서를 써보았다.

○○콜센터 가족 여러분께

엊그제까지 찜통더위더니 큰비가 쏟아지고 있네요!

안녕하십니까?

○○○지점장에서 ○○콜센터 여러분의 가족이 된 지 벌써 3주가 되었습니다. 먼저 직원수가 2천여 명이고 ○○센터와 ○○센터로 나뉘어 있어 업무를 파악하기 위해 두 곳을 오가느라고 이번 여름은 다른 해보다 더 많은 땀을 흘렸습니다. 차를 갖고 다녀봤더니 오가는 데 2시간이 넘게 걸려서 할 수 없이 지하철을 선택했거든요.

부임해서 제일 먼저 하고 싶었던 일은 우리 직원 한 분 한 분이 어떤 고민을 갖고 있는지 알고, 제가 무엇을 도와드려야 더 의욕적으로 일하고 직장 분위기가 활기에 넘칠지, 그리고 우리 은행 고객분들께 더 좋은 서비스를 할 수 있는지에 관한 내 생각을 이야기하고 여러분의 아이디어를 듣는 일이었습니다.

그간 기회가 있을 때마다 제 생각을 말씀드리고 여러분의 의견을 들었습니다만, 몸은 하나고 시간은 한정되어 있어서 다른 좋은 방법이 없을까 생각했습니다. 그러다 이렇게 제 생각을 담은 편지가 가장 빠른 방법이 아닐까 생각했습니다. 그러면 여러분도 제 생각에 대한 의견과 여러분의 아이디어를 맘껏 표현해주리라는 믿음이 들었습니다. 괜찮은 생각이 아닌지요? 이렇게 해서 첫번째 편지를 시작해본 것이니 여기에 다른 특별한 의미를 부여하거나 오해가 없으셨으면 좋겠습니다.

무슨 말부터 꺼내야 할까 망설이고 있는데, 지난주 어느 날 아침 상담원들과 얘기를 하다가 "센터장님은 어떤 분이세요?" "소문에 CS 전문가라던데요?"라는 질문이 불쑥 나왔습니다. 아차 싶었습니다. 여기 와서 제 소개를 스스로 한 적이 없었던 겁니다. 누가 뭐래도 근무환경에 지대한 영향을 미치는 사람이 상사와 동료들인데, 새로운 팀장이나 동료가 오면 보통은 사람보다는 소문이 먼저 옵니다. 고향은 어디며, 학교는 어디를 나왔고, 어디서 근무했고, 그 당시 함께 근무했던 사람들한테 물어보니 이렇다더라… 성격, 업무 스타일, 심지어 술버릇, 출퇴근 시간 등등까지. 그런데 그 사람과 몇 달 겪어보면 그때 들었던 정보 중 많은 것이 왜곡되거나 과장되었다는 것도 알게 됩니다. 그래서 GE에서는 3개월쯤 지나서 여러 번 함께 술을 같이 먹어야 알 수 있는 내용을 상사가 자기소개서를 써서 공개한다고 들었습니다. 그들은 이것을 고상한 용어로 '정보마찰 비용'이라고 하는데 이 비용을 줄이겠다는 것이죠.

그런 맥락에서 오늘은 먼저 그 상담원의 질문에 대한 대답 겸 제 소개를 할까 합니다.

저는 학교교사 생활을 6년 하고 '은행 가면 엄청 돈을 많이 준다'는 소문만 믿고 83년에 입행했습니다. 주로 연수원 교수, 본부의 마케팅·고객만족 부서에서 10여 년을 근무한 후 몇 곳의 지점장을 거쳤습니다. 어느 특정 분야에 관심이 있거나 공부를 하고 싶을 때는 먼저 '책을 출간'하겠다고 작정합니다. 그 분야에 경험을 축적하고 관련 전문가와 교분하며 관련 서적을 탐독하고 그것을 정리해서 한 권의 책으로 만드는 거지요. 그동안 출간된 책은 『타잔 마케팅』·『먼저 돌아눕지 마라』·『서비스 아메리카』(역서) 등이 있고, 기타 CS 연수교재, FP 교재, 논문도 쓰고 여러 잡지 등에 글을 기고하기도 합니다.

가족을 소개하면 아내는 교사로 재직하고 있고, 큰딸애는 외국에서 공부하고 있고, 아들 녀석은 올해 대학에 들어갔습니다.

다음으로 "CS 전문가라던데, 우리 콜센터의 서비스는?"에 관해 대답을 할까 합니다. 점포건 콜센터건 얼굴을 맞대고 있느냐 전화선을 통하느냐의 차이가 있을 뿐이지 서비스의 핵심은 '고객분들이 우리가 제공하는 정보를 통하여 더 혜택을 보고, 사려 깊은 직원에 의해서 문제가 종합적으로 해결되는 것'에 있다고 생각합니다. 한마디로 상담원의 문제해결 능력이 서비스의 관건이라는 것입니다. 대부분의 사람들은 공손한 바보보다 확실한 전문가를 더 선호합니다. 로봇처럼 형식적이고 나무토막 같은 딱딱한 인사말을 잘하는 게 아니라 유연성을 발휘해서 자연스럽게 고객을 배려하는 능력이 콜센터 서비스의 핵심이라고 생각합니다.

우리의 최대 관심사항은 (아주 사소해보일 수도 있는) 전화 한 통화 한 통화의 서비스품질이 되어야 할 것입니다. 그것이 우리의 최종 완성물이기 때문입니다. 시스템과 설비, 인원도 이러한 서비스를 실현하기 위한 지원도구입니다. 저는 여러분들의 서비스품질이 최고가 되도록 돕는 사람입니다.

오늘은 얘기가 꽤 길어졌습니다만 부탁 하나만 더 하겠습니다.

옛날에 소와 사자가 살고 있었습니다. 소와 사자가 서로 사랑해서 결혼했답니다. 신랑 사자는 신부 소가 예뻐서 매일 초원으로 나가 온갖 짐승들을 잡아 여리고 부드러운 살코기를 주었지만 소는 거들떠보지도 않더랍니다. 신부인 소도 사랑하는 사자에게 자기가 좋아하는 신선하고 맛있는 풀을 뜯어다 주었는데 사자는 거들떠보지도 않더랍니다. 둘은 서로의 진심과 성의를 몰라준다고 다투다 결국 이혼했답니다. 이혼법정에서 두 사람의 진술내용은 똑같았다고 합니다. "난 최선을 다했다"고 말입니다. 그러나 "나는 고기를 못 먹는다", "나는 풀을 좋아하지 않는다"고 서로에게 한 번이라도 말했더라면, 혹은 "왜 너는 내 진심을 몰라주고 먹지 않느냐"고 한 번이라도 물어보았다면 둘은 헤어지지 않았을지도 모릅니다.

제가 여러분의 모든 고민과 희망을 모두 해결해줄 만큼 전지전능하지 않지만 항상 마음을 툭 터놓고 이야기하는 사이가 되고 싶습니다. 며칠 전에 근처에 있는 백화점에 들러 큰 서류가방을 하나 샀습니다. 이 가방에 항상 여러분들의 의견을 넣어 다니겠습니다.

여러분과 함께 차근차근 바꿔보고 한 계단씩 높여가면서 우리 ○○콜센터를 변화시켜나갑시다. 앞으로 자주 쓰겠습니다.

자기소개서는 신입사원만 쓴다?

사람들은 타고난 성격이 다르고 자라온 환경도 달라서 서로간에 갈등이 없을 수 없다. 한 회사 안에서 일을 해도 갈등이 있기는 마찬가지다. 매출과 이익을 올리고 비즈니스를 활성화한다는 목적은 같지만 조직 안에서의 역할은 각자 다르기 때문이다.

부서와 부서 간, 상사와 부하 간, 회사와 관련업체 간 등등 갈등이 일어나는 관계는 다양하다. 그런데 그중에서도 새로운 상사가 부임해와서 일어나는 갈등으로 발생하는 비용은 생각보다 크다.

학교는 어디를 나왔고 누구누구와 친한데 그에게 들어보니 이렇다더라, 꼭 퇴근하면서 일을 주고 간다더라, 그가 총애하는 직원이 누군데 꼭 그를 통해서만 지시를 내린다더라… 이렇게 수많은 이야기들이 오가지만 이런 정보에는 늘 허수가 끼어 있기 마련이다.

필요한 정보를 쉽고 간단하게 공유할 수 있다면 정보가 오가는 데 드는 비용을 최소화할 수 있고 생산성도 높일 수 있다. 새로운 상사와 기존 직원의 관계가 그 하나의 예다.

새로 온 사람은 새로 온 사람대로, 기존의 사람은 기존의 사람대로 서로를 알기 위해 많은 비용을 지불한다. 따라서 우선 새로 오는 사람은 자신에 대한 소개서를 쓰는 것이 바람직하다. 또 이런 자기소개서를 모두가 써서 파일로 만들어 공유하는 것도 방법이다. 새로 오는 사람은 직원 각자의 소개서를 미리 읽어봄으로써 같이 일할 사람들에 대해 많은 것을 알 수 있다. 상사에 대한 희망사항을 쓴다든가 하여 수시로 업데이트하는 것도 좋은 방법이다. 이 방식은 콜센터의 슈퍼바이저와 팀원, 신입 상담원과 선배 직원들이 한 팀이 되었을 때 활용해도 좋을 것이다.

어느 콜센터에서 막 강의를 마친 후, 부임한 지 3개월 된 K라는 신임 여자팀장이 근심어린 표정으로 내게 고민을 털어놓은 적이 있다. K팀장은 성실성과 근면함을 인정받아 내부에서 발탁되어 상담원에서 바로 팀장이 된 케이스였다. K팀장의 불행(?)은 바로 거기서 시작되었다. 상담원들이 엊그제만 해도 같은 상담원이었던 새 팀장을 팀장으로 인정하고 받아들이지 않으면서 문제가 발생하기 시작한 것이다. 하루하루 어색한 관계가 지속되고 신임팀장을 왕따로 만들어버리는 분위기를 K팀장은 감당해내기가 점점 어려워졌다.

필자는 바로 신임팀장으로서의 소신과 포부 및 근무방침, 그리고 개인적인 관심사, 가족관계, 성격 등등 정말 하고 싶은 이야기를 솔직하고도 상세하게 담은 자기소개서를 써서 직원들과 공유하라고 조언했다.

며칠 후 K팀장에게서 정말 고맙다는 이메일이 왔다. 알고 보니 그녀는 홀어머니를 모시고 살고 있었고 한 가정을 책임지는 가장이기도 했다. 이런저런 솔직한 자기소개가 팀원들의 마음을 움직였고, 그중 가장 독하게 굴었던 팀원들부터 달라지기 시작하더라는 이야기였다.

우리가 불안하고 두려운 것은 서로에 대해 잘 알지 못하기 때문이다. 콜센터장과 팀원의 관계도 예외는 아니다. 우리는 서로를 아는 데 너무 많은 시간과 비용을 지불한다. 폭탄주를 돌리며 정신을 잃을 정도로 술을 먹어야만 서로를 알게 되는 것은 아니다. '직장에서 상사 때문에 사표를 내려 한 적이 있다'는 응답이 62.3%에 이른다는 조사결과를 본 적이 있다. 인력관리 전문가 존 곤스틴 박사가 "직장인은 회사를 떠나는 것이 아니라 직장 상사를 떠난다"고 했듯이 상사와 부하의 갈등은 쉽게 치부할 문제가 아니다.

상사의 마음에 들고 싶지 않은 직원은 거의 없다. 부하가 두려워하는 상사가 되고 싶은 사람도 물론 없다. 그런데도 부하들은 상사를 두려워하고 상사는 함께 일하는 부하직원이 마음에 들지 않는다면 그것은 상사가 먼저 자기를 알려주지 못했기 때문일 수도 있다.

핵심 포인트

정보마찰 비용을 줄이는 방법은 경영자도 자기소개서를 쓰는 것이다.

한국형 콜센터를
만들어라

　심리학 이론에 따르면 꺼내놓은 물건에 손을 대지 않는 것은 상대와 친밀해지지 않으려는 심리라고 한다. 그러므로 시장이나 백화점에 갔을 때 물건을 살 계획이 없으면 점원이 꺼내놓은 상품에 되도록이면 손을 대지 않는 게 좋다. 일단 손에 닿으면 그 물건을 통해 상대와 접촉하는 셈이 되어 꼭 필요하지 않은 물건이라도 사게 될 확률이 높다. 만약 입어보기라도 하면 확률이 더 높아지기 때문에 일단 입어보고 구매하게 하는 것은 심리학을 활용한 좋은 영업방법 중의 하나가 될 것이다.

　오래 전에 어느 잡지에서 읽은 것이라서 어렴풋이 기억나지만 내용은 대충 이렇다.

　우리나라나 외국이나 옷을 살 때는 일단 자기 몸에 맞는지 입어본다.

다행히 맘에 든 옷이 있어서 하나라도 사가지고 나온 경우라면 옷가게 주인도 기분 나빠하지 않을 것이다. 그러나 입어보기만 하고 그냥 나올 때는 뒤통수가 여간 따가운 게 아니다. 그래서 외국여행을 다녀온 사람은 가게에서 '입어보아도 좋다'는 문구를 붙여놓은 '훌륭한 서비스'를 잘 활용한다.

새로 개업한 한 의류업체 사장이 가게 곳곳에 이런 환영 문구를 내붙였다. 그러나 사장의 의도와 달리 고객들의 반응은 시큰둥했고 특히 속옷을 사가는 고객이 거의 없었다. 알고 보니 우리 정서는 행여나 남이 입어보았을지도 모르는 속옷을 구입하게 될까 봐 그 가게에서 구매하기를 기피했던 것이다.

우리나라 콜센터 관리자 가운데는 미국 방식이 우리보다 앞서 있다는 막연한 편견을 갖고 있어 관리자와 상담원들 사이의 입장 차이가 갈수록 커지고 있다. 그 두드러진 예가 상담원당 콜처리 생산성을 지나치게 강조하는 미국식 콜센터 관리방식의 도입이다. 그 결과 우리나라의 콜처리 요구량은 갈수록 늘어나 상담원 1인당 1일 평균 처리량은 세계 최고 수준이라고 전문가들은 진단하고 있다.

합리적 성과주의를 기반으로 한 선진형 콜센터를 무분별하게 도입하는 우리나라 콜센터 운영 사례를 접하면서 '남이 입어보았을지도 모르는 속옷일까 봐' 구입을 꺼리는 우리 고유의 정서를 놓쳐버리는 경우를 보게 된다. 미국이나 일본 등 선진국의 콜센터 모델은 현실적으로 우리 문화와 마찰을 빚을 수 있다. '정'과 '인간' 중심으로 특징지을 수 있는 우리 문화에서 '시스템'과 '개인' 성향이 강한 미국식 성과주의가 반드시 성공을 거둔다고 볼 수는 없는 것이다.

예전에 근무했던 콜센터에서 필자가 해마다 되풀이하던 숙제는 이런 것이었다. 해마다 은행측과 노조는 계약직인 콜센터 상담원의 임금인상률을 합의한다. 그런데 그에 따라 인상된 금액을 개인별로 어떻게 배분할 것인가가 늘 쟁점이 되었다. 경영진에서는 개인별 차등을 크게 하여 능력에 따라 보상을 확실하게 하라는 주문이었고, 노조는 점포에서 근무하는 계약직 직원과 동일한 정도로 하여 직원간의 차등의 정도를 줄이자고 강력하게 주장했기 때문이다.

개인성과를 높일 것인가, 집단성과를 높일 것인가

외환위기를 경험한 후 국내기업들의 상당수가 글로벌 스탠더드 시스템을 활발하게 도입하면서 성과주의가 누누이 강조되어왔다. 물론 개인의 능력에 따른 차등보상은 강한 동기부여 수단으로서 기업의 성과에 긍정적인 영향을 미치는 동시에 열심히 일한 직원에 대한 보상의 공정성을 확보할 수 있다는 장점이 있다. 그러나 무분별한 개인별 차등화가 오히려 성과주의의 원래 취지에 역행하는 결과를 초래할 수도 있다는 점을 염두에 두어야 한다. 예를 들어 팀워크가 중시되는 업무에서 무리하게 개인별 차등화를 시도한다면 구성원간에 위화감만 팽배해질 수 있다. 또한 구성원들이 조직 전체의 목표달성에 무관심해질 수 있다. Joiner Associates의 선임 경영 컨설턴트인 피터 숄츠는 모든 사람들이 개개인의 성과 추구에만 혈안이 되어 있고 아무도 집단성과를 높이는 데 관심을 두지 않는다면, 그 시스템은 붕괴하고 말 것이라고 경고한다.

독일에서 가장 유명한 화장품 슈퍼마켓인 DM은 연봉수준은 동종업계 최고이지만 인센티브나 상여금을 주지 않는 것으로 유명하다.

이 회사의 설립자인 베르너의 소신은 이렇다.

"인센티브를 준다는 것은 경영자가 직원을 신뢰하지 못한다는 증거다. 실적에 따라 직원들에게 인센티브를 준다고 할 때 사장의 마음속에는 직원들이 본래 더 잘할 수 있는데도 부가적인 동기부여가 없기 때문에 하지 않고 있다는 생각이 깔려 있는 것이다."

인센티브를 주지 않음으로써 직원들의 자존심과 인격을 손상시키지 않는다는 것이다.

또한 성과주의를 표방하면서부터 보상의 차등폭이 클수록 좋다고 많은 사람이 말한다. 기왕 차등을 두려면 큰 폭으로 하여 보상을 더 많이 받는 사람들이 그 효과를 확실히 느낄 수 있어야 한다는 논리다. 그러나 '배고픈 것은 참아도 배 아픈 것은 못 참는다'는 말이 있듯이 오히려 상대적 박탈감을 더욱 키우는 역효과를 가져올 수 있다.

노트르담대학의 메트 블룸 교수는 미국 메이저 리그의 한 야구팀을 대상으로 조사한 결과, 연봉의 차등폭이 클수록 팀승률은 더 떨어졌다고 한다. 이처럼 팀워크가 중시되는 업무나 문화에서는 보상 차등폭이 크다고 무조건 효과적이라고는 말할 수 없다. 분명한 것은 보상폭을 크게 한다고 해서 성과주의가 실현되는 것은 아니라는 점이다.

콜센터도 업무 스타일이나 상담원의 정서, 구성원의 특성 등을 고려하여 차등보상의 적정선을 마련할 필요가 있다. 차등폭을 적게 하더라도 그것이 구성원에게 적절한 동기부여로 작용하고 구성원들의 팀워크를 높일 수 있다면, 적정한 차등폭이 더욱 효과적일 수 있다는 것이다.

'한국적 정서'를 배려하라

'한국형 콜센터'라는 주제와 관련해 상담원의 고객서비스 성과를 측정하는 방법에 대해서도 언급하고 넘어가기로 하자. 많은 콜센터에서 QA에 의한 품질관리나 고객 설문조사 방식으로 상담원들의 서비스품질을 측정하고 있다. 그런데 설문조사를 할 때 한국 고유의 정서와 관련하여 주의해야 할 점이 있다. 상담원들이 상담 직후 또는 일정 기간이 경과한 후에 고객을 상대로 서비스 만족도나 불만사항을 조사하게 되는데, 설문조사를 계획하는 관리자들은 대체로 설문문항의 내용에만 관심을 기울이는 경향이 있다.

그러나 '누가, 어떤 방법으로 조사하느냐'도 대단히 중요하다. 예를 들어 고객의 솔직한 대답을 듣고 싶다면 서비스 담당자가 아닌 제3자를 시켜서 조사하는 것이 옳다. 절친한 친구일수록 면전에 대고 단점을 말하기가 더 어려운 것처럼 조사 담당자 앞에서 서비스가 불만스러웠다고 지적하기란 특히 체면이나 정에 약한 우리의 정서상 쉽지 않은 일이기 때문이다.

또한 이미 상품을 구입한 사람에게 '우리 회사 서비스 중에서 마음에 들지 않는 것은 무엇입니까?'라는 식의 질문도 그리 바람직하지 않다. 이런 질문은 이미 상품을 선택한 사람에게 자신의 구매가 잘못되었다는 것을 인정하라는 것과 마찬가지이기 때문이다.

페스팅거의 인지불협화이론에 따르면 인간은 대체로 자기의 내적 신념과 일치하도록 행동한다. 즉 옳은 구매를 했다는 당초의 판단을 계속 확신함으로써 심리적인 갈등과 불균형을 해소하고자 한다는 것이다. 따라서 사람들은 자신의 선택에 대한 잘못을 인정하지 않으며, 잘못 선택했더라도 다른 사람에게 그것을 인정하고 싶어 하지 않는다는 것이다. 이 이론을 인정한다면 고객 앞에서는 오히려 자사 서비스의 강점을 부각시켜 안심시켜 주는 것이 현명하다.

2006년 10월 14일자 어느 조간신문에 NPS net promoter score에 대한 조사 결과를 한 면에 걸쳐 보도한 적이 있다. NPS란 순추천고객수, 곧 기업이 충성도가 높은 고객을 얼마나 보유하고 있는지를 알아보는 것으로 세계적인 컨설팅업체인 베인이 2004년에 《하버드 비즈니스 리뷰》에 소개한 바 있다.

만족, 불만족 같은 단순한 표현으로는 끄집어내기 힘든 고객의 속내를 파악하기 위해 고객에게 단도직입적으로 "당신이 거래하는 기업을 주변 친구나 동료에게 추천하겠느냐"고 물어보는 것이다. 이때 추천하겠다는 고객은 충성도가 높은 고객이다. 이 '추천하겠다'는 고객의 비율에서 '추천하지 않겠다'는 고객의 비율을 뺀 것이 NPS다.

우리나라 기업들의 NPS는 미국·영국·호주 등 선진국뿐 아니라 같은 아시아 국가들보다 낮았는데, 이는 역시 드러내놓고 추천하거나 칭찬하기를 꺼리는 우리나라 고유의 문화적 특성도 한몫했을 것으로 해석된다. 또한 인간관계를 중시하고 감성에 이끌리는 우리나라 소비자들의 고유한 특성도 발견되었다. 예컨대 고객 접촉이 많은 금융서비스업에서 '아는 직원'이 있는 경우와 없는 경우 NPS의 차이가 최고 4배를 넘었다.

우리나라 소비자들은 또 상품관련 접촉보다는 안부 문의와 같은 고객 밀착형 접촉에 더 호의적인 반응을 나타냈다.

　이 조사결과는 우리 고유의 정서와 감성서비스를 어떻게 콜센터와 접속시키며, 어떠한 전략을 수립하고 평가할 것인지에 대해 매우 중요한 시사점을 준다. 그러므로 한국형 콜센터는 우리나라 고유의 정서에 기반한 감성서비스를 해줄 수 있는 우리의 콜센터 상담원들을 떠나서는 결코 확립될 수 없다.

페스팅거의 '인지적 불협화'

　상품광고는 상품을 아직 사지 않은 사람보다 이미 산 사람이 더 열심히 보게 된다. 자신의 구매행위가 잘못되지 않았다는 것을 확인하고 싶은 심리 때문이다. 또한 좋은 상품을 산 것을 음미하여 기분이 좋아지려는 것이다. 이것을 '인지적 협화'라고 한다.

　비싼 새 자동차를 산 사람이 그보다 더 매력적인 자동차가 나온 걸 알게 된다면? 그는 회피한다. 그리고 자신이 산 자동차의 광고를 더 관심 있게 들여다보게 된다. 더 매력적인 자동차와 자신이 타고 다니는 자동차 사이의 심리적 모순을 해결하려는 경향을 보이는 것이다.

　페스팅거는 이처럼 사물에 대한 관점이나 행동을 변화시키는 불협화를 '인지적 불협화'라고 이름했다.

3

1 2 3
4 5 6
7 8 9
* 0 #

고객의 경험을
디자인하라

깨진 유리창

"상담원과 직접 통화를 원하시면 0번을 누르세요."

지긋지긋하리만큼 긴 안내멘트로 전화한 사람의 인내심을 시험해보고 나서 맨 나중에야 나오는 말이다. 이런 경험을 해보지 않은 독자는 거의 없을 것이다. 전화에서 흘러나오는 녹음멘트는 최고의 서비스와 고객 만족을 외치고 있지만 "제발 우리에게 전화를 하지 말아 달라. 하도 걸려오는 당신네 전화 때문에 지긋지긋하다"라고 말하는 것 같다.

그런데 만약 응급상황이라면 어떨까? 신용카드를 도난당했거나 분실한 고객이 담당자에게 신속히 연결되지 못할 경우 1분 1초가 지날 때마다 혹시 누군가 내 신용카드를 가지고 비싼 물건을 사거나 비싼 술집에서 카드를 긁고 있는 것은 아닌지 불안에 떨 수밖에 없다.

전화를 걸면 "안녕하십니까. ○○을 방문해주셔서 감사합니다"로 시작해 "1번을 누르세요. 2번… 3번…" 부서안내가 끝없이 이어지고, 심하면 10곳 이상을 안내하기도 한다. 한술 더 떠 자동응답으로 연결되어 잠시 동안 수화기를 들고 있으면 "죄송합니다. 지금은 모든 상담원이 통화중이니 잠시 후에 다시 걸어주십시오"라는 말이 나오고 일방적으로 끊어진다.

콜센터 전문용어로 고객이 상담원과 통화하지 못하고 전화선상에 대기하는 것을 '큐queue상에 대기한다'고 표현한다. 즉 큐는 전화 받을 상담원과 연결되기를 기다리는 것을 의미하는데, 33%의 고객은 가장 짜증나는 콜센터의 서비스로 이 통화대기를 꼽고 있다. 그리고 고객들의 인내심은 점점 더 바닥을 드러내고 있다. 한 콜센터 전문기관의 조사에 따르면 고객의 33%는 2분 이상 기다리지 않고, 32%는 5분까지는 기다린다고 했으며, 8%의 고객은 통화대기 자체를 참을 수 없는 일이라고 응답했다.

이것은 상담원수와 고객 통화량의 차이에서 빚어지는 문제이다. 콜센터의 수용능력이 부족한 것이다. 그런데 해결방법이 없다고 생각해서인지, 아니면 고객이 참고 기다려줄 것이라고 믿어서인지, 모든 기업의 콜센터에서 이 문제를 방치하고 있다. 이 문제를 해결하기 위한 방법으로 기업들은 콜 예측 프로그램 등 새로운 운영 시스템을 도입했으나 이조차 원활하게 돌아가고 있지 않다.

그러나 콜센터에서도 은행의 순번 대기번호표처럼 얼마 후면 상담원과 연결된다는 것을 알려주는 최소한의 기본적인 조치들을 생각해볼 수 있다. 예를 들어 전화가 폭주하는 상황이라면 고객에게 얼마 정도 기다려주신다면 정말 감사하겠다는 안내메시지 정도는 제공해야 한다.

또 다른 방법으로는 상담원을 얼마나 오래 기다려야 하는지 알지 못하면서 수화기를 들고 지루하게 기다리게 하는 대신 콜센터 직원으로부터 전화를 받을 수 있도록 하는 '콜 백call back' 제도를 활용하는 것이다.

그러나 많은 기업의 콜센터에서 아직도 콜 백을 일반화하지 않고 있다. 고객이 상담원을 기다리는 시간이 길어질수록 '이제 거래 기업을 바꿀까'라는 생각을 할 시간만 더 주는 셈인데도 말이다.

치명적인 위험은 사소한 흠에서 시작된다

범죄학자 제임스 윌슨과 조지 켈링은 1982년 3월 월간 《애틀랜틱》에 범죄예방이론인 「깨진 유리창 이론Broken Window Theory」을 발표했다. 건물 주인이 깨진 유리창을 그대로 방치하면 이 건물이 무법천지로 변한다, 곧 깨진 유리창처럼 사소한 것들이 사실은 치명적인 위험을 초래한다는 내용이다. 누군가 우연히 집 근처에 쓰레기를 버렸을 때 그대로 놔두면 다른 사람들도 이곳에 쓰레기를 버리고 그러다가 그 주변이 온통 쓰레기장이 되는 것과 같은 이치이다.

모든 일은 아주 작고 사소한 것에서 시작된다. 바늘 도둑이 소 도둑 되고, 사소한 잘못을 한 사람이 큰 잘못을 저지르게 되는 법이다. 그렇기 때문에 깨진 유리창을 그대로 방치해서는 안 되며 그때그때 깨진 유리창을 찾아 새로 끼워야 한다.

마이클 레빈이 '깨진 유리창 이론'을 기업관리와 비즈니스 경영에 접목하여 쓴 책이 『깨진 유리창 법칙』이다.

더운 여름날 4~5분 걸리는 놀이기구를 타기 위해 30~40분씩 줄을 서서 기다린 경험이 있을 것이다. 디즈니랜드는 이런 '깨진 유리창'을 찾아 바로 고쳤다. 디즈니랜드의 깨진 유리창은 더운 날 가족들이 4분짜리 놀이기구를 타기 위해 한없이 기다려야 한다는 것이었다.

해결책은 아주 간단했다. '패스트 패스fast pass 제도'가 그것이다. 패스트 패스 제도란 시설이용 예약제도이다. 기계에 입장권을 넣으면 예약 시간이 찍혀나오고 고객들은 다른 놀이기구를 먼저 즐긴 후 시간에 맞추어 돌아오면 줄을 서지 않고도 놀이기구를 탈 수 있다. 이 간단한 조치로 디즈니랜드는 깨진 유리창을 고쳤고 덕분에 고객들은 부담없이 각종 놀이기구를 즐길 수 있게 되었다.

모든 극장에서는 영화 상영 전에 광고를 보여준다. 그러나 관객은 광고를 보러 극장에 가는 것이 아니다. 어떤 영화팬은 이것에 많은 불만을 갖고 있었다. 그러던 어느 날 광고 없이 다음 개봉작 예고만 하는 극장을 하나 찾아냈고 이곳 단골이 되었다. 나아가 그는 이웃에게 이 극장에 대해 말해주었다. 상영 전 광고를 보내는 것이 바로 극장의 깨진 유리창이었던 것이다.

콜센터의 깨진 유리창은?

콜센터의 깨진 유리창은 무엇일까. 그중 대표적인 것이 서비스에 문제가 생겨 전화를 걸었을 때 들려오는 녹음된 목소리 "~하시려면 1번을 누르세요… 2번… 3번…"일 것이다. 급한 일로 전화를 걸었을 때 이런 소리를 들으면 숨이 막힌다. 이것은 "제발 우리에게 전화를 하지도 말고 우리 회사로 오지도 말아라. 우리도 당신에게 전화를 하지 않을 테니"라고 말하는 것과 같다.

그러나 "어르신의 상담전화는 직접 받아야 한다고 생각합니다"라는 교보생명의 최근 광고는 이런 '깨진 유리창'을 찾아 고친 한 예다. 전화로 금융서비스를 이용할 때 노인고객들이 겪을 수 있는 불편함을 며느리와 시아버지의 대화에 빗대어 재미있게 표현한 이 광고는 고객의 작은 불편까지도 해결하려는 교보생명만의 콜센터 서비스를 부각시키고 있다. 이 회사에서는 이를 '실버콜 서비스'라고 부르고 있다.

실버콜 서비스란 만 55세 이상의 고연령층 고객이 교보생명 콜센터로 전화할 경우 바로 상담원으로 연결되는 서비스이다. ARS를 이용해 전화상담을 받을 때 단계적으로 여러 번 선택번호를 눌러야 하는 복잡하고 불편한 절차를 없애 ARS 이용에 익숙지 않은 노인층이 콜센터를 불편없이 이용하도록 한 것이다. 기계에 서툰 노인고객들의 실망과 짜증, 즉 콜센터의 '깨진 유리창'을 멋지게 고친 사례가 아닐 수 없다.

좋은 첫인상을 만들 기회는 단 한 번밖에 없다. 그러므로 고객과의 첫 만남에서 깨진 유리창을 보인다면 당신은 그 유일한 기회를 놓치는 것이다. 첫인상의 중요성은 아무리 강조해도 지나치지 않다.

필자 역시 철도를 이용하면서 '깨진 유리창' 때문에 몹시 애를 먹은 경험이 있다. 어느 날 출장 때문에 아침 5시 25분 부산행 첫 KTX를 타러 갔을 때였다. 신용카드로 철도요금을 결제하는데 '비밀번호 4자리'를 입력해야 한다고 했다. 순간 필자는 당황했다. 개인이름이 적혀 있는 법인

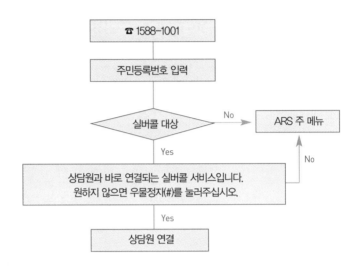

실버콜 서비스 연결방식

☎ 1588-1001

주민등록번호 입력

실버콜 대상 — No → ARS 주 메뉴

Yes

상담원과 바로 연결되는 실버콜 서비스입니다.
원하지 않으면 우물정자(#)를 눌러주십시오.

No

Yes

상담원 연결

카드였는데 그때까지 비밀번호를 사용해본 적이 없었던 것이다. 바로 신용카드회사에 본인임을 증명할 수 있는 방법에 대한 안내와 비밀번호를 확인해줄 것을 요청했다. 상담원은 정상 근무시간인 아침 9시가 넘어야 확인해줄 수 있다고 했다. 필자 역시 서비스맨이고 콜센터 생리에 익숙한지라 상담원보다 좀 더 권한이 있는 책임자를 다급하게 바꿔 달래서 통사정을 하고 나서야 비밀번호를 변경할 수 있었다. 전화번호, 집주소, 결제통장번호 등 까다로운 본인 확인절차를 서너 단계 거쳐 직접 내 휴대전화 버튼을 눌러 새 비밀번호를 입력하고나서야 요금 결제를 마치고 열차를 탈 수 있었다.

그 복잡한 절차를 따르는 동안 그토록 상냥하고 친절한 상담원들이 왜 직접 나를 도와주지 못하고 팀장까지 거쳐가며 10여 분을 기다리게 해서

촉박한 열차시각 때문에 발을 동동 구르게 했는지 답답했다. 상담원이 권한을 갖고 유연하게 고객을 돕지 못하고 '안 된다' '그건 당신 사정이다' '몇시까지 기다려라' 하는 식의 냉담하고 고집불통의 자세로 일하는 것, 그것도 콜센터의 대표적인 깨진 유리창이다.

절차 · 제도 · 권한 · 시설 · 사람 · 성과보상 등도 깨진 유리창이 될 수 있고, 이런 것들은 곳곳에서 발견할 수 있다.

많은 기업의 콜센터 상담원들은 고객들과 상담은 하지만 문제를 해결할 수 있는 권한은 없다. 고객의 문제를 빠르게 해결할 수 있는 권한은 주지 않으면서 회사를 대표하여 사과하고 책임을 지라는 요구만 한다는 것은 이치에 맞지 않는다. 리츠칼튼의 직원들은 고객의 불만을 해결하기 위해 2천 달러까지는 쓸 수 있는 권한을 갖고 있다. 그러므로 리츠칼튼 직원들은 고객에게 부정적인 반응을 보이지 않고 고객의 불평을 선물이라고 생각할 수 있다.

직원들이 고객과 상담할 때 문제해결에 필요하다면 일정 한도 내에서 재량대로 처리할 수 있도록 맡기는 것, 그리고 그러한 재량권을 어떤 상황에서 어떻게 사용하는지를 알려주는 기준을 만들고 교육 프로그램을 운영하는 것 역시 깨진 유리창을 고치는 방법이다.

칭찬은 고래나 춤추게 할 뿐이다

군대시절 제일 많이 들었던 말이 "여기가 니네 안방인 줄 아느냐"라는 것이었다. 군대는 청년을 나라를 지키는 군인으로 만드는 곳이다. 직장도 따뜻한 안방이 아니고, 조직에서 기대하는 역할에 부응하고 성과와 공헌도에 따라 책임을 져야 하는 곳이다. '직장은 자아를 실현하는 곳'이라든가 '무엇보다 내부고객이 중요하다'라든가 '직원들은 한 가족같이 서로 사랑하고 서로 칭찬해야 한다'라는 말들도 멋지기는 하지만 때로는 쿨하게 생각할 필요가 있다.

어느 직장이나 마찬가지이지만 은행의 경우 각 지점에서 직원들의 업무평가와 책임을 분명히 해주어야 직원들이 제대로 움직인다. 축구감독은 경기장에서 선수들을 격려하고 칭찬하는 데 인색하지 않아야 한다. 그러나 잘못된 플레이를 지적하고 피드백하는 일을 소홀히 해서는 안 된다. 칭찬만으로는 고래나 춤추게 할 뿐이다. 지점장은 점포 현장에서 직원들을 격려하고 서비스와 세일즈 스킬을 피드백하는 '현재진행형 코치'여야 한다. 현재진행형 코치란 다른 말로 깨진 유리창을 바꿔 끼우는 역할이라고 할 수 있다.

얼마전 한 교원단체가 최고 18만원이나 차이가 나는 성과급 차등지급을 받아들일 수 없다며 세종로 정부청사 앞에서 시위하는 모습이 보도된 적이 있다. 물론 교사라는 직업이 나름대로의 특수성이 없지 않고 또한 무엇보다도 평가의 공정성이 담보되어야 할 것이다. 그러나 업무평가와 책임을 칼같이 해주지 않고 조직을 움직이게 할 다른 방법이 있는가!

3만 7천의 직원이 일하는 LA주정부에서는 2003년에서 2004년까지 15개월 동안 처신이 부적절했다는 이유로 6명을 해고했다. 반면 무능한 교사들은 다른 반으로 수업을 옮기거나 다른 학교로 자리를 옮겼을 뿐 해고되지는 않았다. 교직원은 무능해도 법적으로 신분이 보장된다. 제대로 된 교육서비스를 제공하지 못해도 해고되지 않는다. 잭 웰치의 표현을 빌리면 이는 잘못된 친절이다.

많은 기업들이 직원을 지나치게 떠받들고 있다. 직원 개인이 기업보다 중요시될 때 개인은 깨진 유리창이 되기 쉽다. 직원이 제대로 일을 하지 못하면 기업이 어떻게 되겠는가? 내가 도울 수 있는 건 무엇이든 해주겠다, 그러나 당신이 업무태도를 향상하지 않으면 우리는 해고할 수밖에 없다는 것을 확실히 보여주어야 한다. 그렇지 않다면 직원들은 나태하게 일해도 우리 회사는 상관하지 않는다고 생각할 것이고, 그것은 조직을 위태롭게 만드는 것이다.

안타깝게도 콜센터장으로 부임하자마자 20~30%의 상담원을 감원하는 악역을 맡은 적이 있었다. 근무태도와 서비스품질에 따라 성과를 평가하는 작업이 시작되었다. 그런데 그 평가 방법과 기준이 발표되자 그간 대충 적당히 일하던 직원들이 순식간에 바뀌어 성실해졌다. 역설적으로 지금까지 너무 느긋하고 나태한 분위기를 조장했다는 것을 스스로 증명한 셈이 되어버렸다.

쇠는 안 쓰면 녹슬고 고여 있는 물은 썩으며 나태는 활력을 앗아간다. 직원들을 행복하게 하는 것과 직원들을 편안하게 하는 것을 필자는 혼동하고 있었던 것이다. 서비스품질을 높이기 위해서는 언제나 시선이 고객에게 집중되게 하고 깨진 유리창이 없는지를 확인하고 또 확인해야 한다. 직원들에게 잔인하게 대하라고 충고하는 것이 아니다. 비인간적으로 성과나 책임을 따져서 직원들을 대우하라는 것도 아니다. 모든 직원이 비즈니스가 성공하도록 행동하게 만들어야지 나태해지도록 방치해서는 곤란하다는 것이다. 직원들이 성과를 이루어내고 책임을 다하도록 북돋우는 동시에 책임을 일깨워야 한다. 가장 심각한 깨진 유리창은 무능하고 나태한 직원이기 때문이다.

핵심 포인트

제도 · 시설 · 절차 · 사람 등등 깨진 유리창은 우리 주변 곳곳에 있다. 지금 당장 그것을 갈아끼우지 않으면 가까운 미래에 개인과 조직이 함께 무너져 내릴 것이다. 특히 나태하고 무능한 직원들을 방치해서는 안 된다.

개별성으로
승부하라

오늘날 많은 콜센터들이 첨단기술을 이용해 빠르고 효과적으로 고객들을 응대하고 있으나 진정한 의미의 휴먼 터치에 의한 고객서비스를 제공하는 곳은 일부에 그친다. '휴먼 터치'란 수준 높은 인적 서비스에 의해서 창출되는 인상적이고 긍정적인 감동을 뜻한다.

사진작가이자 음악가이며 작곡가인 벤저민 호프는 그의 저서 『푸우의 도』에서 인간행동의 유형과 지각에 대한 동양과 서양의 패러다임의 차이를 이렇게 비교한다. 가령 서양의 햄버거 가게와 동양의 찻집을 비교했을 때 이 두 곳의 주문대에서 고객에게 전달되는 메시지는 완전히 다르다고 그는 주장한다. 서양 햄버거 가게의 메시지는 "계산 안 해 주세요? 빨리빨리 해주세요"인 반면, 동양 찻집의 메시지는 "당신은 중요합니다. 편안히 즐기세요"라는 것이다.

고객의 상담이력이나 개별 성향을 파악하느라 많은 시간을 투자하는 것은 괜한 낭비가 아니냐고 의심하는 사람이 있을지도 모르겠다. 다시 말해 상담만족도나 서비스품질을 높이자면 통화시간이 길어져 그만큼 상담원당 평균 콜수가 줄어드는 데 이것이 효과적이냐는 것이다.

이 질문에 대한 해답은 고객만족도 조사를 분석하면 분명해진다. 고객만족도 조사에서 대다수 고객은 시간에 쫓기지 않고 따뜻하고 자상하게 설명해주는 콜센터를 좋아하는 것으로 나타났기 때문이다. 즉 햄버거 가게의 주문대와 같이 표준화된 시스템과 매뉴얼을 통해 빠르고 효율적으로 고객에게 서비스를 제공하는 것만으로는 충분하지 않다는 것이다. 편안한 찻집 정도의 분위기에서 서비스를 받는 것, 즉 컴퓨터처럼 획일화된 차가운 응대가 아닌 따뜻한 휴먼 터치를 고객은 갈망하고 있는 것이다.

그런데 대부분의 콜센터 시스템은 햄버거 가게처럼 생산성과 효율성 중심으로 돌아가고 있다. 급여는 1인당 콜수 등 개개인의 업무성과에 따라 지급하면서 상담원들에게 찻집에서와 같이 한 사람 한 사람에 대한 휴먼 터치를 통해 고객과 좀 더 친밀한 관계를 유지하라고 요구하고 있다.

문제는 햄버거 가게의 생산성과 찻집 분위기라는 두 가지 목표는 양립할 수 없다는 것이다. 효율성과 관계 증진은 선택사항인 것이다. 관계를 증진하기 위해서는 많은 시간을 투자해야 하지만 효율적이기 위해서는 친밀한 관계를 포기해야 하기 때문이다.

인생의 목표나 직업의 선택도 이와 마찬가지다. 하나를 선택하는 것은 결국 나머지를 포기하는 것이다. 모든 것을 다 하면서 살아갈 수는 없다. 설사 그러고 싶다 해도 모든 것을 '한꺼번에' 다 할 수는 없다. 한 사람이 고고학자이면서 밤무대의 스타가 될 수는 없는 것이다. 수시로 여행을 즐기며 정원을 가꾸는 기쁨까지 누리려 한다면 그것은 과욕이다.

노벨 경제학상을 수상한 자유주의 경제학의 거두인 밀턴 프리드먼 교수가 고안한 '샤워실의 바보'라는 유명한 용어가 있다. 샤워꼭지를 틀었을 때 처음에 너무 찬 물이 나오면 샤워실의 바보는 뜨거운 물이 나오도록 샤워꼭지를 반대편으로 확 돌린다. 그런데 이번엔 너무 뜨거운 물이 나오니까 다시 반대쪽으로 확 튼다. 샤워꼭지의 조작과 적절한 온도의 물이 나오기까지의 시차를 무시한 채 순간순간 대응하는 바보는 비단 샤워실에만 있는 게 아니다.

필자도 콜센터장으로 있을 때 이런 샤워실의 바보 같은 일을 했었다. 조금 전화량이 많아진다 싶으면 상담원당 콜수를 중요시해서 상담품질이 떨어지는 것을 묵인했다. 그러다 조금 한가해진다 싶으면 한 콜당 평균 상담시간을 늘려서 유익한 정보와 추가상품을 추천할 기회를 찾으라고 독촉했다. 이렇게 통화량에 따라 유연성 있게 상담시간을 조정한 것 자체는 문제가 아니다. 문제는 통화품질이 채 높아지기도 전에 상담원당 콜수에 관심을 두었고, 콜수에 역점을 두고 나면 어느새 통화품질을 염려하는 행위를 반복함으로써 어느 하나도 최대치의 성과를 거두지 못했다는 것이다.

'상담원들이 허둥대며 전화를 빨리 끊으려고 한다'는 고객들의 불만에 대한 개선안은 너무 분명하다. 상담원에게 햄버거 가게 주문대처럼 '용건만 간단히 말씀하시라'고 다그치지 않고 찻집 분위기로 '편안하게 말씀하시라'며 경청할 수 있도록 근무 분위기를 조성해주고 '이렇게 해드리면 더 편리할 것 같다. 어떻게 생각하시느냐'고 제안하고 다른 불편사항이 없는지를 확인하게 하면 된다.

물론 고객과의 휴먼 터치를 실현하는 것은 상담원 개인의 역량과도 대단히 밀접한 관계가 있다. 하지만 고객당 상담시간을 단축하여 생산성을 높이고, 포기콜을 줄이기 위해 1인당 콜수를 극대화하는 동시에 상담의 품질을 최고로 유지하겠다는 것은 달성하기 곤란한 목표이며 욕심일 뿐이다.

달성목표는 상호 '모순'이 되지 않아야 한다. 우리가 잘 알면서도 놓치기 쉬운 부분이 바로 이런 것이다. 수시로 여행을 떠나면서 집안의 정원을 가꾸는 기쁨까지 누리려 한다면 그것은 모순이다. 하나를 선택했다면 다른 하나는 기꺼이 포기하거나 그 목표를 줄일 수밖에 없다. 하나를 선택하고 선택한 그것을 사랑해야 한다.

고객은 맞춤형 서비스를 원한다

늙은 포로는 메마른 소리로 울었다. 늙은 포로의 울음소리는 파충류의 울음소리처럼 들렸다. 나는 울음을 우는 포로들의 얼굴을 하나씩 하나씩 들여다보았다. 포로들은 모두 각자의 개별적인 울음을 울고 있었다. 그들을 울게 하는 죽음이 그들 모두에게 공통된 것이었다 하더라도 그 죽음을 우는 그들의 울음과 그 울음이 서식하는 그들의 몸은 개별적인 것으로 보였다. 그 개별성 앞에서 나는 참담했다. 내가 그 개별성 앞에서 무너진다면 나는 나의 전쟁을 수행할 수 없었을 것이었다. 그때, 나는 칼을 버리고 저 병신년 이후의 곽재우처럼 안개 내린 산 속으로 숨어들어가 개울물을 퍼먹는 신선이 되어야 마땅할 것이었다. 그러므로 나의 적은 개별성이었다. 울음을 우는 포로들의 얼굴을 들여다보면서 나는 적의 개별성이야말로 나의 적이라는 것을 알았다. 나의 적은 전투대형의 날개를 펼치고 눈보라처럼 휘몰아 달려드는 적의 집단성이기에 앞서 저마다의 울음을 우는 적의 개별성이었다. 그러나 저마다의 울음을 우는 개별성의 울음과 개별성의 몸이 어째서 나의 칼로 베어없애야 할 적이 되어야 하는지를 나는 알 수 없었다. 적에게 물어보아도 적은 대답할 수 없을 것이었다.

이순신 장군의 이야기를 소재로 한 김훈의 장편소설 『칼의 노래』의 일부이다. 주인공 '나'는 전투대형의 날개로 한꺼번에 달려드는 적들을 칼로 베는 장수이지만, 비록 적일지라도 그 한 사람 한 사람은 어느 늙은 부모의 사랑하는 자식이고, 어느 지어미의 남편이다. 날카로운 칼을 든 무장인 '나'의 현실과 이 개별성 앞에서 참담함을 토로할 수밖에 없는 개인으로서의 '나'의 고뇌를 말하고 있다. 그러나 '나'는 개개인의 존엄성 앞에서 무너지면 전쟁을 수행할 수 없기 때문에 울음을 우는 적의 개별성을 느끼는 것이야말로 물리쳐야 할 나의 적이라고 토로하고 있다.

여기서 이 이야기를 든 것은 임진왜란 때 이순신 장군의 활약상이나 인간적 고뇌를 이야기하고자 함이 아니다. 전쟁에서는 이 개별성이 군인들의 전투력을 갉아먹는 마음이기에 도려내야 할 암 같은 존재이지만, 영업이나 고객관리, 서비스에서는 도리어 직원들의 마음속에 뿌리 깊이 심어주어야 할 보석 같은 개념이 되어야 한다는 것을 강조하기 위해서이다. 일반상품은 일정한 품질관리를 거쳐 대량으로 생산되지만, 서비스의 대상인 고객은 결국 한 사람 한 사람의 마음을 파고들어야 하는 것이기 때문이다.

잭 캔필드가 쓴 『마음을 열어주는 101가지 이야기』에서 「병원에 근무하는 의료진에게」라는 글에 나오는 다음의 대목도 같은 맥락이다.

어제 나의 아버지는 하나의 차트로 바뀌었습니다. 아버지는 다섯 시간이나 이리저리 끌려다니는 한낱 허약한 남자였습니다. 원무과 직원들은 참을성이 없었고 간호사들은 지쳐 있었고 시설은 예산부족으로 형편이 없었습니다. 아버지는 모든 위엄과 자존심을 박탈당한 채 그곳을 통과했지요. 당신들이 기계적으로 하는 말을 못 알아들어 되물어보는 귀찮은 환자일 뿐이었습니다. 하지만 아닙니다. 단지 당신들이 그렇게 취급했을 뿐이지요. 나의 아버지는 온갖 어려움 속에서 나를 키워주셨고, 나를 신랑에게 인도해주셨고, 내 아이들이 태어날 때 받아주셨고, 내가 울 때 나를 달래주셨습니다. 그리고 곧 암으로 우리 곁을 떠나시겠지요. 한 사람의 진료차트에는 그 사람이 살아온 내력이 있고 인생이 있습니다. 내일이면 당신이 사랑하는 사람이 그 위치에 놓일 수도 있습니다. 지금 줄서서 기다리고 있는 사람들에게 친절하고 부드럽게 대해주세요. 그는 누군가의 아버지고 남편이고 아내이며 아들딸이기 때문입니다.

과연 지금의 콜센터는 고객을 보석처럼 귀중한 존재로 모실 능력이 있을까. 또 하나의 차트가 아니라 나를 키워주신 부모처럼 섬길 능력이 있을까.

한번은 차를 타고 지방출장을 다녀오는데 신용카드회사의 콜센터 상담원에게서 "저희 회사 플래티넘 고객이신데 직장주소로 보내드린 무료 항공권을 받아보았느냐"고 핸드폰으로 문의가 왔다. 콜센터장으로 부임한 지 얼마 되지 않아 전에 지점장으로 있던 은행 주소로 발송된 모양이었다. "근무지가 바뀌어서 아직 받지 못했다"고 했더니 친절하게도 다시 보내주겠다며 변경된 주소를 말해달라고 했다. "서울시 동작구 ○○은행 서울 콜센터 장정빈"이라고 또박또박 불러주자 "바로 보내 드리겠습니다. 좋은 하루 되세요"라며 전화를 끊으려는 것이었다. 이대로 끊게 해서는 안 되겠다 싶어 다급하게 "잠깐만요"라고 상담원을 부르고 "제가 ○○은행 서울 콜센터장 장정빈인데, 지금 전화하시는 데가 ○○동에 있는 ○○카드 콜센터 아닌가요?"라고 하자 그때야 "어, 센터장님이세요?"라고 놀라는 것이었다. 바로 필자가 콜센터장으로 있는 곳에서 상담원이 필자에게 건 전화였던 것이다.

필자는 바로 관리자들과 의논하여 최소한 고객을 부르는 호칭만이라도 고객 한 사람 한 사람을 생각해서 불러보도록 부탁했다. 예컨대 천편일률적인 '고객님'이 아니라 학교에 근무하는 고객이라면 '선생님'으로 불러도 무방할 것이다. 또 필자한테 했던 것처럼 직원이 상사도 못 알아보고 무례를 저지를까 봐 직원과 통화할 때 직원의 근무처와 직책이 팝업 창에 뜨도록 조치했다.

치열해져가는 경쟁환경에서 고객 1인당 매출과 충성도를 높이기 위한 마케팅의 핵심은 무엇이겠는가? 효과적인 고객관리로 개인별 맞춤형 서비스를 제공하는 것이다.

CRM customer relationship management, 고객관계관리은 호칭 같은 기본적인 문제

뿐만 아니라 고객의 취향과 습관, 거래정보들을 영업점뿐 아니라 콜센터 등 모든 채널을 통해서 수집하여 통합적으로 관리하는 시스템이다. 결국 '누가 무엇을 좋아하는가'라는 고객정보가 맞춤형 서비스의 핵심요소인 것이다. 어느 시장조사 전문업체가 아·태지역 통신사업자들을 대상으로 조사한 결과, 70~80%의 사업자가 고객정보 획득에 적극적이지 않았고, 90% 이상이 개인 고객정보를 사용하지 않았다고 한다.

이 일을 계기로 그간의 등록실적을 점검해보니 예상했던 대로 달성률이 아주 미흡했다. 필자는 곧바로 각 팀별로 미팅과 직원 세미나를 통하여 고객정보 등록과 상담이력을 기록하는 일의 중요성을 설명하고 고객 유형과 전화유형 등을 분석해보도록 했다. 한편 수준 높은 휴먼 터치가 되도록 롤플레잉을 통해 고객을 한 사람 한 사람으로 존중해주는 감성적인 응대 스킬을 집중연습하게 했다. 응대 스킬과 고객정보 등록률은 곧 눈부시게 높아졌다. 상담원들은 그들이 하는 일에 가치를 부여하고 그 결과가 회사나 고객서비스에 도움이 된다고 충분히 믿게 하면 훨씬 능동적으로 움직인다.

그리고 나서 필자는 상담이력이나 고객정보가 제대로 활용되고 있는가를 조사해보았다. 샘플링을 통해 확인해본 결과는 대단히 실망스러웠다. 대부분의 점포 직원들이 고객별 상담이력이 어디에 저장되어 있는지조차 모르고 있었다.

또한 알고 있는 직원들조차 고객의 상담이력 등을 확인하면서 응대하고 세일즈 활동을 하게 되면 효과적인 마케팅이 될 것이라고 대답하면서도 '창구가 바쁘고 고객들이 많이 기다린다'는 이유로 열람할 엄두를 못 내고 있었다. 콜센터는 말할 것도 없고 전 직원이 고객정보 이용도를 높이기 위한 노력을 묻어두고 있었던 것이다.

지금 이 은행은 상담원이 고객정보나 상담이력을 적극적으로 수집해서 전 직원이 고객응대나 마케팅 등에 활용하도록 하고 있고 상담이력이나 고객정보 등록실적을 상담원의 성과지표에 반영하고 있다(75쪽 참조).

이제는 거의 모든 콜센터가 고객의 신원을 파악할 수 있는 기본적인 시스템을 갖추고 있다. 하지만 상담원이 고객의 상담이력을 조회하고 새로운 정보를 입력하려면 화면을 여러 번 열어야 하므로 실제로 고객정보를 활용하는 경우가 많지 않다.

그 해결책으로 일부 콜센터는 상담원의 모니터에 '팝업 스크린'이라는 작은 창을 띄우고 있다. 상담원은 여기에서 고객의 신원을 파악하고 과거의 정보를 조회하며 새 정보를 입력하는 등 고객정보와 관련된 모든 업무를 일괄 처리한다. 고객의 모든 이력과 거래정보를 한눈에 파악할 수 있을 때 이를 싱글 뷰single view라고 표현한다. 싱글 뷰는 직원들이 정보를 활용하는 데 더할 나위 없이 유용한 도구다.

마치 공산품을 생산하는 공장에서 동일한 규격, 동일한 품질의 상품을 만들어내듯이 서비스도 하나의 상품으로서 그 품질이 관리되어야 옳다. 그래서 서비스 초창기에는 품질관리 차원에서 매뉴얼을 통해 표준화할 필요가 있다. 그러나 이제는 천편일률적이고 감성과는 거리가 먼 나무토막 같은 매뉴얼이 상담원들의 품격 높은 휴먼 터치를 방해하는 가장 큰 적이 되고 있다.

표준화된 매뉴얼은 이미 가장 기본적인 응대단계이고, 싱글 뷰와 같은 시스템적인 지원 역시 고차원의 서비스를 위한 지원스스템에 지나지 않는다. 이 모두는 궁극적으로 고객 한 사람 한 사람에게 감성적으로 다가

가는 것, 즉 휴먼 터치가 가능하도록 돕는 도구이다.

'최고 수준의 개인 맞춤서비스'로 유명한 리츠칼튼 호텔 직원은 한 사람 한 사람을 개별적으로 응대하도록 되어 있다. 이 호텔의 기본수칙 20가지 중에서 12번째는 이것이다.

> 고객들에게 최고의 개별서비스를 제공하기 위해서 모든 직원들은 개별적 고객의 기호를 찾아내고 기록할 책임이 있다.

리츠칼튼 호텔만의 '개별서비스' 정책을 상징적으로 담은 수칙이다. 버지니아 아주엘라가 그러했듯이 리츠칼튼 호텔의 모든 종업원은 고객의 시시콜콜한 정보까지 습관처럼 고객카드에 모두 입력하고 공유한다. 전 직원이 고객이 말하지 않아도 원하는 모든 것을 서비스해주는 리츠칼튼의 서비스는 이렇게 해서 독보적일 수 있었다.

대부분의 콜센터와 기업은 표준화된 '집단성'에만 익숙해져 있다. 그러나 앞에서 언급한 것처럼 고객은 콜센터에 전화한 것이 아니라 회사에 전화한 것이다.

직접 찾아오건 인터넷을 통해서건 전화를 걸었건 간에 고객은 그 회사와 접촉한 것이고 채널을 전화로 선택했다는 수단의 차이만 있을 뿐이다. 따라서 고객이 어느 채널을 선택했건 일관되게 응대하게 하려면 고객에 대한 모든 정보를 공유할 필요가 있다.

이는 고객만족도나 비용적인 측면 모두에 매우 중요한 의미를 가진다.

기업이 고객에 대한 모든 것을 기억하고 있으면 고객은 같은 질문을 반복할 필요가 없어지므로 고객만족도가 높아진다. 한편 기업에서는 과거에서부터 현재에 이르기까지 고객에 관한 모든 정보를 토대로 고객에게 지름길로 다가갈 수 있으므로 상담시간이 짧아지고 다른 고객의 대기시간도 그만큼 줄어든다. 결과적으로 같은 시간에 더 많은 고객 문의를 처리하므로 비용이 준다. 그렇다면 전략은 다음의 두 가지 부문으로 정리될 것이다.

첫째, 일관성 있는 고객응대를 위하여 고객정보를 통합한다. 그러기 위해서 모든 채널의 상담이력을 실시간으로 통합관리해야 한다.

어느 조사에 의하면 전화 이외의 수단을 이용해 콜센터에 접촉하는 고객비율이 40%에 육박하고 있다. 물론 콜센터에 문의할 때 이메일로 문의한 것을 조회할 수 있어야 한다. 그런데 이메일로 문의한 고객이 다시 콜센터에 전화해서 이메일 문의에 대한 처리 여부를 확인했을 때 상담원이 이메일 문의 내용을 모르고 있는 경우가 38%였다고 한다. 어떤 고객이 이메일을 통해 캠페인 문의를 받고 나서 질문이 있어 해당 기업의 콜센터로 전화를 했다고 가정해보자. 상담원이 이 고객이 과거에 이메일을 통해 어떠한 캠페인 문의를 받았는지 바로 알 수 있다면 더욱 빠르고 정확하며 일관되게 응대할 수 있다.

둘째, 일관성 있는 360° 고객관점을 확보하는 것이다. 즉 고객 프로필을 통합적으로 관리하는 것이다. 제품, 영업, 서비스 등의 업무 프로세스에서 한 사람의 고객은 하나로 인식되어야 한다. 더러는 고객 데이터가 통합되지 않아 복수의 다른 고객으로 인식하는 사례가 있다.

이러한 고객관리 시스템을 통하여 고객의 가족관계·자산현황·상품

프로필·기타 이벤트 등에 대한 정보가 미리 주어진다면 상담원이 고객에게 맞춤형 서비스로 응대할 수 있고 나아가 수익성을 높이는 데 기여할 수 있다.

핵심 포인트

인상적이고 긍정적인 서비스는 휴먼 터치에서 나온다. 휴먼 터치는 모든 사람을 똑같이 취급하는 집단성이 아니라 한 사람 한 사람의 이름을 불러주는 개별성을 기반으로 한다. 당신이라면 효율성을 택하겠는가, 관계 증진을 택하겠는가.

인간은 평등하지만
고객은 평등하지 않다

회식자리에서 저녁식사를 끝내고 분위기가 적당히 무르익으면 2차를 가자고 분위기를 돋우는 상담원이 꼭 있다. 보통은 노래방이나 호프집으로 가지만 조금 더 흥이 나면 나이트클럽으로 가는 때도 더러 있다. 어느 날인가도 한 직원이 나이트클럽에 가자고 분위기를 돋우자 누군가 "오늘은 안 돼. 센터장님이 계시잖아!"라고 말했다. 분위기를 깨고 싶지 않아 "모두가 원한다면 난 괜찮다"고 하자 직원들이 한꺼번에 웃음을 터뜨렸다. 그 후 속사정을 듣고 나니 '난 괜찮으니 함께 가자'는 필자의 대답은 오버센스였다. 그 '안 돼'라는 뜻은 나이든 나와 함께 갈 수 없다는 의미였던 것이다. 필자 나이 정도면 나이트클럽 출입구에서부터 경비에게 거절당한단다. 필자같이 나이든 사람이 젊고 예쁜 고객들만 모여 있는 데 들어가 '물'을 흐리지 않도록 철저한 집중과 선택을 통해 '물관리'를 하는 것이다.

마케팅적 관점에서 해석해보면 나 같은 사람은 실익이 없거나 브랜드 가치를 손상시키는 고객이기 때문에 자기 회사 고객이 되지 않도록 밀어내는 디마케팅demarketing의 대상인 셈이다. 속이 상해도 어쩔 수 없는 노릇이다.

그러면 나이트클럽이 물 좋은 고객을 우대하는 이유는 무엇인가? 한마디로 회사 입장에서는 이들 우량고객이 돈이 되기 때문이다. 우량고객은 평균 거래유지기간이 길고 평균 구매금액이 높으면서 일반 고객층에 비해서 누적이익의 가치가 훨씬 높다. 그렇기 때문에 기업 입장에서 보면 우량고객은 절대적으로 소중하며 존중받아야 하는 존재이다. 이렇게 물 좋은 고객과 물 나쁜 고객을 분류하여 마케팅을 하는 또 다른 대표적인 곳이 은행 등 금융회사와 백화점이다. 이들 기업은 다른 산업과 비교할 때 일찍부터 CRM을 도입하여 고객 1인당 손익을 분석해왔다.

CRM은 고객데이터를 분석하여 신규고객 획득, 우수고객 유지, 고객가치 증진, 잠재고객 활성화, 평생고객화와 같은 사이클을 만들어내고 이를 통하여 고객을 적극적으로 관리하여 고객가치를 극대화하기 위해 마케팅을 실시하는 것을 의미한다. 또한 CRM은 도움이 되지 않는 고객이나 약속을 지키지 않는 고객, 불합리한 클레임을 자주 거는 고객 등 바람직하지 못한 여러 유형의 고객을 선별해서 과학적인 방법으로 대응하는 것도 포함한다.

한 은행의 물 좋은 고객과 물 나쁜 고객에 대한 최근의 분석결과는 흥미롭다. 1,500만 명의 고객 데이터를 분석한 결과, 35%인 500만 명 정도는 1년에 이익을 1천원도 올려주지 않는 물 나쁜 고객이며, 이들은 보통 예금을 기준으로 3개월간 평균 잔액이 3만원이 채 안 된다는 것이다. 원가 측면에서 보면 이들 물 나쁜 고객 500만 명은 물관리, 즉 디마케팅을 통하여 '입장 거절'시키는 것이 은행 수익에 훨씬 이롭다. 그렇다면 이렇게 해야 하는 은행의 속사정을 들여다보자.

개인고객을 주거래자로 하는 은행은 인건비가 전체 비용의 절반에 이르므로 수익성을 높이기 위해 창구직원수를 줄이고 그 일을 기계나 인터넷이 대신하도록 하는 방법을 선택하고 있다. 최근의 한 분석결과에 따르면 창구직원이 한 업무를 처리하는 데 드는 처리비용은 평균 1,578원인 반면에 자동입출금기는 그 4분의 1인 439원, 텔레뱅킹ARS은 12분의 1인 137원, 인터넷은 34분의 1인 47원으로 나타났다.

일부 은행 영업점은 대기번호표를 없앴다. 다른 은행들처럼 번호표를 뽑으려다 번호표가 없는 것을 알고 머쓱해진 고객들은 한 줄로 서서 차례를 기다린다. 번호표가 있을 때는 대기석에 앉아 차례를 기다렸지만 이제 그런 '호강'조차 기대할 수 없게 된 것이다. 공개적으로 표현하지 않았을 뿐이지 입출금이나 공과금 수납 같은 단순업무를 보려는 고객은 가급적 점포 안에 들어오지 말라는 것이다. 인건비가 비싸니 많은 비용을 초래하는 창구를 찾지 말고 자동화기기나 텔레뱅킹, 인터넷을 이용하고 금융상담이나 간단한 거래도 콜센터를 이용하라는 얘기다. 인건비 비싼 창구직원은 기여도가 높은 물 좋은 고객들을 대상으로 돈이 되는 거래에 집중하기 위해 존재한다는 것이다.

돈 안 되는 고객을 차버리는 이러한 디마케팅 사례는 다른 업종에서도 볼 수 있다. 최근 백화점과 홈쇼핑업체, 그리고 인터넷업체들은 돈 되는 고객과 돈 안 되는 고객과의 관계를 재정립하고 있다. 롯데백화점은 구매 상위 10%인 최고가치고객MVG:most valuable guest에게만 주차 서비스와 생일 꽃배달 서비스를 제공하고 있으며, LG홈쇼핑은 700만 명에 달하는 고객 중 우량고객에게만 할인쿠폰과 VIP 카탈로그를 발송하고 있고, 다음 커뮤니케이션도 일정 기간 사용하지 않은 휴면 메일 계정을 삭제하고 있다.

온라인 상점의 경우 초창기에는 대부분 많은 고객을 확보하여 트래픽을 발생시킴으로써 수익을 도모해왔다. 하지만 이제는 고객에 대한 냉정한 접근이 필요하다. 현재 수익을 가져다주지 못하고 있으며 언제 수익을 가져다줄지 또는 어떠한 손해를 끼칠지 모르는 잠재고객을 대상으로 시간과 비용을 낭비하기보다는 현재 수익을 가져다주는 물 좋은 고객을 중심으로 마케팅을 집중해야 한다.

우량고객에 집중하라

모든 여자를 사랑한다는 것은 어느 한 여자도 사랑하지 않는다는 뜻이다. 마찬가지로 모든 고객을 똑같이 만족시키는 마케팅은 그 누구도 만족시킬 수 없는 마케팅이다. '외모와 연령'이라는 기준을 세워 물 좋은 고객을 선택하여 집중적으로 만족시키는 나이트클럽처럼, 우량고객을 더욱 소중하게 대접해야 한다는 이치는 콜센터도 마찬가지다. 너무도 잘 알려진 빌프레도 파레토의 20:80 법칙에 따르면 '20%의 우량고객이 80%의 수익을 창출한다.' 상담원들은 20%의 우량고객을 집중적으로 접촉하고 우대고객의 니즈를 한 사람 한 사람 간파하여 특별히 대접하고 관리할 수 있어야 한다. 특히 우량고객은 대개 까다로운 편이며 사회적 존재가치를 인정받고 특별히 대우받기를 원한다.

최근 기업들은 고객을 등급별·유형별로 구분하고, 우대고객에 대해서는 특별관리할 수 있도록 콜센터 환경을 구현하는 데 많은 노력을 기울이고 있다. 이것 또한 CRM 중심의 콜센터 환경을 구축하는 사례라 볼 수 있을 것이다.

여기서 한 가지 유의할 점은 콜센터의 우량고객과 비우량고객에 대한 차별적인 응대가 인격적인 차별화를 의미하는 것이 아니라는 점이다. 시스템적 또는 상황적으로 차별화한다는 의미이다. 시스템적 차별화란 이렇게 이해하면 될 것이다. 예를 들어 항공기의 퍼스트 클래스는 기내식도 다르고 도착하면 먼저 내리며 좌석간의 간격도 넓고 의자도 크다. 그리고 항상 승무원이 대기하고 있어 언제든 서비스를 요청할 수 있다. 한마디로 기내 서비스가 고급스럽냐 덜 고급스럽냐에 따라 서너 배의 가격 차이가 난다. 그러나 승무원들이 퍼스트 클래스 승객에게만 친절하게 응대하고 이코노미 좌석의 승객은 덜 친절하게 대하는 식으로 차별하지는 않는다는 점에 유의해야 한다. '차별화'에서 가장 유의해야 할 것은 차별화 시스템을 적용받는 비우량고객이 그러한 차별화를 느끼지 못하도록 제도화하는 것이라 할 수 있다. 즉 차별적인 제도나 시스템을 통하여 우수고객이 특별한 대접을 받도록 해주어야지 직원들이 고객의 등급에 따라 차별적인 응대태도를 취해서는 안 된다는 것이다.

필자가 몸담았던 K은행 콜센터는 경력과 실력 정도에 따라 주니어컨설턴트·시니어컨설턴트·바이스 슈퍼바이저·슈퍼바이저 등으로 상담원의 등급을 나눠 서로 다른 고객군을 응대하는 시스템을 갖추고 있다. 고객들은 전혀 눈치채지 못했겠지만, 우량고객이냐 일반고객이냐에 따라 전화가 폭주할 때 상담원과 연결되는 속도가 다르다. 고객이 주민등록번호를 입력하는 순간 등급이 자동분류되며, 우량고객은 일반고객보다 나중에 전화를 걸어도 먼저 상담원과 연결될 뿐 아니라 경험이 많은 노련한 상담직원과 만나게 된다. 콜센터는 이렇게 고객의 등급에 따라 상담원을 구분하여 배치하고, 우량고객이 전화를 오래 기다리지 않게 하는 등 특별한 고객임을 알아보아주고 배려하는 시스템을 갖추어야 한다. 다음은 콜센터에서 우량고객을 관리하는 몇 가지 방법이다.

- 판매나 A/S 이후에는 반드시 문자메시지나 해피콜을 하여 친밀감을 돈독히 한다(구입에 대한 감사인사, 신상품 정보, 특별할인, 할인쿠폰 제공 제안 등).
- 고객의 전화를 기다리는 것이 아니라 항상 미리 전화한다.
- 전담직원이 정기적으로 해피콜이나 직접 쓴 안부편지를 보낸다.
- 다른 상품을 강매하려는 의도로 세일즈형 전화를 하는 것은 자제한다.
- 우수고객 중에서 고객 이사회, 고객 자문회의 등 모임을 만들어 정기적으로 서비스 개선사항 등에 대해 자문을 듣는다.

상황적 차별화란 이런 것이다. 가령 아웃바운드 상담원이 텔레마케팅을 하기 위해 고객 300명의 DB를 받았다. 그런데 오늘 실제로 소화할 수 있는 고객수가 100명 정도로 예상될 때 상담원은 어떤 기준에 따라 우선

순위를 매겨 전화접촉을 시도할 것인가. 이런 경우 DB를 활용하는 방법을 모색해야 한다. 즉 회사의 CRM 솔루션을 통해 금액이 크고 판매 가능성이 높은 소중한 고객에게 먼저 접촉함으로써 효율성을 높여야 한다는 말이다.

어느 기업이나 모든 고객에게 특별대접을 할 수는 없다. 모든 고객을 만족시키기 위해 투자할 수 있는 비용과 투자수익을 고려할 필요가 있다. 회사든 콜센터든 전략적인 개념이 없으면서 지나치게 고객만족을 강조할 때 '투자비용 대비 수익효과'를 무시한 정책들이 쏟아지게 된다. 정말 중요한 것은 '회사가 고객을 얼마나 만족시키는가'가 아니라 '만족하는 동시에 이윤도 창출하는 고객을 얼마나 많이 보유하느냐'가 성공의 관건이라는 사실이다.

"모든 동물은 평등하다. 그러나 어떤 동물은 다른 동물보다 더 평등하다."

유명한 조지 오웰의 『동물농장』에 나오는 구절이다. 우리가 고객만족을 추진하는 데도 그러해야 하지 않을까.

"모든 고객은 소중하다. 그러나 어떤 고객은 다른 고객보다 더 소중하다."

우수고객들은 일반고객들보다 기여도가 몇 배 높지만 매우 까다롭고 때론 냉정하다. 그러나 기업이 이들을 위한 특별한 제도와 CRM 시스템을 갖추고 고객상담을 통해 배려·예의·존경을 나타내주므로 이들은 다른 일반고객보다 기업에 우호적이며 홍보에도 적극적으로 참여한다. 특히 이들은 다른 사람들에게 우호적으로 전파하거나 추천하려는 성향이 매우 높기 때문에 접촉도나 커뮤니케이션을 더욱 강화해야 한다. 이러한 의미에서 콜센터가 마케팅을 통하여 이들 우량고객을 더 소중한 고객으로 특별하게 관리하는 것도 기업에 매우 매력적인 일이 될 것이다.

핵심 포인트

모든 고객을 다 만족시킨다는 것은 불가능하다. 우량고객과 비우량고객을 차별적으로 응대해야 한다. 인격적인 차별화가 아닌 시스템적·상황적 차별화를 진행하는 것이다. 콜센터는 그것을 가능케 해주는 효과적인 시스템이다.

사람의 체온을
담아내라

외계인 두 명이 지구를 찾아왔다. 이들의 임무는 누가 지구를 지배하는가를 정확히 관찰해 보고하는 것이다. 한 달 후 이들은 다음과 같은 보고서를 작성해 보냈다.

지구에는 바퀴가 네 개 달린 자동차라는 것이 살고 있다. 자동차는 다리가 둘 달린 인간이라는 노예를 데리고 다닌다. 매일 아침 시계라는 장치가 시끄러운 소리를 내어 인간을 깨운다. 인간은 허겁지겁 일어나 자동차를 모시고 주차장이라는 사교클럽에 간다. 인간은 자동차를 먹여 살리기 위해 하루 종일 회사라는 곳에서 일하고 자동차들은 서로 어울려 하루 종일 논다. 지구를 지배하는 것은 자동차다.

에디 와이너와 아널드 브라운이 쓴 『퓨처싱크』라는 책에 나오는 이야기다. 동일한 현상도 생각의 틀을 바꾸면 완전히 달리 보일 수 있다는 것이다.

외계인이 지구를 지나가다가 아주 소란스러운 곳을 발견했다. 수백 대의 이상한 기계가 큰 빌딩 안에 살고 있었다. 그들은 그날 관찰한 것을 일기에 적었다. "오늘 참 신기했다. 지구에는 컴퓨터와 전화라는 수백, 수천 대의 신기한 기계가 한 건물 안에 빼곡하게 살고 있다. 이 기계는 각자 인간이라 부르는 장난감을 하나씩 갖고 논다. 이 장난감은 두 가지 종류로 나뉘는데 얼굴 생김새와 옷차림새가 약간씩 다르다. 주로 여자라고 부르는 장난감을 더 많이 갖고 노는데, 컴퓨터라 불리는 이 기계는 인간이라는 장난감 없이는 잠시도 살지 못한다. 싫증이 나거나 에너지가 닳으면 8시간마다 다른 장난감으로 바꾸기도 한다. 이 장난감은 컴퓨터와 전화가 어떤 종류의 소리를 들려주어도 항상 똑같은 말로 반응한다. 그러나 반드시 기분 좋은 목소리로 반응해야 한다. 조금이라도 짜증스럽거나 퉁명스런 반응을 보이지 못하도록 감시하는 다른 낡은 장난감도 있다. 감시하는 장난감들은 다른 장난감들이 쉴 새 없이 기계와 잘 놀아주었는지를 따진다. 인간이라는 장난감은 매일매일 콜센터라는 건물 안의 기계 앞으로 달려와서 기계와 놀아주어야 한다. 지구에는 컴퓨터라 불리며 인간이라는 장난감을 갖고 노는 참 신기한 소리기계가 살고 있다."

재미삼아 외계인의 시각에서 본 콜센터 풍경을 옮겨본 것이다. 도대체 누가 콜센터의 주인이어야 하고 누구를 위한 콜센터인가에 대한 근본적인 질문을 던져보기 위해서이다.

필자도 콜센터 이야기만 나오면 떠오르는 기억이 하나 있다. 몇 년 전 겨울, 강의를 하러 청평에 있는 어느 연수원에 갔다가 귀가하던 중에 폭설로 산 속 도로에 갇히고 말았다. 스노 체인이 끊어졌는데 끊어진 체인이 바퀴 안쪽에 돌돌 감겨버려 바퀴가 꼼짝달싹도 하지 않았던 것이다. 할 수 없이 자동차보험회사 콜센터에 "견인을 해줄 수 있느냐"고 도움을 요청했는데 일언지하에 거절당했다. '체인 서비스는 규정에 없다'는 이유로 말이다. 상담원은 아주 상냥한 목소리로 "차량이 고장으로 멈추어버린 것은 견인 서비스가 되지만, 체인이 감겨서 못 움직이는 것은 견인이 안 됩니다"라고 설명했다. 아무리 상황을 설명하고 통사정을 해도 소용이 없었다.

이 정도면 사람에게 서비스를 받는 것이 아니라 로봇과 이야기하는 것 같은 착각이 들만하다. 차량 고장과 차량 안쪽에 체인이 돌돌 감겨서 못 움직이는 것이 어떻게 다르다는 것인가? 비상 급유이든 잠금 해제이든 위급할 때 고객을 돕는 것이 긴급서비스제도의 본질이 아닌가? 당시 필자 생각으로는 이 직원이 규정을 핑계로 귀찮은 고객을 따돌리는 것이 아닌가 싶었다. 규정과 고객 사이에서 중심이 바뀌어버린 사건이었다.

몇 년 전 어느 증권회사의 요청을 받아 CS에 관해 전국 순회강연을 한 적이 있었다. 이 회사는 이른바 고객을 가장하여 암행구매하는 미스터리 쇼핑으로 전국 지점의 서비스품질을 모니터링하고 있었다. 그런데 점수가 특히 나쁜 부분은 전화응대시의 종료 태도였다. 종료 때 "감사합니다", "고맙습니다" 같은 인사말을 해야 하는데, 이 항목의 실천이 특히 미흡하다는 것이었다.

필자도 10여 년 전 CS추진팀에서 근무하던 시절 이와 거의 비슷한 체크 리스트를 갖고 각 지점마다 친절도를 모니터링해본 적이 있다. 그때도 역시 전화응대 부문에서는 종료인사가 잘 되지 않았는데, 대부분의 직원이 "네" 하면서 무심코 전화를 끊어버리는 것이었다. 직원들에게 왜 "감사합니다, 고맙습니다, 전화 걸어주셔서 감사합니다" 하고 산뜻하게 종료인사말을 하지 못하는가를 물었더니 뜻밖에 이런 대답이 돌아왔다. 상담을 잘해주고 나면 고객이 먼저 "잘 알았습니다. 정말 고맙습니다"라고 인사를 한다는 것이다. 그러면 직원들은 무심결에 "네" 하고 전화를 툭 끊어버리게 된다는 것이다. 그러니까 아이러니하게도 오히려 친절하게 상담을 잘해주었을 때 그럴 가능성이 더 높다는 것이다. 그렇다고 고객이 기분 나빠 하거나 종료인사를 제대로 하지 않았다고 불만을 드러낸 적도 없지만 회사나 조사업체에서 고용한 모니터 요원은 정해진 점검기준에 따라 나쁜 점수를 주고 있었던 것이다. 역시 고객의 만족도와 회사에서 정한 서비스 채점 기준, 그 중심이 뒤바뀌어버린 현상이다.

서비스는 매뉴얼이 아니다

공장에서 동일 규격, 동일 품질의 공산품을 만들어내듯이 서비스도 하나의 상품으로서 품질이 관리되어야 한다는 관점에서 볼 때, '인사는 어떻게 할 것인가, 전화는 어떻게 받을 것인가' 등 간단한 것에서부터 그 회사 고유의 서비스기준을 설정하고, 그 기준에 따라 실천하고 있는가까지를 주의 깊게 관리해야 한다. 이를 위해 기업들은 '일반상식에 비추어 불특정 다수의 고객에게 이러이러하게 하면 실례는 면한다'는 평균적 서비스를 제공하기 위한 매뉴얼을 만들어 교육시킨다. 그리고 이를 점검하기 위해 서비스 모니터링이나 품질보증 프로그램QA : quality assurance 을 실시한다.

그러나 이러한 평균적이고 표준화된 서비스기준은 고객 각자의 다양한 기대 때문에 본질적으로는 그다지 도움이 안 되는 경우가 더 많다. 서비스 표준화가 가져오는 대표적인 폐해, 이른바 '서비스 표준화의 부작용'에 관해서는 자동차보험회사에서 필자가 직접 겪은 서비스가 좋은 예다.

콜센터 상담원들에게도 표준화된 상담화법과 응대절차를 제시하는 스크립트script를 따르도록 교육한다. 그리고 표준화된 응대를 이행하는지 여부를 본사 QA 담당자가 모니터링하여 채점하다 보니 간혹 특정 상황에서는 더 좋은 서비스가 가능한데도 단순히 '표준화된 응대'에 따르고 마는 경우도 생긴다. 표준화된 응대를 위해 개별적 배려를 포기하는 것이다. 표준화된 매뉴얼은 일반적으로 모든 상황을 다 반영하고 있지 못하며 때로 더욱 유연성을 발휘하려는 직원들의 동기부여를 제한한다.

그러나 이러한 부작용이 있다고 해서 표준화된 상담과 응대 기준이 없어져야 한다는 말은 아니다. 상담원은 고객의 문의를 잘 듣고 대답해준 후에 "제가 더 도와드릴 일이 있을까요?"라는 질문으로 더 많은 서비스를 해주겠다는 의지를 밝힌다. 또 "다른 궁금하신 점이 있으신지요?"라는 추가질문은 고객에게 충성심을 갖게 하는 데 도움이 된다. 그리고 다음과 같은 질문들은 고객들을 한동안 생각하게 만든다.

"당신에게 가치 있다고 여겨지는 서비스 중에 현재 아무도 제공하지 않고 있는 것은 무엇입니까?"

"친구들과 저희 회사에 대해 이야기한 적이 있습니까? 뭐라고 말씀하셨습니까?"

이러한 질문은 그 자체로 충분히 가치 있는 일이기 때문이다.

최근 이러한 표준화가 가져오는 부작용을 해결하는 방법의 하나로 감성서비스 스킬에 대한 교육의 필요성이 논의되고 있다. 기존 서비스 프로그램이 고객만족을 위한 표준화된 응대 중심이었다면 감성서비스 프로그램에서는 다양한 상황을 부여하고 롤플레잉을 통해 감성서비스를 연습하게 한다. 물론 감성서비스를 위한 표준이란 것은 정해지기가 어렵다. 군이 말하자면 상황에 맞게 적절한 서비스를 제공함으로써 고객을 '편안하고 기분 좋게' 하는 것이 표준이라면 표준이다.

또한 감성서비스의 품질을 객관적으로 평가한다는 것도 불가능하다. 감성이란 개개인이 느끼는 것이며, 느낌이라는 것은 개인의 성격이나 취향에 따라 다르기 때문이다. 그렇더라도 그 수준을 측정하는 시도는 해 볼 수 있을 것이다. 우선 서비스가 발현되었을 때의 상담원의 행동은 어떻게 다른가에 대한 행동지표를 설정한다. 즉 우수한 감성서비스의 특징과 모습을 정의하는 것이다. 예를 들면 자신감이 느껴진다든지 긍정적인 태도가 느껴진다든지 고객을 정확히 이해해준다든지 고객을 친근히 대한다든지 하는 내용이다.

어떤 고객이 비밀번호를 변경하려고 전화를 걸었다.

고객　　아가씨 옆에 다른 상담원이 있소?

상담원　네, 다른 고객님과 상담중입니다. 그런데 무슨 일로 그러십니까?

고객	혹시 들을까 봐 그러지. 나중에 그 상담원 나가면 내한테 다시 전화 좀 해줄 수 있소?
상담원	헤드세트를 끼고 상담하기 때문에 저말고는 듣지 못합니다. 지금 말씀하셔도 됩니다.
고객	변경할 비밀번호는 (아주 작은 목소리로) ??????이오.
상담원	정말 죄송합니다. 다시 한 번 말씀해주시겠습니까?
고객	젊은 아가씨가 그것도 하나 제대로 못 알아듣소! (거의 속삭이듯) 123456이란 말이오.
상담원	(놀라서) 아니 123456으로 변경하신단 말씀입니까?
고객	(화들짝 놀라며) 이 아가씨가, 그렇게 크게 하면 어쩌요. 다른 걸로 해야겠네. 이번에는 따라하지 마소. (더 작은 목소리로) 234567로 해주소.

인터넷에서 본 '웃어야 할지 말아야 할지'라는 제목의 상담원 글을 옮겨보았다. 이 고객의 눈으로 보면 센스 있는 상담원이라면 고객의 비밀번호를 확인할 때 헤드세트를 끼었든 아니든 최소한 큰 소리로 말하지는 않아야 할듯싶다.

며칠 전 노트북에 인터넷을 연결해서 사용하고 있는데 갑자기 인터넷도 안 되고 실행 프로그램이 열리는 속도가 엄청 느려졌다. 어떻게 해야 할지 난감하여 A/S센터에 전화를 걸었다. 상담원은 남자였는데 음성도 아주 듣기가 좋은 미성인데다 사람을 정말 편안하게 해주는 게 단연 돋보였다. 필자가 잘 알아듣지 못해 반복해서 물어보고 프로그램이 정상속

도로 열리기를 기다리느라 족히 30분을 넘겨 상담이 진행되는데도 이 상
담원은 시종 차분한 어조로 쉽게 설명해갔다. 게다가 "고객님은 그래도
빨리 잘 따라하시는 편"이라면서 혹시라도 필자가 미안해할까 불안해할
까 중간중간 안심시키는 멘트를 잊지 않았다.

상담이란 바로 이처럼 인간적인 냄새가 물씬 나야 하는 것이다. 기계
적으로 설명만 해주는 것이 아니라 고객의 눈높이나 사정을 감안해야 한
다는 것이다. 많은 상담원들이 기계처럼 똑같은 톤으로 말하니까 오죽하
면 상담원들끼리 우스갯소리로 상담 5년차 이상의 목소리는 '음성 판독
불가 판정'이 난다라고 말할까.

고객의 고통을 따뜻하게 감싸안는 자세가 돋보인 어느 병원 이야기를
들었다. 병원에 입원해본 경험이 있는 분들은 병원이름을 도안한 환자복
을 기억할 것이다. 그렇다면 일산에 있는 '국립암센터'도 다섯 글자 중
한 글자가 '암'이니까 환자복에 '암'이란 말이 빼곡하게 붙어 있지 않을
까. 물론 아니다. 국립암센터의 심볼 마크는 파랑·빨강·초록·노랑의
만병초 나뭇잎을 형상화한 것으로, '깨끗한 물과 강렬한 태양의 힘으로
건강한 생명을 유지하여 행복한 삶을 누린다'는 의미를 담고 있다. 암환
자에 대한 세심한 배려와 건강한 삶의 복원을 기원하는 마음 씀씀이가
돋보인다. 이 병원의 환자복 서비스는 감성과 배려가 발현되었기에 가능
한 일이다.

미국 위스콘신대학교 매디슨캠퍼스 병원 직원들이 심장수술을 받은
환자를 대상으로 설문조사를 한 결과 환자들이 가장 많이 지적한 부분은
이런 것이었다. '수술 후 깨어났을 때 산소 마스크를 쓰고 있는 것을 보
고 깜짝 놀라고 겁을 먹었다.'

병원에서 이 수술을 할 때 경험하게 되는 일부분에 대해 미리 환자들에게 말해주지 않았던 것이다. "의사에 대해 어떻게 생각하느냐?"는 개방형 질문에 "수술 후 깨어났을 때 어떤 상황이 될지 수술 전에 알려준다면 얼마나 도움이 되겠습니까?"라는 질문을 덧붙였어야 했다.

컴퓨터가 아니고 상담원이 중심이 되는 행복한 콜센터, 규정이 아니고 문제해결이 중심이 되는 콜센터, 표준화된 매뉴얼이 아니고 상담원들의 감성서비스가 더 발휘되는 콜센터로 다시금 거듭나야 하지 않을까.

핵심 포인트

표준화된 서비스만으로는 다양한 고객의 기대수준을 충족시킬 수 없다. 감성서비스는 매뉴얼화된 서비스의 한계를 넘어 새로운 차원의 행복한 서비스를 약속한다. 서비스 표준이 정착되었다면 이젠 인간적인 냄새가 물씬 나는 서비스의 경지로 나아가라.

브랜드를
닦아내지 말라

한 은행에서 두 달 동안 한 직원이 금리에 대한 문제로 고객의 민원을 무려 4건이나 유발한 일이 발생했다.

A고객은 대출기간을 2년으로 안내받았는데 실제 대출을 받아보니 대출기간이 3년이고 금리는 5%라고 했는데 확인해보니 현재 8.81%였다. 금리가 너무 높아 상환하려고 했더니 중도상환 수수료가 있다고 하는데 이 담당직원에게서 중도상환 수수료에 대한 아무 설명도 듣지 못했다.

B고객은 이 은행에서 처음 대출을 받는 경우 금리가 6.04%라는 설명을 듣고 대출을 받아 다른 은행의 대출을 갚았는데 알고 보니 6개월만 유지되는 우대금리였다. 현재는 금리가 9.09%로 고객은 이 직원에게서 금리가 6개월만 우대된다는 설명을 전혀 듣지 못했다.

유심히 살펴보니 이것은 은행측의 부주의나 착오 때문이 아니고 한 직원이 단기간에 실적을 올리고 수당을 챙기려는 욕심에서 고의로 저지르고 튄(?) 사건이었다. 민원이 발생했을 때 이 직원은 이미 그만둔 뒤였기 때문이다.

한데 이보다 더 놀라운 것은 이 은행의 세일즈팀의 성격이었다. 팀원들은 은행직원이 아닌 일명 대출모집인으로, 은행과 고용관계는 없으면서 판매실적에 따라 수당을 받는 에이전트들이었다. 이 은행은 매월 100여 명씩 대출모집인을 선발해 상품에 관한 교육을 해오고 있었다. 당시까지 선발된 인원이 총 1천여 명이 넘지만 이들 가운데 1년을 넘기는 비율은 30%밖에 안 된다. 70%가 1년 이내에 그만두는 셈이다.

어느 은행 팀장과 점심을 먹으면서 알게 된 이야기다.

최근 금융감독 당국이 은행권의 주력상품인 '주택담보대출' 시장을 규제하자 새로운 수익원을 찾아나선 시중 은행들이 신용대출을 대폭 확대하고 있다. 개인신용대출은 주택담보대출에 비해 위험은 크지만 상대적으로 금리가 높아 은행에 큰 수익을 가져다주기 때문이다. 그러나 '사기를 당했다'고 허탈해하는 고객의 한숨소리는 그늘 한편에 가려 있다. 이 고객들은 기회가 있을 때마다 이 기분 나쁜 일을 주변에 이야기하며 욕을 하고 다닐 것이 뻔하다. 이렇게 벌어들인 이익은 결과적으로 은행의 신뢰와 명성을 손상시켜서, 즉 은행의 브랜드를 깎아낸 대가로 얻은 나쁜 이익인 것이다.

정도의 차이는 있을지라도 보험회사도 이런 고객이탈 현상이 있을 것이라고 짐작된다. 2006년 11월 말, 한 지상파 방송에서 '변액보험을 속여서 고객에게 판매하는 사건'을 특집으로 다룬 적이 있었다.

변액보험이란 보험가입자가 보험금을 납부하면 보험회사가 주식이나 펀드에 투자하여 수익을 내는 보험상품으로, 말 그대로 고객에게 돌려주는 금액이 수익률에 따라 변하는, 확정되지 않은 보험상품이다. 보험설계사들이 변액보험의 장점만을 부각시켜 '2년 동안 의무납입만 하면 원금과 수익금을 돌려받을 수 있다'고 소개하지만, 실제로는 2년 동안 의무납입한 후에도 5년이 더 지난 7년 뒤에야 원금을 보장받을 수 있는 것이다. 2006년 1/4분기에만 해약된 변액보험 건수는 14만 건으로 1년 사이에 10배 이상 급증할 정도로 피해사례가 속출하고 있다는 것이다.

물론 변액보험 상품 자체가 사기라는 말은 아니다. 변액보험의 단점은 숨기고 장점만 부각시켜서 제대로 설명하지 않고 판매하는 설계사들이 문제인 것이다. 변액보험은 펀드상품이 아닌데도 '보험회사에서 파는 펀드상품'으로 속이는 불완전판매가 문제라는 것이다. 화장실에 들어갈 때와 나올 때가 다르다고, 듣기 좋은 말로 유혹해서 가입만 시켜놓고 회사는 이익을 내고 설계사는 수당을 챙긴 후에 '나 몰라라' 하는 격이다. 그러나 결과적으로 이 보험사는 좋은 이익을 낸 게 아니다.

좋은 이익과 나쁜 이익을 구분하라

이익 중에는 회사에 장기적으로 독이 되는 나쁜 이익도 있다. 그러므로 무조건 많은 수익을 내기보다 '이익의 질'을 판별해내는 것이 더 중요하다. 나쁜 이익은 앞서의 사례에서처럼 비추천고객으로부터 발생하는 이익으로, 쉽게 말해 고객과의 관계를 해치면서 창출된 이익으로 정의할 수 있다. 즉, 터무니없이 높은 은행 수수료 등이 고객을 화나게 하는 나쁜 이익의 전형적인 사례다. 나쁜 이익 비중이 높은 기업이 앞으로 건실하게 성장하기를 기대하기는 어렵다. 비추천고객들은 회사로부터 부당한 대우를 받았다고 느끼기 때문에 구매를 줄이고 경쟁사로 옮겨갈 뿐만 아니라 주변 사람들에게도 해당 회사와 거래하지 말라고 열심히 말하고 다닐 것이다. 따라서 기업이 '지속적으로 성장'할 수 있는 방법은 고객에게 약속한 가치를 제공하고 고객을 기쁘게 하며 고객이 주변에 적극적으로 추천하게 만드는 것, 즉 '좋은 이익'을 추구하는 것이다.

다음으로는 유능하고 경험이 풍부한 직원을 내보내면서 서비스품질을 떨어뜨리는 대가로 회사에서 벌어들이는 나쁜 이익을 거론해야겠다.

최근 고객들은 회사와 접촉할 때 어느 특정 채널만 고집하기보다는 선택하는 순간의 조건에 맞춰 채널을 결정하는 경향이 짙다. 즉 고객이 영화 티켓을 구입할 때 회사에서 손쉽게 인터넷을 할 수 있으면 온라인으로 티켓을 구매하고, 외부에서 이동중이라면 가까운 매표소를 찾는다.

일반적으로 기업의 상담원이라면 신상품에 대한 문의말고도 예전의 상품을 구입한 고객의 문의에도 대답해야 한다. 금융기관도 이러한 경향에 비추어 고객이 원하는 상품과 서비스에 대한 전문지식을 갖추고 채널에 관계없이 고객의 욕구를 충족시켜야 한다. 어떤 채널이든 모든 상품에 대한 지식을 갖추고 고객접점에서 발생하는 다양한 요구를 꿰뚫는 역량이 상담원들에게 요구되는 것도 이 때문이다.

더욱이 이미 많은 정보가 인터넷 등을 통해 공급되고 있어서 똑똑하고 까다로운 고객이 많아졌다. 따라서 풍부한 경험과 역량을 갖춘 상담원이 그 어느 때보다 절실해지고 있다. 뛰어난 역량과 노련함으로 훌륭한 고객경험을 창출하는 것은 다름 아닌 이러한 인력이기 때문이다.

우량고객이 떠나면 회사가 큰 손실을 입듯이 노련한 상담원이 떠나는 것 역시 큰 손실인 것이다. 다시 직원을 충원해서 훈련하는 데 드는 비용도 적지 않지만 고객은 서투르고 어설픈 신입상담원의 연습 대역이 되어야 한다. 심지어 어느 콜센터는 2년 후에는 무조건 퇴사해야 하고 일정한 나이가 되면 더 이상 근무조차 할 수 없게 되어 있다. 구조조정이든 재계약 거부로 퇴사를 시키든 그것은 떠나는 상담원만 버리는 게 아니다. 그것을 지켜보는 남아 있는 직원들의 회사에 대한 충성심도 함께 버리는 셈이다.

'갈매기들의 파업'이라는 우화가 있다. 어린 갈매기들이 어부가 훈련시키는 대로 많은 고기를 잡아와 어부가 아주 만족스러워했다. 그러나 늙은 갈매기가 어린 갈매기에 비교가 되지 않을 만큼 고기 잡는 능력이 떨어지자 어부가 수프 재료로 써버렸다. 어린 갈매기들이 결국 파업을 했다.

'주인님, 우리가 젊고 고기를 많이 잡아올 때는 잘해주겠지만, 늙으면 저렇게 수프에 넣어버리지 않겠어요?'

인천에서 미용실을 3개나 경영하고 있는 원장 한 분을 만난 적이 있다. 그는 자기 숍의 직원 이직률이 업계평균에 비추어볼 때 가장 낮은 편이라고 자부심이 대단했다. 능력 있고 경험이 많은 헤어디자이너를 장기 고용해 최고의 품질로 고객 사이에서 유명해졌다는 이야기다.

긍정적 경험이 충성고객을 만든다

최근 고객의 관심사가 제품과 서비스 그 자체가 아니라 서비스와 관련된 여러 경험으로 옮겨가면서 새로운 가치를 찾아내는 일이 중요해지고 있다. 고객경험관리가 그 대표적인 것이다. 고객들의 경험 소비에 대한 욕구가 더욱 커지고 있기 때문이다. 고객은 더 이상 제품의 특징이나 편익에 대해서만 돈을 지불하려고 하지 않는다. 그들은 브랜드가 제공하는 독특한 생활양식과 제품을 사용하면서 얻는 총체적인 경험을 더 중요하게 생각한다.

예컨대 스타벅스의 커피는 일반 커피에 비해 다소 비싸지만 소비자들은 스타벅스가 제공하는 편안한 휴식, 최고급 원두커피, 사회적 교류라는 경험을 위해 스타벅스를 찾는다. 즉 스타벅스는 커피를 파는 것이 아니라 분위기와 장소를 팔면서 고객들이 기꺼이 지갑을 열게 하고 있다. 국내 어느 이동통신사에서 '최고의 고객경험을 디자인하는 굿타임 경영'이라는 캐치 프레이즈를 내걸고 있는 것도 이런 이유에서다.

고객경험관리customer experience management는 제품이나 서비스에 대한 고객의 경험을 체계적으로 관리하는 프로세스를 의미한다. 즉 기업이 제품의 구매에서부터 사용에 이르기까지의 모든 과정에서 서비스들을 하나하나 분석하고 개선하여 긍정적인 경험을 창출하도록 설계하는 것이다.

미국의 렌터카 회사인 엔터프라이즈사는 경쟁사에 비해 고객만족도 점수가 지속적으로 하락하자 그 원인을 찾고자 고객들의 자동차 렌트 경험을 100단계로 조각조각 분석했다. 그리고 각 단계별로 문제점이 발견되면 집중적으로 개선해 고객만족도 조사에서 업계 1위를 달성할 수 있었다. 한 예로 고객들이 렌트하는 데 걸리는 시간에 불만족하고 있다는 사실이 밝혀지자 회원에 한해서는 공항 내에 있는 렌터카 신청 부스에 들르지 않고 차를 바로 배정받을 수 있도록 하고, 차를 되돌려주는 장소에는 비행기 출발 시각표를 볼 수 있는 모니터를 설치해 비행기 탑승시간에 대한 스트레스를 줄여주었다. 결국 경험관리란 접점 하나하나를 고객 편의성과 총체적인 경험이라는 관점에서 설계하는 접점touch point관리다.

고객은 TV, 인터넷, 매장, 친구 등 수많은 접점을 통해 기업의 제품이나 서비스를 경험하게 된다. 이처럼 다양한 접점에서의 경험은 해당 기업이나 브랜드에 대한 로열티를 만들기도 하고 파괴하기도 한다. 따라서 기업은 다양한 접점에서 고객경험이 일관성 있게 제공되도록 경험의 질을 종합적으로 관리해야 한다. 일관된 경험이 제공되지 않으면 다양한 접점에서의 경험이 오히려 잡음이 되어, 기업이 의도했던 브랜드 메시지 전달에 실패할 수 있기 때문이다. TV광고에서는 우아하게 포지셔닝하고

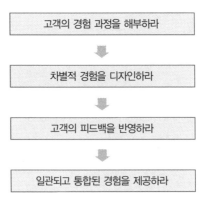

고객경험관리(CEM) 실행절차

고객의 경험 과정을 해부하라

차별적 경험을 디자인하라

고객의 피드백을 반영하라

일관되고 통합된 경험을 제공하라

도 매장에서는 과도한 판촉으로 '가격파괴' 행사를 벌여 고객에게 일그러진 이미지를 주는 경우가 한 예다.

요즘 많은 기업들이 활용하고 있는 CRM 역시 고객경험에 기반한 마케팅 기법이다. 데이터베이스상에 기록된 인적사항, 취미, 생일, 구매이력 등을 통해 최적의 고객경험을 제공하고자 하는 것이다. 예컨대 어떤 은행에서는 CRM을 바탕으로 연극을 좋아하는 우량고객의 생일에 공연 초대권 등을 보냄으로써 고객의 로열티를 높인다.

'고객은 언제나 옳다'고 외치면서 고객만족을 강조하는 기업들이 현장에서는 고객의 입장을 자의적으로 해석하고 정의하여 고객경험을 파괴하는 일이 종종 발생한다. 이러한 사례는 제품원가 절감 과정에서 쉽게 발견할 수 있다. 더 저렴한 가격으로 시장에 대응하는 데 집중한 나머지 고객에게 제공하는 자사 고유의 경험을 원천적으로 제거하는 불행한 사태를 초래하는 것이다.

국내기업들이 널리 활용하고 있는 CRM은 본래 그 목적이 고객과 장기적으로 관계를 맺는 데 있다. 즉 충분한 데이터를 바탕으로 고객을 식별하고 차별화된 서비스를 제공하여 자사에 대한 긍정적 경험을 축적하는 맞춤형 마케팅을 하겠다는 것이다.

그러나 우리나라 기업의 상당수는 성과주의를 추구하면서 당장의 매출 확대에 집중하고 있어, 고객과 장기적인 관계를 만드는 데 어려움을 겪는다. 즉 CRM을 통한 장기적 관계 형성을 뒤로하고 다양한 접점에서 일관되게 창출되어야 할 경험을 파괴하면서 오랜 기간 공들여 만든 브랜드 가치를 깎아내 단기적 성과나 이익을 만들고 있다는 것이다.

상담원을 신규채용으로 순환시킴으로써 봉급을 줄인다든가 불완전판매를 통하여 회사의 매출과 생산성을 높여서 단기간의 수익은 낼 수 있다. 하지만 이것은 고객의 경험과 회사의 명성, 브랜드를 대가로 한 것이다. 브랜드를 갉아낸 대가로 얻은 이익은 결코 오래가지 못한다.

핵심 포인트

고객경험관리는 곧 고객의 경험을 디자인하는 것이다. 이제 고객은 더 이상 제품과 서비스에만 돈을 지불하려고 하지 않는다. 브랜드가 제공하는 독특한 생활양식과 제품을 이용하면서 얻게 되는 총체적인 경험을 더 중시한다.

나만의
페덱스 효과를 만들자

콜센터 교육 중에 한 상담원으로부터 안타까운 이야기를 들었다. 그녀는 S사에서 탁월한 능력을 인정받았고 S사의 서비스 문화에 길들여져 있다. 그러나 이사를 하면서 S사를 그만두고 지금의 콜센터에 입사하면서부터 이곳 센터의 나쁜 문화에 젖고 말았다. 고객에게 거칠게 응대하는 일도 있었고 심지어 싸우기까지 했다. 내심으로는 '이러면 안 되는데' '내가 왜 이러지' 하고 스스로 자책하게 되었고 그러다 회사를 그만두어야겠다는 생각까지 하게 되었다.

그녀가 지금의 콜센터에 들어왔을 때 S사에서 했던 것처럼 하는 그녀를 다른 상담원들은 모두 이상하게 보았다. 뿐만 아니라 다른 상담원들로부터 날마다 '피곤하다, 지겹다, 짜증난다'라는 말을 귀에 못이 박히게 들었다. 그녀는 하루이틀 시간이 흐르면서 어느새 자기도 '정말 지겹다'고 말하고 있더라며 한숨을 쉬었다.

경영자를 대상으로 한 어느 세미나에서 토론이 마침 회사의 풍토와 전통이라는 주제에 이르렀을 때였다. 한 간장회사 경영자가 다음과 같은 이야기를 들려주었다.

장을 담그는 데 있어서 가장 고생스러운 시기는 창업 1년이다. 새 창고, 새 나무통, 새 도구, 가장 질이 좋은 콩, 솜씨 있는 일꾼 등 세세한 데까지 주의하여 장을 담근다. 첫번째 장이 잘 되느냐 잘못 되느냐가 기업의 성쇠를 가름하기 때문이다. 첫번째 장이 양질의 것이었으면 두번째 장을 양질의 것으로 만들기는 어렵지 않다. 그러나 첫번째에 실패하면 다음에 아무리 질이 좋은 콩을 썼다 하더라도 먼저의 나쁜 균이 스며들어 결국 나쁜 장이 되어버린다. 이 나쁜 균을 모조리 없애버리고 다시 순수하게 질이 좋은 장을 만드는 것은 여간한 노력으로 되는 일이 아니다. 물론 좋은 장을 나쁘게 만들기는 간단하지만. 회사의 전통이나 서비스도 이런 것이 아니겠는가?

맞는 이야기다. 매년 회사에서 우수한 직원을 뽑아 오랜 기간 상당한 경비를 들여 교육을 시켜 부서에 배치하지만 곧 기존 직원에 동화되어버리고 만다. 좋은 장을 나쁘게 만들기는 너무 쉽기 때문이다. 이것은 회사의 풍토나 서비스문화, 한마디로 바람직스러운 기업문화를 정립하는 일이 얼마나 중요한가를 웅변한다.

푸르덴셜보험의 라이프 플래너 자격요건도 그 맥락이 같다.

- 정규 대학교(4년) 이상의 학력
- 직장(개인사업) 경력 2년 이상
- 보험회사 경력자는 제외

처음에 장을 잘 담그어야 하듯이 입사 때부터 타 보험회사 경력자를 배제함으로써 자사만의 기업문화를 확실하게 만들어나가겠다는 의도가 선명하다.

간장회사 사장의 이야기를 끄집어낸 것은 다름 아니라 필자가 콜센터를 처음 만들 때의 자세와 마음가짐에 관해 이야기해보고 싶어서이다.

은행에서 콜센터를 새로 만드는 일을 맡게 되면서 필자는 두 가지를 생각했다. 창업 1년에 대한 생각이 그 첫째요, 한국의 콜센터에 페덱스 효과Fedex effect를 만들어내겠다는 욕심이 그 둘째였다.

> 고객은 항상 떠나갈 준비를 하고 있는 사람으로 간주하라.

여러 번 보험판매왕에 올랐던 한 생명보험 팀장과 대화를 나누다 들은 이 말에서 필자는 깊은 인상을 받았다. 고객이란 당신의 현재 서비스에 만족해서 평생고객이 되어줄 사람이 아니라 더 좋은 제품, 더 유익한 정보, 더 만족스런 서비스를 제공해줄 곳을 찾는 사람이라는 뜻이다.

사랑이란 매력적인 사람을 만났을 때 시작되는 것이 아니다. 질투를 느꼈을 때 '사랑에 빠지는' 것이다. 잃게 될듯할 때 비로소 깨닫는 것이 사랑이다. 고객을 빼앗기기 전에 깨닫고 상대의 존재에 계속 감사하는 것을 사랑이라고 한다.

고객의 요구와 기대는 만족한 상태로 남아 있지 않으며 더 좋고, 더 싸고, 더 빠른 것을 좇아 항상 변화한다. 한때 새롭다고 느꼈던 제품과 서비스에 익숙해지면서 소비자들의 기대도 변화한다. 스튜어트 드 브뤼커는 이를 '고객경험 요인' 때문이라고 설명한다.

그의 분석에 따르면 어떤 제품이나 서비스에 대한 기대가 높아질수록 고객은 자신의 요구를 더욱 분명하게 깨닫고 이를 만족시켜줄 수 있는 다양한 방법을 찾게 된다.

고객은 모두 똑같지 않으며, 기대가 높아지면서 이들의 요구와 동기도 함께 변한다. 백화점이건 의류 브랜드건 '타 매장에서 만족한 고객은 지금까지 잘 거래하던 브랜드에 당장 불만을 갖는다'는 것이다. 이것이 고객경험 요인이다.

다음과 같은 두 종류의 고객을 생각해보자. 한쪽은 경험이 많지 않은 일반인으로 특정 제품이나 서비스에 대해 아는 게 별로 없다. 또 다른 쪽은 경험이 많은 수준 높은 고객으로 매우 까다롭게 구매를 하며, 브랜드 가치가 높은 제품이나 서비스에 상당히 친숙하다. 요즈음 우리가 마주치고 있는 가장 중요한 현상 중 하나는 고객만족에 미치는 '비교효과'의 중요성이다. 이를 '페덱스 효과'라고 부른다.

페덱스가 우편물을 바로 다음 날까지 처리하겠다는 약속을 일상적으로 실행하기 전까지는 배달속도가 얼마나 중요할 수 있는지 고객들도 미처 깨닫지 못했다. 그러나 이제 페덱스의 신속한 배달은 다른 모든 우편과 택배 서비스의 표준이 되었다. 어느 곳이나 페덱스를 따라하기에 이른 것이다.

어느 한 분야의 세계적 서비스 수준은 다른 모든 분야에서 고객의 기대수준에 영향을 미치고 있다. 페덱스의 스피드, 디즈니의 친절, 리츠칼튼 호텔의 고품격 서비스는 하나의 표준이 되어 다른 산업 분야의 서비스에까지 영향을 미치고 있다. 이제 사람들은 이렇게 생각한다. '페덱스나 제너럴 일렉트릭의 콜센터가 벨이 두 번 울리기 전에 전화를 받을 수 있다면 내가 거래하는 은행이나 병원, A/S센터, 세탁소는 왜 그렇지 못한가?'

페덱스가 미국에만 16개의 콜센터를 두고 있으며, 3,500명의 상담원이 고객의 전화를 2초 안에 받을 확률이 90%이고, 택배서비스를 '다음날 오전 배달'의 기대수준으로 표준화시켜버렸듯이 한국 콜센터에 대한 고객의 기대수준과 비교기준이 되게 하는 이른바 '한국의 페덱스 효과'를 필자가 만들어내고 실험해보고 싶었던 것이다.

1985년 출판 이래 숱한 경영학 교과서에 소개되고 서비스 관련 서적에 인용되고 있는, '고객 서비스 분야'에서 가장 영향력 있는 고전 『서비스 아메리카』(칼 알브레이트 · 론 젬케 지음) 개정판을 번역하고 나서 필자 딴에는 우리나라의 서비스 경영에 이바지했다는 자부심을 느꼈다. 오랜 기간은 아니지만 콜센터 분야에서 일한 사람으로서 이 분야에서 우리나라 콜센터 서비스를 업그레이드하는 선구자가 되고 싶었다. 그러한 생각으로 필자가 해본 몇 가지 실험은 이런 것이다.

- 콜센터 상담원을 일반 신입행원과 똑같은 기준과 대우로 채용한다.
- ARS 등 자동화된 서비스가 아니라 전문상담원이 직접 응대한다.
- 하루 몇 통의 전화를 받았느냐가 아니라 '얼마나 서비스품질이 높았느냐'만으로 상담원의 성과지표를 평가한다.

● 고객 질문에 응대하는 단순한 상담이 아니라 혜택이 많은 상품과 유익한 정보를 종합적으로 컨설팅하는 문제해결형 서비스를 제공한다.

핵심 포인트

서비스품질이 개선되지 않는 이유는 '기준 이하의 실행을 방치'하기 때문이다. 먼저 비교기준을 통일적으로 실행하는 것, 그것이 바로 새로운 '페덱스 효과'를 창출하는 선결 조건이다.

고객을
영업사원으로 만들어라

경기도 이천에 있는 어느 그룹의 연수원은 강의차 필자가 자주 들르는 곳이다. 이 연수원은 고객접점의 개념을 도입해서 강사나 연수원생들이 어떠한 불편도 느끼지 않고 좋은 인상을 지니고 떠날 수 있도록 배려하는데, 이런 연수원은 어디서도 본 적이 없었다. 생각나는 대로 기억을 더듬어보면 이런 식이다.

- 차가 정문에 도착하면 "장정빈 교수님이시죠. CS 관리자 과정은 ○○동에서 진행됩니다"라고 인사한다.
- 여러 번 왔기 때문에 연수시설을 훤하게 알고 있는데도 정문에서부터 해당 건물까지 안내원이 오토바이를 타고 앞장선다.

- 해당 건물 앞에는 진행자가 미리 연락을 받고 기다리고 있다. 비가 내리는 날 차문을 열어주면서 비에 젖지 않도록 우산을 받쳐주는 모습은 가히 인상적이었다.
- 진행자가 대기실로 안내한 다음 "오늘도 녹차를 드시겠습니까?"라고 묻고는 차를 대접한다.
- 진행자가 연수생의 특성과 지금까지의 과정에 대해 설명한다.

이러니 이 연수원을 다녀온 모든 강사들이 입에 침이 마르도록 칭찬하는 것은 당연하다. 연수원은 렌터카를 이용하여 강사들의 교통편의를 제공하는데 한번은 좀 언짢은 기사를 만났다. 강의시간이 촉박하지 않은데도 고속도로에서 차선을 이리저리 바꾸며 얼마나 난폭운전을 하는지 불안해서 눈을 붙일 수가 없었다. 더구나 차 안은 지저분하고 기사가 애연가였는지 담배냄새가 잔뜩 배어 있어 담배를 피우지 못하는 필자는 고통스럽기 짝이 없었다. 연수원에 도착해서 바로 연수 진행자에게 렌터카의 불만사항을 털어놓았더니 대번에 "렌터카 회사에 연락해서 교육을 철저히 시켜 바로 개선하도록 조치하겠습니다"라고 시원스레 대답해 주었다.

그런데 '교육을 철저히 시켜서'란 부분에서 필자 생각은 좀 다르다. 우리는 직원에게 어떤 문제점이 드러나거나 고객민원이 발생하면 바로 '철저한 직원교육을 통하여 문제점을 바로잡겠다'는 생각부터 한다. 심지어는 교육훈련을 징계수단으로 삼는 회사도 있다. 오랜 경험으로 볼 때 교육훈련은 잘못을 저지른 직원을 '고치는' 도구로 사용되어서는 안 된다. 직원의 자존심에 큰 상처를 주는 일이기 때문이다. 물론 문제점을 개선하기 위한 직원교육이 선행되는 것이 맞다.

그러나 해당 렌터카 회사를 통하건 직접 교육을 하건 교육훈련의 효과가 지속적으로 유지되려면, 즉 서비스가 완벽하게 이루어지기 위해서는 반드시 이를 측정하고 평가하는 시스템이 병행되어야 한다. 교육은 지속성을 확보하는 유일한 수단이 될 수 없다. 서비스를 측정하고 평가해야 실천력 있는 관리가 가능해진다는 말이다. 이 회사의 서비스를 확실히 바꾸기 위해서는 이 렌터카를 이용했던 고객들에게 몇 가지 질문을 하면 된다.

- 시간에 맞추어 도착했습니까?
- 기사가 예의를 갖추었고 친절했습니까?
- 차량 내부와 외부가 청결했습니까?
- 기사가 난폭운전을 하지 않았습니까?

서비스문제는 이런 몇 가지 기준으로 렌터카 기사의 서비스를 측정하고, 이 평가결과를 해당 회사와의 재계약과 렌터카 이용료에 반영하면 지속적인 이행력을 갖게 되어 충분히 개선될 수 있다.

평가는 고객이 한다

이러한 경험과 생각에 근거해서 필자는 수년 전부터 콜센터가 고객 한 사람 한 사람과의 대화가 소중한 가치를 지니는 'Care Center', 곧 고객을 섬기고 돌보아주는 곳으로서 기능을 다하기 위해서는 서비스에 대한 고객의 평가도 함께 이루어져야 한다고 생각해왔다. 그리고 그 평가결과가 상담원의 급여나 인사에 반영되어야 한다고 생각했는데 이에 대한 관리자들의 반대가 만만찮았다. 일반적으로 관리해야 할 서비스 지침과 기준은 QA에 의해 모두 측정되고 있다는 것이 그 이유였다.

앞에서 설명한 대로 QA는 콜센터 서비스의 일관성과 고객의 신뢰를 확보하는 수단으로서, 또한 회사가 제공하기를 기대하는 서비스수준에 상담원이 얼마나 부응하는지를 측정하는 수단으로서 콜센터만의 탁월한 관리도구임에 틀림없다. 그러나 QA만으로는 아직 부족하다고 생각한다. QA라는 내부평가 기준이 아니라 외부고객의 느낌과 만족이 더욱 중요한 관심사가 되어야 하기 때문이다.

좀 더 극단적인 표현을 쓰자면 '회사 내부에서 정한 QA 기준에 도달하건 미흡하건 모든 것이 고객의 평가에 달려 있다'는 것이다. 고객이 '좋다'고 하면 그것은 우수한 서비스이다. 고객이 쓸모없다고 말하면 그것은 나쁜 서비스인 것이다. 고객이 운동화가 발에 안 맞는다고 하면 그것은 안 맞는 것이다. 주인이 "당신 발이 몇 센티미터이고 운동화가 몇 센티미터이니까 틀림없이 당신 발에 맞아야 한다"고 주장하는 것은 어리석은 일이다. 고객이 이 운동화를 신었을 때 불편하면 그것은 불편한 것이다. 서비스는 과학이 아니라 느낌이기 때문이다.

우리는 다음과 같은 방식으로 고객만족도를 조사해보았다. 상담원이 전화를 끝내면 미리 녹음된 자동응답장치를 통해 상담원의 친절 여부·업무지식·전반적인 만족도를 다음 쪽의 시나리오와 같이 고객에게 묻는 것이다.

상담에 대한 고객만족도 조사 시나리오

상담원 멘트

고객님, 저희 콜센터에서는 상담업무에 대한 고객님의 소중한 의견을 듣고자 합니다. 1분 정도 소요될 수 있습니다. 연결해드려도 괜찮겠습니까?

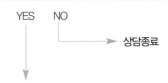

YES   NO

상담종료

콜센터 상담에 대한 만족도 조사에 응해주셔서 대단히 감사합니다. 다음 문항에 대해 만족은 1번, 보통은 2번, 불만은 3번을 눌러주십시오.

1. 상담원이 친절하다고 생각하십니까?
  ① 만족   ② 보통   ③ 불만

2. 문의내용에 대한 상담원의 답변에 만족하십니까?
  ① 만족   ② 보통   ③ 불만

3. 상담서비스에 대해 전반적으로 만족하십니까?
  ① 만족   ② 보통   ③ 불만

설문에 응해주셔서 대단히 감사합니다. 저희 은행 콜센터의 서비스를 개선하는 데 소중한 자료로 활용하겠습니다.

여기에는 빠졌지만 "저희 은행의 상품을 추천하시겠습니까?", "저희
은행에 대해서 다른 분에게 어떤 말씀을 하고 싶습니까?"라고 더 물을
수도 있을 것이다. NPS순추천고객수나 NSAT 같은 고객만족도 조사방법에
대한 세간의 관심이 높아지고 있기 때문이다.

고객은 최일선 영업사원이다

마이크로소프트사는 고객 및 파트너와의 유대관계를 측정하는 방법
으로 NSAT net satisfaction라는 독특한 지표를 개발해 사용하고 있다.

$$NSAT = VSAT(very\ satisfied) - DSAT(dissatisfied) + 100$$

곧 '매우 만족한' 고객에서 '매우 불만족한' 고객을 빼서 100을 기준으
로 해서 100 이하면 불만고객이 많은 것이고, 100이 넘으면 충성고객이
많은 것으로 본다. 중간으로 응답한 고객은 실제 매출이나 이익에 영향
을 미치는 상관관계가 희박하므로 계산에 넣지 않는다.

은행이나 기업체에 서비스 컨설팅, 강의 등의 일로 직업상 많은 출장
을 다니면서 필자는 여러 회사의 서비스를 주의 깊게 관찰해왔다. 기분
나쁜 서비스와 기분 좋은 서비스를 수없이 경험했지만 고객서비스를 개
인 차원에서 경험한 것이든 직업상 관찰한 것이든 하나의 공통점이 있음
을 알게 되었다. 즉 서비스를 제공하는 기업은 자기 회사가 고객에게 훌

룽하게 서비스를 하고 있다고 생각하고 있고, 반대로 고객들은 그 회사의 서비스가 형편없다고 생각하고 있다는 것이다.

컨설팅업체인 베인이 최근 전 세계 362개 기업의 임원들을 대상으로 조사한 결과도 역시 그렇다. 응답자의 95%는 "우리 회사는 고객지향적인 전략을 사용하고 있다"고 대답했다. 또 80%의 기업은 자기 회사가 경쟁사보다 우수한 상품, 차별화된 서비스를 고객에게 제공한다고 믿고 있는 것으로 나타났다. 하지만 고객들의 인식은 기업들과는 천양지차였다. "당신과 거래하는 기업이 경쟁사보다 차별화되고 우수한 상품과 서비스를 제공하고 있느냐"는 질문에 대해 응답한 고객의 8%만이 "그렇다"고 응답했다.

이런 차이가 생긴 원인은 기업들이 '고객만족 경영'을 소홀히 했기 때문이 아니라 그간의 고객만족도 조사가 고객의 마음속에 숨어 있는 로열티를 끄집어내는 데 한계를 갖고 있었기 때문이다. 기존의 고객만족도 조사는 질문 자체가 모호할 뿐 아니라 고객이 실제로 어떻게 행동하는지, 앞으로 어떻게 행동할지를 분석하고 예측하는 데 큰 도움을 주지 못한다. 최근의 조사결과에 따르면, 기업과 거래를 중단한 고객의 60~80%가 직전에 실시된 고객만족도 조사에서 '만족한다'거나 '매우 만족한다'고 답했다.

더 중요한 점은 고객만족도 조사결과가 기업의 이익, 성장 등 성과관련 지표와 별 상관관계가 없다는 것이다. 그래서 만족 또는 불만족 같은 단순한 답변으로는 알아내기 힘든 고객의 속내를 파악하기 위해 고객에게 단도직입적으로 "당신이 거래하는 기업을 주변 친구나 동료에게 추천하겠느냐"고 물어보는 것이다.

미국 렌터카업계 1위인 엔터프라이즈사의 CEO 앤디 테일러는 "사업을 성장시킬 수 있는 유일한 방법은 고객들이 우리 물건을 한 번 더 사게 하고 친구들에게 우리 물건을 사라고 얘기하게 하는 것이다"라고 말한다.

충성심 높은 고객층을 많이 갖는 것은 모든 기업의 지상목표다. 충성심이 높은 고객은 여간해서는 다른 회사 제품에 눈길을 주지 않고, 익숙해진 기업의 제품을 반복적으로 재구매한다. 또 주변 사람들에게 상품이나 서비스품질이 "정말 좋더라"며 구전 효과를 일으키는 최일선 영업사원 역할도 한다. 대기업에서 동네 구멍가게에 이르기까지 '고객이 최고'라는 슬로건을 내세우면서 단골고객을 더 많이 확보하려고 노력하는 것도 바로 이러한 경제적 효과 때문이다.

상담 종료 후 이런 방식의 고객만족도 조사결과를 바탕으로 상담원 성과급에 일정 비율 반영하는 방법도 바람직하다고 생각한다. 무엇보다 고객으로부터 만족한다는 피드백이 신속하게 이루어지면 상담원 스스로 동기부여가 될 것이다. 또한 상담원들 사이에서 선의의 경쟁을 촉진시킬 수 있다. '함께 겨룰 때 기록이 좋아지는' 것은 스포츠에서뿐만 아니라 조직사회에서도 마찬가지로 통하는 진리이기 때문이다.

'사람의 본성이 어떠하냐'를 두고 맹자는 성선설을, 순자는 성악설을 주장했지만, 필자 생각은 인간은 원래 선한 마음과 악한 마음을 동시에 가지고 태어나는데 출생과 성장환경에 의해 어느 한쪽으로 자연스럽게 치우치게 된다는 것이다.

외환위기 이후 변화·경쟁·고객으로 대표되는 경영환경 속에서 직장인들을 움직이게 하는 원동력은 무엇인가? 나뿐만 아니라 대부분의 평범한 사람들의 행동에 비추어보면 성악설 쪽이 더 무게가 나가는 듯하다.

예수는 '원수를 사랑하고 핍박하는 자를 위해 기도하라'고 가르쳤고, 소크라테스는 '악법도 법'이라면서 독약을 먹고 죽었듯이 성현과 수도자 같은 비범한 사람들은 누가 뭐라 하든, 보상이 따르든 말든 자기 신념과 철학에 따라 행동했다. 그러나 기업에서 조직생활을 하는 평범한 사람들은 자기 신념과 철학보다는 조직이 평가하고 보상하는 대로 움직이는 법이다. 경영학에서 가르치는 경영의 핵심도 보상정책과 인정과정을 통해 비범한 일을 하게 하는 것이 아니던가.

세상에서 제일 실패하기 쉬운 것이 의식개혁운동이고 순식간에 효과가 없어지기 쉬운 것이 교육훈련이다. 사람들은 쉽게 바뀌지 않는다. 대다수 평범한 사람을 바꾸기 위해서는 측정과 평가, 경쟁원리를 도입한 인정과 보상 그리고 시스템이 뒷받침되어야 한다. 성과를 측정하고 선의의 경쟁을 유도하고 성과와 경쟁에 대한 과실이 돌아가게끔 하면 사람은 누구나 자연스럽게 변하게 되어 있다. 콜센터에서 상담원을 확실히 바꾸는 방법은 올바른 기준으로 고객 만족도를 평가하고 경쟁원리를 도입하여 그 경쟁의 과실을 충분히 돌려주는 것이다.

핵심 포인트

내부기준보다 고객이 말한 것을 더 중시하라. 고객의 진심은 만족도조사로는 드러나지 않는다. NPS는 고객이 기업을 어떻게 평가하는지 액면 그대로 보여준다. NPS를 높이는 방법은 경쟁의 과실이 직원들에게 돌아가도록 하는 데 있다.

1 2 3
4 5 6
7 8 9
* 0 #

콜센터는
회사의 심장이다

숨어 있는
1인치를 찾아라

〈애니 기븐 선데이 Any Given Sunday〉라는 영화에서 미식축구팀 마이애미 샤크의 감독인 토니 디마토(알 파치노 분)는 많은 팬들에게 깊은 감명을 준 명대사를 날린다.

"어떤 일요일에는 질 수도 있고 어떤 일요일에는 이길 수도 있다. 중요한 건 어떻게 사내답게 지고 이기느냐다."

또한 알 파치노가 선수들에게 이렇게 말하는 장면이 있다.

"인생에서도 게임에서도 성패를 판가름하는 것은 숨어 있는 1인치다. 우리는 사방에 숨어 있는 1인치를 찾아야 한다."

이 영화를 보면서 '숨어 있는 1인치를 찾아라'라는 LCD TV광고 카피가 생각났다. 같은 가격에 '1인치 더'라는 차이 때문에 이 LCD는 그해

꽤 많이 팔렸다고 들었다. 어느덧 CRT의 시대가 가고 LCD의 시대가 도래했지만 10년 전만 해도 15인치 CRT 모니터와 17인치 모니터의 가격 차이는 거의 2배 수준이었다. 2인치가 무려 2배의 부가가치를 창출한 것이다.

이처럼 기업에서 같은 제품을 만들더라도 세계적인 명품을 만드는 일류회사와 그저 평범한 수준의 제품밖에 만들지 못하는 이류회사 사이에는 사소해보이는 차이가 엄청난 성과차이를 만들어낸다.

프로야구에서 타율이 0.35인 선수는 0.25인 선수보다 12번의 타구 가운데 한 번 더 안타를 칠 뿐이지만, 연봉에서는 엄청난 차이가 난다. 실례로 미국 프로야구 선수를 보자. 타율이 0.250인 타자는 12번에 3번의 안타를 치고, 타율이 0.333인 선수는 12번에 4번의 안타를 만들어낸다. 그러나 타율 0.250인 타자의 평균 연봉은 17만 5천 달러인 반면 타율이 0.333인 타자의 연봉은 150만 달러이다. 또 역시 야구경기에서 1루에서 아웃되거나 세이프 되는 선수 중 열에 아홉은 불과 20센티미터 차이로 죽고 사는 것이 결정된다. PGA 투어에 자주 출전하는 프로골퍼들의 통계를 보면 1위와 50위 사이에서는 전체 시즌을 통틀어 한 라운드당 1타 차이도 나지 않는다고 한다. 올림픽 100미터 육상경기에서도 마찬가지다. 올림픽 100미터 육상경기에서 우승과 2등은 불과 0.01초의 차이밖에 나지 않지만, 한 사람은 영웅이 되고 다른 사람은 이름조차 기억되지 못한다.

이처럼 사소해 보이지만 큰 성과를 만들어내는 핵심을 마케팅과 세일즈 분야에서는 '바이탈vital 기능'이라고 표현하고 있다. 그리고 이 바이탈 기능을 10% 개선하면 1년에 판매성과가 2배로 향상된다고 한다.

사람의 몸도 그렇다. 건강진단 결과 비만, 고혈압, 높은 콜레스테롤 수치 등이 문제인 한 환자에게 의사는 하루에 1~2킬로미터씩 걷기운동을 하라고 조언했다. 매일 2킬로미터씩 규칙적으로 걷기운동을 하면 심장기능이 향상되고 신진대사도 활발해져 몸무게가 줄면서 빠르게 건강을 되찾을 수 있다고 판단한 것이다. 사실 신체는 하나의 시스템이므로 한 가지 기능이 향상되면 다른 기능도 덩달아 좋아지기 마련이다.

사람의 행동 가운데 95%는 습관의 영향을 받는다. 처음에는 어색했던 것도 몸에 배면 아주 자연스러워진다. 아인슈타인이 "학교에서 배운 것을 모두 잊고 난 다음에도 남는 것이 바로 교육이다"라고 했는데 정말 그렇다는 생각이 든다. 몸에 배어 잊혀지지 않는 것이 진정한 스킬이기 때문이다. 사소하고 평범한 일을 잘해내는 것이 평범한 일이 아니듯이 콜센터에서 세일즈나 서비스를 할 때 습관으로 만들어야 하는 몇 가지를 생각해보기로 하겠다.

결정적인 한마디 '매직 워드'를 찾아내라

콜센터에서는 아웃바운드나 인바운드 모두 사전에 다듬어진 스크립트를 활용하는데, 대개 경험이 풍부한 상담원들이 초안을 만든다. 그리고 몇 사람이 의견을 나눈 다음 다듬어서 모두에게 배부하고 롤플레잉을 시킨다. 그런데 그 스크립트라는 게 콜센터에 오래 근무하지 않은 내 눈으로 보아도 전문가다운 세련미나 심리학적으로 설득하는 요령 따위는 거의 묻어 있지 않다. 조금 거칠게 말하면 고객과 대화를 이끌어가는 흐름도flow-chart일 뿐 고객의 마음을 움직이는 결정적 단어, 즉 매직 워드 magic word가 없는 것이다. 앞서 설명한 광고카피를 빌리면 '숨어 있는 1인 치'가 없다는 말이다.

예를 들어 우리나라의 경우 해마다 국민의 약 20%가 이사를 다니며, 휴대폰의 교체주기는 평균 18개월도 안 된다. 이처럼 자주 바뀌는 주소나 전화번호 등 고객정보를 갱신하느라 은행이나 통신회사들은 매년 캠페인을 벌인다. 캠페인 때마다 상담원들이 정해진 대로 통화 말미에 "주소, 전화번호, 이메일이 바뀌었는지 확인해드리겠습니다"라면서 하나하나 물으면 고객은 수동적으로 응답만 한다.

필자 역시 자동차보험회사 상담원과 그런 경험이 있다.

"고객님, 바쁘시지만 몇 가지 더 여쭙겠습니다."

"나 지금 바쁘니까 간단하게 물어보세요."

"고객님 집 주소는 양천구 목동…인데요, 맞습니까?"

"네."

"현재 몇 킬로 정도나 타셨습니까?"

"3만 4천 킬로미터인데요."

"결혼기념일은 언제입니까?"

"2월 27일입니다."

"취미는 무엇입니까?"

"짬이 날 때면 운동을 하는 편입니다."

"무슨 운동을 좋아하십니까?"

콜센터를 경험했고 콜센터에서 강의하는 사람인지라 어지간히 인내심을 발휘했건만 이쯤에서는 내 급하고 못된 성격이 기어이 도지고 말았다.

"아가씨! 나도 말 좀 하게 해주시오. 꼭 형사 앞에서 취조받는 느낌이네요."

화를 내며 퉁명스럽게 끊어버렸지만 우리 직원들도 이런 전화를 할 것이고 필자 자신도 가끔 고객에게 전화를 걸어본 사람으로서 한편으로는 그 상담원에게 많이 미안했다. 누구나 몇 번쯤 텔레마케터의 전화에 시달려보았겠지만 특히 최근 들어 이런 전화가 부쩍 많아졌다. 정말 취조받는 느낌이 들고, 내 대답이 채 끝나기도 전에 상담원은 화면상의 상담흐름도에 따라 다음 질문을 쏟아내기 때문에 고객이 차분하게 말할 기회가 없다.

짐작하건대 이 상담원은 회사측으로부터 하루 몇 명의 고객에게 전화를 걸어 고객관리에 필요한 정보를 얻어내라는 목표콜수나 할당량을 받았을 것이다. 이 상담원에게 필자가 짜증을 낸 것은 '귀한 시간 써가며 내가 왜 이 상담원의 질문에 꼬박꼬박 답해야 하는지'를 나 자신이 모르고 있기 때문이었다.

고객에게 정보를 요구할 때는 고객인 내 쪽에서 먼저 가치 있는 정보를 그 회사에 제공함으로써 앞으로 회사로부터 더 좋은 서비스와 혜택을 누리게 될 것이라는 생각이 들게 해야 한다. 그러기 위해서는 무엇보다 '왜' 이런 질문을 하는지를 항상 먼저 설명함으로써 고객의 거부감을 줄여야 하는데 이 상담원은 그 점을 까맣게 모르고 있었다. 고객이 거부감을 느낄 수도 있다는 점을 고려했다면 상담원은 가령 아래와 같은 식으로 물었어야 했다.

"차체나 일반부품은 3년 주행거리 6만킬로미터까지 무상 A/S 보증기간입니다. 현재 주행거리는 몇 킬로미터까인지요?"

"혹시 결혼기념일을 잊으신 적은 없으신지요? 사모님께 축하전보를 보내드리고 싶습니다. 결혼기념일은 언제지요?"

"여러 가지 이벤트 행사가 있을 때 고객님께 초대장을 보내드리고 싶습니다. 야외극장 무료티켓을 보내드리기도 합니다. 지금 주소가 양천구 목동… 인데, 맞는지요?"

"저희 서비스가 고객님께 잘 전달되도록 주소나 전화번호가 바뀌시면 미리 알려주실 수 있겠습니까?"

아웃바운드 TM 직원이든 대출을 상담하는 직원이든 고객이 질문에 대답해주어야 하는 이유와 어떠한 서류와 신상정보를 제공해야 하는 이유를 먼저 말해주지 않는다. 자동차보험회사 상담원도 질문 이유를 먼저 설명하고, 즉 "야외극장 무료티켓을 보내주려는데…" 하면서 접근했더라면, 필자도 '고객에게 신경을 많이 쓰고 있구나' 하면서 기꺼이 모든 정보를 제공하고 '괜찮은 회사'로 기억해두었을 것이다.

동료에게 사소한 부탁을 할 때도 마찬가지다. "5분 후에 고객과 약속이 있어서 급한데 이거 복사 좀 부탁해도 될까요?"라고 하면 쉽게 들어줄 것이다. 상대방에게 "전화번호를 남겨주시겠습니까?"보다는 "들어오시면 빨리 전화를 드릴 수 있도록 전화번호를 남겨주시겠습니까?"라고 하면 쉽게 전화번호를 불러주게 되어 있다.

뉴욕시립대 심리학 연구실에서는 실제로 이런 실험을 한 적이 있다. 원고를 복사하는 일이었는데 "급한데 이 원고를 복사해주세요"라고 부탁했더니 60%의 사람이 부탁을 들어주었고, "대단히 급한 복사인데요,

얼른 부탁합니다" 했더니 90%의 사람이 응해주었다고 한다. 이 실험은 '사람들은 결단을 내리는 데 근거가 되는 적절한 이유를 설명해주면 상대편의 부탁을 훨씬 잘 들어준다'는 것을 실증적으로 보여준다.

고객에게 부탁할 때 이유를 덧붙이는 것은 심리학적으로 '마음을 움직이는 숨어 있는 1인치'가 되는 것이다. '왜냐하면' '크게 이익을 주는' '보장하는' 바로 지금' '안전한' '손쉬운' 같은 말은 스크립트 곳곳에 숨어 있는 1인치, 즉 매직 워드로서 시의적절하게 활용해봄직하다.

그렇다고 이러한 매직 워드가 꼭 '단어'만으로 국한되는 것은 물론 아니다. 페덱스의 백 오피스back-office, 거래기록을 정리·보관하는 곳 직원이 요금 청구상의 문제를 발견하고 개선한 사례를 보자.

페덱스는 일반적으로 고객이 배달을 요청한 물품의 무게에 따라 요금을 산정한다. 당연히 무거울수록 요금이 비싸진다. 그러나 배달요원이 바쁘다 보면 고객이 체크한 무게가 맞는지 제대로 확인하지 못하고 배달하는 경우가 종종 발생한다. 페덱스 입장에서 이것은 그대로 이익의 상실로 돌아온다.

요금청구서 서비스를 담당한 한 직원은 전체 3만여 명의 배달요원으로 구성된 네트워크를 일일이 조사해 무게를 제대로 확인하고 있지 않은 지점들을 찾아냈다. 그리고 해당 지점에 근무하는 배달요원들에게 무게 확인을 소홀히 함으로써 발생하는 문제를 인식시켜주었다.

또 다른 직원은 해결방안이 제대로 수행되고 있는지를 확인할 수 있도록 요금청구서를 확인하는 시스템을 구축했다. 페덱스는 이러한 작은 아이디어 실행을 통해 1년에 210만 달러의 추가이익을 얻게 되었다. 페덱스의 서비스와 수익을 개선시킨 숨어 있는 1인치는 바로 직원의 아이디어와 제안이었다.

또 이러한 사례가 있다. 항공회사나 철도회사, 호텔 등도 마찬가지겠지만 특히 음식점에서 손님이 예약을 하고 나타나지 않는 문제는 골칫덩어리가 아닐 수 없다. 예약한 고객수만큼 미리 음식재료를 사서 준비해두어야 하는데 손님이 오지 않을 경우 저장할 수가 없기 때문이다.

어느 음식점 주인은 이런 문제를 해결하기 위해 직원들에게 이런 지시를 내렸다. "'변경사항이 있으면 연락해주시기 바랍니다'라는 말을 쓰지 말고 '변경사항이 생길 경우 미리 연락해주시겠습니까?'라고 물은 다음 고객의 대답을 받으십시오." 그 결과 예약해놓고 나타나지 않는 손님의 비율이 30%에서 10%로 뚝 떨어졌다고 한다. 고객에게 약속을 구했을 때 고객은 일단 자기 입으로 음식점과 공식적으로 약속을 하게 되면 일관성의 법칙에 따라 약속을 지킬 가능성이 크게 증가한다는 심리학적인 1인치를 찾아낸 것이다.

그렇다면 콜센터에서도 고객에게 부드럽고 세련된 '의문의뢰형'을 활용해서 "주소나 전화번호가 바뀌면 저희에게 알려주실 수 있는지요?"라고 부탁하고, 고객으로부터 "그럴게요"라는 응답을 듣도록 스크립트나 롤플레잉을 설계할 필요가 있는 것이다.

드라마틱한 표현을 생각하라

맥도날드에서 판촉 차원에서 '똑같은 버거 두 개를 사면 하나는 반값'에 준다는 광고를 내보낸 적이 있다. 예컨대 한 개에 3,100원짜리 빅맥

두 개를 사면 그중 하나를 1,650원에 주겠다는 것이다. 그러나 햄버거 두 개 값 전체로 보면 25% 할인해주는 셈이다. 하지만 대개의 소비자가 '반값'이란 말에 솔깃해서 15초에 불과한 광고 방영시간에 실제 할인율을 제대로 계산해내지 못하고 순간적으로 50% 할인이라고 착각할 수도 있다.

사실 멤버십카드를 갖고 있거나 신용카드 제휴업체의 매장에 가면 25% 정도는 얼마든지 할인받을 수 있다. 이런 마당이니 25% 할인이라는 문구는 소비자의 눈길을 끌기에 역부족이라고 판단한 맥도날드에서 25%보다 더 큰 '반값'이라는 매직 워드로 소비자에게 파고든 것이다.

긍정형으로 질문하고 양자택일형으로 압박하라

주유소에서도 아쉬운 경험을 한 적이 한두 번이 아니다. 판매원들이 잘 웃고 인사도 잘하고 작은 선물도 주고… 서비스는 나무랄 데 없는데 세련미가 없다. 고객을 설득하는 심리전술을 활용해 판매성과를 높이는 세일즈 교육이 부재하기 때문이다. 판매원이 주유구를 열어달라고 부탁하면서 "얼마나 넣어드릴까요?"라고 물으면 고객 대개가 "5만원어치요", "7만원어치요"라고 금액을 정할 가능성이 크다. 그러나 "가득 채워드릴까요?"라고 물으면 "그러세요"라고 할 고객이 훨씬 많아질 것이다. 이 작은 말 한마디의 차이가 10%의 매출액 증가를 결정하리라고 믿는다.

필자가 한때 맡고 있었던 콜센터는 고객이 상담원들을 통해 정기예금,

정기적금을 들 수 있게 되어 있다. "매월 2만원에서부터 10만원까지 형편대로 불입할 수 있습니다. 10만원으로 해드릴까요?"

이 역시 의도한 1인치를 찾아서 자연스럽게 질문하도록 설계한 예이다.

양면제시법으로 설득하라

요리를 해본 주부들은 잘 알겠지만 단맛을 가장 잘 내기 위해서는 설탕만 넣어서는 안 된다. 약간의 소금을 집어넣어야 단맛이 더 좋아진다. 다른 사람을 칭찬할 때도 좋지 않은 면을 살짝 언급해야 장점이 더 부각되는 법이다.

거의 모든 회사의 상품 카탈로그나 콜센터의 TM 직원 그리고 세일즈맨의 설명은 한결같다. "우리 회사 상품이 경쟁사 것보다 좋고 최고의 조건과 혜택을 보장한다"는 식이다. 제품의 단점이나 주의사항은 거의 언급하지 않는다. 그런데 우리가 고객의 입장이라도 이런 설명서나 상담원의 말을 전적으로 믿을 수 있을까?

이제 고객의 수준은 날로 높아지고 있고 인터넷에 친숙해진 최근에는 고객이 오히려 때로는 더 많은 정보를 갖고 있다. 그런데도 대부분의 세일즈맨은 장점만을 강조하고 조그만 단점조차도 인정하려 들지 않는다. 그러나 솔직하게 일부 단점도 인정하는 게 오히려 고객의 마음을 움직이기가 쉽다.

좋은 점, 우수한 기능만을 강조하여 상품을 구입하도록 설득하는 방법을 '편면제시법'이라 하고, 장점과 단점을 동시에 설명하되 약간의 단점은 있지만 다른 훌륭한 장점들이 그것을 훨씬 능가한다는 식의 설득방법을 '양면제시법'이라 한다. 둘 중 어느 쪽이 더 설득력이 있느냐 하는 점에서는 일반적으로 양면제시법이 더 효과가 크다고 알려져 있다.

고급승용차의 비싼 가격을 부담스러워하는 고객에게 "우수한 성능에 비해 비싸지 않습니다"라고 말하는 것과 "비싸다고 생각할 수 있습니다만, 국내 중형차보다 두 등급이나 상위인데도 일반 중형차 가격입니다. 가치에 비해 싼 차입니다"라고 말하는 것은 전혀 다르다.

이러한 '1인치'는 꼭 아웃바운드 텔레마케터의 스크립트만을 두고 하는 말은 아니다. 대화법이나 제도, 시스템에서 바이탈 기능을 하는 작은 1인치를 추려내서 큰 결과를 만들어가는 마인드를 갖추어야 한다는 말이다.

핵심 포인트

고객의 마음을 움직이는 '숨어 있는 1인치'

- 매직 워드를 찾아라
- 드라마틱한 표현을 생각하라
- 긍정형으로 질문하고 양자택일형으로 압박하라
- 양면제시법으로 설득하라

임파워먼트를
실행하라

기업경영은 흔히 오케스트라 악단에 비유된다.

"오케스트라 지휘자는 자기는 정작 아무 소리도 내지 않습니다. 그는 다른 이들로 하여금 얼마나 소리를 잘 내게 하는가에 따라 능력을 평가받습니다." 보스턴 필하모니의 지휘자 벤 젠더가 한 말이다. 많은 기업들에서 상사가 부하직원을 믿지 못해서, 권한을 빼앗길까 두려워서, 고객들에게 트집을 잡힐까 봐, 혹은 방법을 몰라서 임파워먼트 empowerment를 못하는 경우가 많다.

극단적인 통제는 조직의 탄력을 빼앗는다. 극단적인 방임 또한 조직을 게으르게 만든다. 가장 좋은 방안은 바로 임파워먼트이다. 이것을 우리말로 옮겨서 단순히 '권한위양'이라고 번역하는 것으로는 좀 부족한 느낌이다. 임파워먼트는 사전 그대로 풀이하면 조직에 '힘power'을 공급하는 것'이다. 그러기 위해서는 권한위양을 통하여 직원들이 일일이 상사의 결재를 받지 않고도 일을 할 수 있는 재량권을 주어야 한다. 호텔의 청소부가 자신의 판단으로 작은 수리를 할 수 있고, A/S요원이 웬만한 부품 교체는 상급자의 허락 없이 고객에게 그 자리에서 처리해줄 수 있어야 한다.

리츠칼튼 호텔 직원들은 고객의 불편을 감지하는 즉시 문제해결을 위해 아무 경로를 거치지 않고 바로 그 자리에서 최고 2천 달러를 지출할 권한을 갖고 있다. 이러한 신뢰 속에서 직원들은 책임감과 주인의식을 가지고 최선을 다해 고객에게 봉사하므로, 회사는 종업원 만족과 고객만족이라는 선순환을 거쳐 큰 이익을 거두게 된다.

커피 한 잔에 방금 먹은 점심값 정도를 투자하고 있는 스타벅스의 고객들은 줄서서 기다리면서도 지루해하거나 화내지 않는다. 자신의 차례가 왔을 때 충분히 보상받을 수 있기 때문이다. 스타벅스의 슐츠 회장은 이렇게 말한다.

"매장의 종업원들은 회사의 심장과 영혼일 뿐만 아니라 바로 회사를 나타내기도 한다."

슐츠가 생각하는 사업 성공의 열쇠는 고객을 최우선시하는 것이다. 그래서 스타벅스는 고객을 최우선으로 대접하는 종업원의 열정, 전문성, 근무환경, 조직문화를 가장 중시한다. 이러한 경영철학으로 인해 스타벅스의 종업원은 모두가 명실상부하게 한 가족으로 대접받고 있다. 종업원들은 고객의 어떠한 요구에도 '무조건 "예"라고 대답하라Just Say Yes'고 교육받는다. 이 한 문구로 더 이상의 말이 필요없게 하는 스타벅스의 서비스정신은 고객과 종업원이 티격태격하는 삼류 서비스 현장과는 뚜렷하게 구별된다. 스타벅스는 종업원들에게 많은 것을 요구하지 않는다. 고객 앞에서는 무조건 '예'가 먼저다. 'Just Say Yes'라는 서비스철학을 고수하기 위해 회사는 방패막이가 되어 종업원이 대답한 모든 것에 책임을 져준다. 이것이 바로 브랜드 가치를 확보하기 위한 스타벅스 경영진의 리더십 방향이다.

반면 리츠칼튼 호텔이나 스타벅스와는 완전히 대조를 이루는 관청이나 기업의 콜센터도 있다. 해마다 연말쯤이면 바빠지는 곳이 몇 군데 있다. 은행을 비롯한 금융권, 신용카드회사, 학교, 국세청 등이 대표적으로 할 일이 많아지는 곳이다. 언젠가 '연말정산 설명은 해드리지만 우리의 공식견해는 아닙니다'라는 제목으로 국세종합상담센터의 상담사례가 모 신문에 큼지막하게 보도된 적이 있다. 그후로 어떻게 개선되었나 궁금해 직접 전화를 걸어보았다. "안녕하십니까, 국세종합상담센터입니다. 전화상담은 세법에 관한 전문적인 지식을 가진 상담관들의 의견으로서 국세청의 공식견해는 아님을 유의하시기 바랍니다"라는 안내멘트가 아직 그대로 흘러나왔다.

국세종합상담센터는 세금과 관련된 모든 사항을 상담할 수 있도록 국세청이 설치한 공식창구면서도 '답변이 국세청 공식 견해는 아니다'라는 것이다. 왜 이런 안내말을 해야 했는지 이해되는 측면이 없지는 않지만 "국세청이 상담해준 내용대로 고객들이 일을 처리했다가 피해를 볼 경우 아무 책임도 지지 않겠습니다"라는 말과 똑같지 않은가.

한 가지 덧붙이자면 이 사례를 싣고 '서비스정신 부족과 책임회피에 급급한 태도'라고 지적한 이 신문 자체도 외부인사의 칼럼이나 기고문을 신고는 끝줄에 고딕체로 꼭 이렇게 적어놓는다는 것이다.

"본 내용은 회사의 편집방향과 일치하지 않을 수 있습니다."

필자가 모르는 다른 속뜻이 있는지 모르겠지만 생방송 인터뷰도 아니고 데스크에서 사전에 자사의 편집 방향과 일치하는지 여부를 검토할 수 있을 텐데 말이다. 역시 이 글귀가 눈에 띌 때마다 책임회피가 아닌지 의아해지는 것이다.

'어려울 때 힘이 되어주는 친구'라는 광고로 친숙한 교보생명 콜센터 직원들은 서비스정신에 대해 이러한 신념을 가지고 있다.

"우리는 상담원을 고객서비스 대표자란 뜻에서 CSR이라고 부릅니다. 상담원은 고객과 상담하는 순간부터 회사를 대표하기 때문입니다. 상담원의 말 한마디 한마디는 바로 회사의 말입니다. 고객은 상담원 개인과 상대하는 것이 아니라 회사와 상대하고 있다고 믿고 있습니다."

다른 회사의 콜센터에서도 역시 상담원들을 CSR이라고 부르고 있었다. CSR은 customer service representative, 즉 '회사를 대표해서 고객에게 서비스를 제공하는 직원'이라는 의미다.

그렇다면 위에서 말한 국세종합상담센터의 경우는 어떠한가. 상담원들이 실수할까 봐 구두로 묻고 답하는 것은 공식견해로 인정할 수 없고 국세청의 직인이 찍힌 서류만 인정한다면 납세자들은 혼란을 겪을 수밖에 없다. 물론 너무 복잡해서 상담원들이 바로 답하기 어렵거나 충분한 검토나 유권해석이 필요한 경우가 예외적으로 발생할 수는 있겠지만 모든 상담에 이런 전제를 붙여서는 곤란할 것이다.

콜센터장을 할 때도 이런 경험이 있었다. 상담원들이 대출이나 상속절차 등에 관해 상담해놓고 나서 "대출가능 여부, 대출가능금액, 필요한 서류 등이 지점에 따라 달라질 수 있으니 다시 점포의 창구직원과 상담해 주시기 바랍니다"라는 멘트를 꼬박꼬박 달고 있었다. 물론 스크립트에는 없는 말이다. 사정을 알아보니 이랬다.

콜센터에서 상담을 받은 고객이 지점창구로 직접 찾아가서 "왜 상담원들에게 들은 내용과 다르냐"며 항의하는 일이 많아서라는 것이다. 이런 항의를 자주 듣게 되자 지점의 정규직원들이 힘없는 계약직 콜센터 상담원에게 "네가 책임지라"고 폭언을 하는 경우가 생겨 상담원들이 궁여지책으로 생각해낸 자기방어용 멘트였던 것이다.

일관성 있는 고객경험을 창출하라

하나의 '통합된 고객경험'을 창출하는 것이 콜센터 서비스의 중요한 차별화 포인트라는 것은 앞에서도 몇 번 강조한 바 있다. 고객 입장에서는 채널에 관계없이 일관된 서비스를 제공받아야 하고 그럴 때 고객만족도가 극대화되기 때문이다. 지금은 어느 회사의 콜센터를 가보더라도 상담사례별로 업무처리 흐름도와 고객상담용 스크립트가 정교하게 개발되어 있다. 이것은 고객이 직접 찾는 대리점·지점·센터의 창구직원의 응대나 이메일을 통한 응대나 모두 동일한 내용이어야 한다. 기업에 이메일로 문의했을 경우와 전화로 문의했을 경우, 서면으로 문의했을 경우 각각의 서비스 수준과 답변내용이 다르다면 고객은 무척 혼란스러울 것이다. 또 정확한 상담을 받으려면 어떤 채널을 선택해야 하는지 고민할 것이다.

특히 다이렉트 보험, 다이렉트 뱅킹, 홈쇼핑 등 인터넷과 콜센터가 고객과의 유일한 채널인 곳들은 콜센터 상담원의 신속한 의사결정과 책임감 있는 서비스가 절대적인 곳이다.

어느 다이렉트 보험의 콜센터장이 말한 대로 회사를 대표하는 것은 상담원이다. 더구나 대리점이 없는 다이렉트 보험사의 상담원들은 고객에게 회사를 대표하는 유일한 접점이며 최종 의사결정권자이다. 상담을 끝내면서 모든 의사결정이 끝나고 상담원이 모든 결정에 책임지게 되어 있다. '다음에 전화 드리겠습니다', '상사와 의논해보고 나중에 연락 드리겠습니다'라는 말은 있을 수 없다는 것이다. 정말로 인상적이지 않은가.

수익을 올리는 콜센터를 만들어라

기업에서는 콜센터와 다른 영업조직 간의 연계가 이루어지지 않아 콜센터 상담 중에 발생하는 다수의 영업기회들을 놓치는 경우가 허다하다. 콜센터가 영업조직과 어떻게 연계해서 고객을 통합적으로 관리하고 수익센터로서 역할을 할 수 있는지 사례를 보자.

집과 사무실, 심지어 휴대폰에까지 시도 때도 없이 배달되는 DMdirect mail과 문자메시지, 텔레마케터의 전화공세 때문에 고객들은 짜증이 솟구친다. 그러나 이런 방식의 마케팅은 오히려 회사에 대한 고객의 충성도를 떨어뜨리는 역효과를 낼 수도 있다. 고객이 원하는 타이밍과 니즈를 맞추지 못하기 때문이다. 국립호주은행의 사례를 통하여 콜센터가 어떻게 고객만족을 통해 수익을 극대화시키는지를 보자.

국립호주은행은 고객의 거래 타이밍과 니즈를 포착할 수 있는 거래를 '이벤트event'라고 부르고 있으며 매일 저녁 7시 이후 자동추출하고 있다. 예를 들어 2만 달러 이상 거래, 1년 거래금액의 80% 입출금, 만기 대출 문의 등과 같은 거래나 상담이 이벤트가 된다. 예를 들어 어느 날 5천 건의 이벤트가 추출되었다면 이벤트별 대응전략에 따라 각 채널별로 건수를 할당한다. 가령 콜센터에서 1천 건, DM 2천 건, 점포에 1천 건, 본부 마케팅 직원 200건, 다음 날 연락건수 800건 등처럼 말이다.

어느 날 30년 동안 거래해온 72세의 할머니가 1만 5천 달러를 출금한 사실을 알게 되었다. 이 고객은 평소 거액거래가 없었던 터여서 이 거래는 자동적으로 이벤트로 파악되었고 콜센터로 할당되었다. 다음 날 콜센터 담당자는 전화를 걸어 고객의 손녀딸이 2개월 뒤 결혼한다는 것과 결혼선물로 손녀딸이 살 주택을 구입하는 데 필요한 계약금으로 6개월치 월세를 미리 대납하기로 했다는 사실을 확인했다. 담당자는 곧 해당지역 영업점에 이 사실을 알렸고 영업점에서는 고객의 손녀딸과 예비신랑을 만나서 주택대출·주택저당 대출·당좌예금·신용카드·자동차론 등을 판매했다. 결국 이 할머니의 1만 5천 달러 인출을 단서로 해서 영업 타이밍과 고객의 니즈를 찾아냈고, 영업점과 연계하여 특별한 제안과 도움을 제공함으로써 고객만족과 수익 확대라는 두 마리 토끼를 한꺼번에 잡은 것이다.

반면 콜센터와 다른 부서의 연결 프로세스가 끊어지게 되면 결국 좋지 못한 고객경험을 만들어 고객만족도를 저하시킬 뿐 아니라 수동적인 상담원을 만들어내는 원인이 되기도 한다. 복잡한 문의가 많아지면서 상담원 혼자서는 문제 해결이 힘든 경우가 왕왕 발생한다. 이럴 때 고객에게 더욱 만족스런 답변을 제공하기 위해서는 다른 부서의 협조가 필수적이다. 하지만 상담원 개개인이 고객의 문제를 신속하게 해결하기 위해 본부부서의 업무내용과 담당자를 찾아내기가 쉽지 않다. 이때 본부부서에서 할 일이 지점이나 대리점 직원들이 고객과 관련해 요청하는 서비스들을 통합적으로 지원하는 본부조직, 즉 '내부지원을 위한 콜센터'를 설치하는 것이다. 상담원이나 점접직원이 고객에게 신속하게 관련부서를 안내할 수 있게 하는 것이다.

실제로 최근 병원에서는 각 병동, 각 과별로 단절되어 있는 프로세스 문제를 해결하는 방편으로 서비스 코디네이터를 두어 환자 중심의 서비스를 제공하고 있다. 서비스 코디네이터가 상주하면서 처음 온 환자들이 자신이 어느 과로 가야 할지 쉽게 알 수 있고, 복잡했던 수속이나 예약을 손쉽게 할 수 있을 뿐 아니라 궁금한 문제를 언제라도 문의할 수 있게 되었다. 환자 한 사람 한 사람에게 일종의 '개인 매니저' 역할을 해주는 셈이다. 내부직원을 위한 콜센터, 즉 본부의 Help Desk가 지점 직원 · 대리점 직원 · A/S센터 기사 · 콜센터 상담원의 코디네이터가 되어줌으로써 연결 프로세스가 끊어져 세일즈와 서비스가 나빠지는 것을 예방해야 한다.

지능화된 맞춤서비스를 제공하라

국내기업들의 콜센터는 모두 수동적이고 단순한 상담서비스를 제공함으로써 '비용만 잡아먹는 서비스센터'cost center 가 아니라 '능동적으로 돈을 벌어들이는 차별화된 수익센터'profit center를 지향하고 있다고 말하고 있다.

대부분의 콜센터는 상담원에게 전화가 연결되기 전에 고객이 전화버튼으로 입력하는 계좌번호나 주민번호 등의 정보를 이용해 고객의 신원을 확인하는 자동번호식별시스템을 갖추고 있다. 다른 한편으로 자동번호식별시스템을 CTI*와 연결시킴으로써 전화를 걸어온 고객을 식별하는 데서 그치지 않고 고객의 문제를 가장 잘 해결할 수 있는 상담원에게 콜을 연결하는 '능력 중심'의 콜 라우팅*call routing을 하는 선진적인 콜센터까지 있다.

필자는 한 달에 두어 번 정도는 업무적인 용건을 겸해서 경주여행을 간다. 경주까지는 KTX가 없기 때문에 매번 고객센터를 통하여 동대구에서 다시 연결되는 기차편을 예약한다. 고객센터는 회원카드번호와 네 자리 비밀번호를 한꺼번에 누르게 하는 간편성이 돋보인다. 바로 이름을 불러주는 인사말도 상냥하고 좋은 편이다. 초기 CTI기술에 의한 개인화된 상호작용 기능을 잘 활용하고 있는 셈이다. 그러나 한 가지 더 얘기하자면 오늘날의 고객은 이런 정도의 개인화에는 만족하지 않는다. 필자에게는 적어도 동대구행 KTX와 연결되는 항상 같은 시간대의 철도편을 이번에도 이용할 것인지 묻고 예약가능 여부를 바로 알려줄 수 있어야 한

＊CTI(computer telephone integration) 말 그대로 전화기술과 컴퓨터기술을 통합한 것이다. 컴퓨터원리의 응용프로그램과 콜call을 처리하는 교환기가 상호 연결되어 각종 콜과 데이터를 동시에 처리하는 솔루션을 제공한다.

＊콜 라우팅 ACDautomatic call distributor 내에서 걸려온 전화를 어디에 보내야 할지를 사용자가 지정하는 일종의 경로선택장치.

ACD(automatic call distributor) 계속적으로 걸려온 전화를 해당 시점에서 비어 있는 곳이나 다음 응대를 위해 대기하는 상담원에게 균등하게 분배하는 장치.

다. 늘 다음날 저녁에 돌아오는 필자의 귀경일정을 알아보고 밤에 들러볼 수 있는 여행지 정보를 덧붙여준다면 더 이상 바랄 것이 없을 것이다.

요즘은 어느 피자회사나 대표전화로 전화를 하면 가장 가까운 피자가게로 연결된다. 그런데 피자회사만큼 콜센터를 마케팅에 잘 활용하고 있는 업체도 드문 것 같다. 고객의 구매이력 데이터베이스에 근거하여 치밀하게 세일즈 활동을 하고 있기 때문이다. 고객이 콜센터에 전화를 하면 컴퓨터가 고객 전화번호를 식별하여 과거에 무엇을 주문했는지, 언제 주문했는지가 모두 화면에 뜬다. 상담원은 이것을 보고 피자종류를 추천할 수 있다. 기름기 많은 피자를 좋아하는 고객에게는 그와 비슷한 신상품을 권하거나 세트 메뉴를 권한다. 어느 고객이 한두 달 피자주문을 안했다면 다른 가게로 간 것이 틀림없다. 이럴 경우 아웃바운드 콜을 통해 불편했던 것을 물어보거나 할인이나 이벤트 기간을 소개한다.

오늘날의 개인화된 맞춤서비스는 이처럼 고객에 대한 정보를 바탕으로 한다. 고객 문의 처리에서 상품 추천에 이르기까지 고객은 기업이 자신에 대한 모든 것을 알기를 원한다. 더 나아가 미래의 행동까지 예측하는 지능화된 서비스를 원하고 있다. 아내의 생일을 기억해서 그에 맞는 선물을 추천해주고, 보유한 상품의 라이프 사이클에 따라 사전에 능동적으로 정보를 제공해주는 것이다. 이와 같이 개인화된 고객응대는 고객의 지갑점유율을 더 높일 뿐만 아니라, 충성도 높은 고객을 확보함으로써 기업의 이윤을 극대화하는 계기가 될 것이다. 이를 위해서는 고객에 대한 모든 것을 기억할 뿐만 아니라 고객의 미래행동에 알맞은 이벤트를 제시할 수도 있어야 한다.

그러나 콜센터에서 고객과 접촉하면서 수집한 정보나 고객의 니즈가 어느 피자회사나 택시 운전사의 메모처럼, 리츠칼튼 호텔의 고객기호카드처럼 축적되어서 개인별 맞춤서비스로 제대로 활용되고 있는가는 의문이 아닐 수 없다. 부가서비스를 신청하러 대리점이나 A/S센터를 방문한 고객에게 콜센터의 수집정보나 해당 고객의 상담이력을 활용한 것이 매출액을 높이는 데 도움이 되는가를 분석해볼 필요가 있다.

축적된 고객정보는 세일즈에서뿐만 아니라 앞서 설명한 일관된 경험 품질을 유지하는 데도 활용되어야 한다. 또한 점포 · 콜센터 · 본부 간에 칸막이를 허물고 접촉채널이 어디든 간에 고객이 일관된 경험을 얻을 수 있도록 회사 전체에서 공유되어야 함은 물론이다.

핵심 포인트

고객경험을 통합하라. 이메일과 웹, 전화 등의 채널에서 개인별 상담이력을 바탕으로 일관된 서비스를 제공하는 것이 고객만족도를 극대화한다. 그러기 위해서는 임파워먼트, 즉 상담원을 최종결정권자로 만들어야 한다.

전화만으로는
2% 부족하다

어느 홈쇼핑업체에 서비스품질 인증심사를 나가 그 회사 사장과 점심을 먹으면서 시간가는 줄 모르고 많은 얘기를 나눈 적이 있다. 사장의 고민은 크게 두 가지였다. 하나는 반품률과 취소율이 높은 것이고, 다른 하나는 고객의 주문 및 상담 전화가 한꺼번에 폭주해 직원이 감당하기에 너무 벅차다는 것이다.

그런데 필자가 놀란 것은 상품의 취소율과 반품률의 합계가 2006년도 한 해에만 무려 35%가 넘는다는 것이었다. 100만원어치를 팔았다면 24만원어치는 배송하기 전에 고객이 주문을 취소하고, 11만원어치는 제품이 맘에 들지 않아 다시 반품한다는 것이다. 그나마도 고객접점(반송, 배송 등)에서의 불만율 지표를 혁신적으로 감소시킨 결과라고 했다.

결국 실제매출액[Total 전환율＝주문－(취소＋반품)/주문]은 65%인 65만원이 되는 셈이다. 의류의 경우는 이보다 더 심해서 전환율이 40%대라고 했다. 생각해보니 연간 매출액이 6천억원인 이 홈쇼핑에서 1%만 전환율을 높이더라도 대략 60억원의 순매출 개선효과가 생기는 셈이다. 물론 회사는 이 점에 착안하여 여러 부문의 다양한 개선활동을 전개하는 동시에 '전환율 개선 노력도'를 각 사업부문과 직원들 성과지표에 반영하고 있었다.

필자는 이렇게 조언했다.

"전환율 자체만 보지 마시고 고객만족도가 높아지는 추세를 함께 지켜보십시오. 그러한 서비스품질 개선 노력의 결과가 전환율 향상으로 이어지는지가 더 중요합니다. 그렇지 않으면 영업직원들이나 콜센터 상담원들은 취소나 반품을 줄이기 위해 고객에게 책임을 돌리거나 회사 규정을 내세우며 고객과 악착같이 싸워 이기려 들 것입니다. 회사는 당연히 반품률을 줄이고 싶겠지만 반대로 고객은 반품을 가장 잘해주는 홈쇼핑을 선택합니다."

TV 홈쇼핑 채널을 보면 상품을 광고하는 내내 "주문이 폭주하여 상담원 연결이 잘 안 되니 ARS 자동주문을 이용해주십시오. 자동주문을 이용하시면 ○○○원을 할인해드립니다"라는 내용이 자막으로 흐르거나 쇼호스트가 상품 소개 틈틈이 ARS를 이용해 주문하도록 유도한다.

그런데 이 홈쇼핑 사장님에 따르면 이런 가격할인제도도 전화 주문건수를 줄이는 데는 아무런 도움이 안 된다는 것이다. 많은 고객이 ARS 전화를 통한 주문으로 가격할인을 받고 나서는 다시 전화로 상담원을 찾아 자기 주문이 제대로 접수되었는지를 확인하기 때문이라는 것이다. 주문만 그러는 것이 아니라 배송일자 확인이나 취소 같은 경우에도 마찬가지 현상이 벌어지는데 해결방법은 의외로 간단했다고 한다. 주문승인과 동시에 주문내역을 휴대폰 문자서비스를 통해 알려주고 택배사와 협력하여 배송예정일을 이메일이나 휴대폰 문자서비스로 알려주는 것이었다. 휴대폰 문자와 이메일, 팩스라는 수단을 이용해 전화 음성이라는 무형성 無形性 ·비저장성 서비스에 유형적 단서를 제공했기 때문이다.

보이는 서비스, 보이지 않는 서비스

서비스가 갖고 있는 가장 중요한 특징인 무형성에 대해 잠시 설명해보기로 하자.

고객이 받는 서비스는 마치 노래를 듣거나 축구를 관람할 때 느끼는 감동과 같아서 대부분의 서비스는 그 결과를 유형으로 남기지 않는다. 물론 식당에서의 서비스와 같이 유형적인 요소(음식)가 포함되는 예외가 있기는 하지만 그 자체는 본질적으로 무형적인 것이다. 이 무형적 특성 때문에 서비스는 승용차처럼 미리 성능을 시험해보거나 만져볼 수도 없어 고객이 서비스를 선택하거나 평가하는 데 많은 어려움을 느낀다. 따라서 고객들은 사전에 최대한 눈으로 확인할 수 있는 단서를 가지고 그 서비스를 판별하려 한다. 즉, 고객은 보이는 단서clues들을 찾게 되고 그래서 기업은 일부러 훌륭한 서비스로 보일 수 있는 단서를 제공하게 된다. 에버랜드 정문에서 근무하는 직원은 '당신을 환영합니다'라는 (눈에 보이지 않는) 기쁜 마음을 직원들이 (눈에 보이도록) 두 손을 흔들어 표현하고 있다.

때로 고객은 유리컵에 금이 가 있거나 종업원 앞치마에 얼룩이 묻어 있는 것을 보고 '음식이 청결하지 않을 것' 이라고 지레짐작하고 발길을 돌린다. 많은 사람들이 음식점 앞에 줄을 서 있으면 맛있는 음식점일 것이라고 판단한다. 따라서 매장을 구성하는 모든 것이 고객의 눈에 드러나는 물적 증거이므로 이런 사소한 모든 증거들을 소홀히 하지 말아야 한다. 글자가 몇 획 떨어져나간 간판, 먼지가 낀 유리창, 얼룩이 남은 식탁, 주방장의 흐트러진 머리 등은 '우리의 제품과 서비스는 형편없습니다'라고 광고하는 현수막과 같다. 그러므로 이런 눈에 보이는 작은 것들을 항상 비범하게 관리해야 한다. '고객을 쫓는 것은 호랑이나 곰이 아니라 바로 모기나 파리'기 때문이다.

SMS를 통해 정보 제공 및 사고 방지 차원에서 무형적 서비스를 유형화하는 사례는 은행이나 보험 등 금융업 쪽에서도 흔하게 볼 수 있다. 최근 급성장하고 있는 다이렉트 보험이 대표적인 사례일 것이다.

다이렉트 보험사는 전화로 가입한 고객의 의구심을 해소하기 위해 휴대폰 문자서비스로 바로 가입사실을 통보해준다. 또 소비자가 선택한 특약이 제대로 반영되었는지 재확인할 수 있도록 체크 엽서나 우편을 발송해 서명을 받는 등 비대면 계약의 단점을 보완하는 장치를 별도로 마련해두고 있다. 또한 통장 분실 같은 사고 신고, 신용카드 승인사항에 대한 처리결과도 문자서비스로 제공하여 사고예방에도 큰 몫을 하고 있다. 음성전화 서비스에서 부족한 2%를 문자메시지가 훌륭하게 채워주고 있는 것이다.

그런데 어떤 경우에는 복잡한 내용을 설명하기 위해 긴 문장이 필요하기 때문에 5, 6통의 문자메시지가 한꺼번에 송신되기도 한다. 문자로 할 것인가, 전화로 할 것인가, 팩스나 인터넷으로 보낼 것인가, 방문할 것인가는 서비스의 구체적 내용에 따라 효과적인 방식을 선택해야 한다.

고객이 서비스를 선택하게 하라

먼저 ARS에 대해서 간단히 살펴보자. 기업의 콜센터들이 비용의 효율성만을 따진 나머지 ARS의 자동안내메뉴를 남용하는 것의 부작용에 대해서는 여러 번 언급했다. 콜센터의 ARS 자동안내 메뉴를 사용할 줄 아는 사람이 얼마나 되는지 고려하지도 않고 셀프서비스만 마련해두면 된다고 생각하는 회사도 있다. 그렇다고 고객 입장에서 상담원을 찾기 위해 0번을 눌러대는 것만이 능사는 아니다. 0번을 누른다고 원하는 시간에 상담원에게 바로 연결될 수 있는 게 아니기 때문이다. 늦은 저녁이나 새벽에는 상담원이 대부분 근무하지 않는다. 간단한 문의라면 상담원보다 ARS 자동안내 시스템을 이용하는 게 시간에 구애받지 않아도 되고 훨씬 빠르다.

간단한 문의를 가지고 콜센터에 전화를 할 때마다 무조건 상담원 연결만 고집한다면 짜증나도록 오래 기다리는 일을 고객 스스로 자초하는 것이다. 은행일을 볼 때 자동입출금기를 이용해 간단한 조회나 통장정리를 1~2분 안에 할 수 있는데 굳이 창구에서 번호표를 뽑고 1, 20분씩 기다려 직원에게 업무처리를 맡기는 경우도 마찬가지다. 그러나 지하철의 자동매표기를 싫어하는 승객도 있고, 은행 자동입출금기나 통장정리기 같은 자동화기기를 다루는 데 서투른 고객도 있다. 이럴 때 은행은 도와주는 직원을 자동화기기 주변에 배치해야 한다.

이와 마찬가지로 고객이 원할 때는 언제든지 상담원과 연결될 수 있도록 해 자동안내 시스템에 대한 거부감을 줄이는 것이 매우 중요하다. ARS 셀프서비스와 상담원 서비스의 유기적인 연결은 모든 고객들이 선택해서 서비스를 받도록 설계되어야 한다. 단순한 거래나 조작은 ARS가 더 빠르고 편리하다고 생각하는 사람도 많기 때문이다.

통화시간이 너무 길지 않고 설명만으로 처리할 수 있는 내용은 상담통화로 처리해야 한다. 방문·팩스·인터넷 등 다양한 형태로 처리 가능한 내용을 모두 전화상담으로 처리하려다 보면 생각지도 못한 불만이 생길 수도 있다. 즉 방문으로 처리할 수밖에 없는 사항을 길게 통화한 후 다시 방문하여 처리하는 일이 그 대표적인 예이다.

그 다음 문자서비스SMS를 살펴보자. SMS가 만병통치약은 아니다. SMS가 이 고객에게 적당한 매체인지 먼저 생각해보아야 한다. 우리나라는 하루에 약 3억 7천만 개의 문자가 날아다니고 있다고 한다. SMS는 문자 그대로 80자의 마술로 이루어진 커뮤니케이션 수단이다. 효과적인 커뮤니케이션을 위한 SMS 작성 포인트를 열거해보면 이렇다.

● 맞춤형으로 상대방 이름과 내 이름을 넣어서 1:1로 보낸다.
● 때, 장소, 횟수를 정해서 보낸다. 특별한 용건이 아닐 경우 근무시간 외에 보내는 것이 더 좋다.
● 단어, 문장, 이모티콘 등은 수신인과 눈높이를 맞춰서 보낸다.
● 문자메시지로 보내도 무관한 내용인가를 생각한다.

- 안부메시지는 정성과 친근감이 담기도록 한다.
- 답신메시지는 지체없이 즉시 보낸다.

핵심 포인트

서비스는 무형적 특성을 띤다. 그러나 고객은 유형적 요소, 즉 구체적 단서를 통해 서비스를 확인하고 싶어한다. 전화만으로는 부족하다. SMS·팩스·인터넷·직접 방문 등 효과적인 수단을 선택하여 서비스에 구체성을 부여하라.

전광판으로
생중계하라

제2차 세계대전 당시 배의 갑판 아래에서 일하는 병사들이 일을 제대로 하지 않아 골머리를 썩는 함장이 있었다. 열심히 하라고 아무리 다그쳐도 보일러실이나 다른 지원부서에서는 별 반응이 없었다. 이때 함장은 한 가지 아이디어를 떠올렸다. 함대의 방송 시스템을 통해 전투상황을 시시각각 전 함대원들과 공유하는 것이었다. 그러자 갑판 아래는 물론 모든 병사들이 즉각 명령에 따르기 시작했다.

오늘날의 비즈니스는 누가 더 만족스러운 서비스를 제공하여 고객 한 사람 한 사람을 보살필 수 있느냐customer care를 무기로 해서 경쟁회사와 전투를 치르는 것과 다를 바 없다. 전투에서 승리하기 위해서는 직원 모두가 적이 어떻게 공격해오고 있으며 아군이 어떤 전략으로 승리하려는

지를 알아야 한다. 그래야 자기가 하는 일의 완급을 조절하고 자기 책임을 다할 수 있다. 지원부서 병사들도 직접 적군과 맞서 싸우지는 않더라도 보일러에 석탄을 빨리 넣는 일이 적군을 무찌르는 데 얼마나 중요한지를 깨달아야 일사불란하게 명령에 따른다.

최근 전광판이 도심 곳곳에서 기업의 새로운 광고수단으로 활용되고 있다. 그러나 전광판이 우리에게 가장 인상 깊게 각인된 것은 뭐니 뭐니 해도 2002년 월드컵 때였다. 광장이나 거리에 대형 전광판을 세우기만 하면 그곳은 또 하나의 월드컵 경기장이 되었다. 대형 전광판이 없었거나 설치하기 어려웠다면 그 뜨거웠던 대규모 거리응원은 불가능했을 것이다.

2002년 월드컵은 '한국팀의 열두번째 엔트리로서 붉은악마와 함께 전광판이라는 스타를 탄생시켰다'는 기사가 신문을 장식할 정도였으니 말이다. 500만 명에 육박하는 거리응원단과 경기장을 접속해주는 대형 전광판은 붉은악마와 더불어 교체되지 않는 선수였다.

전광판은 콜센터의 지휘자

지금은 전광판이 설치되어 있는 콜센터가 많다. 관리자들은 주로 PC에 설치한 관리 프로그램을 이용해 여러 관련지표들을 실시간으로 체크한다. 언젠가 새로운 콜센터를 만들 때 전광판이 필요하다고 했다가 "상담원이 기껏 몇십 명밖에 더 되느냐? 관리 시스템만 갖고 충분히 감독할 수 있는데 하나에 천만원이나 드는 전광판을 굳이 설치해야 하느냐"는 반대에 부닥친 적이 있다.

　필자가 근무하던 콜센터는 상담원수가 2천 명이 넘는 국내 최대 콜센터였다. 그러나 단순히 대형 콜센터라는 이유만으로 커다란 전광판이 벽면 곳곳에 설치된 것은 아니었다. 전광판에는 현재 전화를 받고 있는 직원수·기다리는 고객수·고객서비스율(통상 20초 이내에 고객전화가 상담원에게 연결되는 비율)·예금·대출·사고신고·신용카드 등에 대한 상담건수가 실시간으로 상담원들에게 생중계되고 있었다.

　필자는 상담원들과 실시간으로 정보를 공유하고 싶었던 것이다. 피터 드러커는 정보가 모든 직원에게 공유되면 심포니 오케스트라의 형태처럼 될 것이라고 말한다. 오케스트라는 한 사람의 지휘자와 백여 명의 단원들로 구성된다. 경영학의 통제범위span of control이론에 의하면 이만한 조직이라면 적어도 2~3명의 부장과 10여 명의 관리자가 필요한데 오케스트라 단원들은 지휘자 한 사람의 지시에 따라 훌륭한 화음을 만들어낸다. 왜 그것이 가능할까?

　첫째, 모든 연주자가 정보를 공유하고 있기 때문이다. 오케스트라는 모든 연주자가 동일한 악보를 가지고 연주한다.

　둘째, 지휘자와 연주자의 정보교류는 '소리'에 의해 실시간으로 이루어진다.

　셋째, 각 연주자는 지휘자에게 직접 통제를 받지만 연주에 관한 권한은 각 연주자에게 분권화되어 있다.

　상담원들은 고개만 들면 전광판을 통해 전투가 벌어지는 상황을 실시간으로 지켜볼 수 있다. 얼마나 많은 고객들이 기다리고 있는지 또 기다리다 못해 전화를 끊어버리는 고객이 얼마나 되는지를 자기 눈으로 지켜본다. 이걸 보면서 빠르게 상담을 진행해야 할 때인지 더 구체적으로 고객정보를 수집하고 세부적인 상담을 진행할 때인지를 상담원 스스로 판단하게 함으로써 모든 상담원들이 별도의 지시 없이도 한 방향으로 기민하게 움직일 수 있다.

전광판에는 전투상황만 올라오는 게 아니다. 그날 생일을 맞은 상담원에게 보내는 축하메시지가 올라오는 등 상담원간의 동료애가 오고가고 한 사람 한 사람이 직원으로서 존중받고 자긍심을 느끼면서 오케스트라의 일원이 되는 것이다. 그뿐인가. 폭설이 내리거나 큰 비가 오는 날이면 일기예보가, 그밖에 뉴스속보, 주가 등이 속속 올라와 고객과 자연스럽게 나눌 수 있는 대화의 소재를 수시로 제공한다.

상담원들을 수치나 평가시스템만으로 관리하려고 들지 말고 전광판을 통해 그때그때의 이슈나 유머, 재테크 등 유익한 정보를 제공하고 실시간으로 업무현황을 공유함으로써 상담원 스스로 판단하고 한 방향으로 기민하게 움직일 수 있도록 자극해야 한다.

자각적인 실천도구를 준비하라

전광판의 예에서 알 수 있는 또 다른 사실은 어떤 일이든 제대로 진행하려면 그때그때 수시로 일깨워주고 행동을 자극하는 자각적인 실천도구를 갖추어야 한다는 것이다.

직장인들에게 '회의가 무엇이냐'고 묻는다면 대다수가 '지루하고 따분하며 시간이나 잡아먹는 괴물'이라고 대답할 것이다. 최근 어느 국제

인력채용업체의 설문조사 결과를 보아도 응답자 10명 중 8명은 "적어도 회의의 절반은 비생산적이며 근무시간만 잡아먹는다"라고 말했다.

직원들을 실망시키지 않으려면 회의의 의제설정과 준비를 잘해야 한다. 가령 참석자수를 조정하고 회의 진행자를 훈련시키고 회의 중 휴대폰 사용을 금지하며 회의 말미에 토론내용을 분명하게 평가하는 등의 방안을 제시할 필요가 있다.

필자가 몸담고 있는 직장에서도 회의시간을 줄이자는 의견이 많았다. 그러나 '회의시간을 줄이자'는 다짐만으로는 실질적인 효과를 낼 수가 없다는 데 문제가 있었다. 결국 3분, 5분, 10분짜리 모래시계 3개를 구입했다. 그리고 미리 회의시간을 정해서 모래시계에 맞춰 모두 자리에서 일어서기로 했다. 그래야 회의의 긴박감을 느낄 수 있기 때문이다. 마치 아침 운동을 위해 자명종을 준비하듯이 말이다.

마찬가지로 상담원도 상담을 마무리하고 나서 서비스품질을 스스로 점검해보는 실천도구를 마련해야 한다. 다음은 몇 가지 예다.

- 고객이 더 묻고 싶은 중요한 것을 잊지는 않았는지 "더 궁금하신 점은 없으신지요?"라고 물어본다.
- "저희 제품을 선택해주셔서 감사합니다. 다른 제안이나 불편하신 점이 있다면 바로 반영하겠습니다"라고 추가적인 서비스 의지를 과시한다.
- "칭찬해주셔서 고맙습니다. 주변에도 소문을 좀 내주시겠습니까?"라고 고객에게 부탁한다.

그러나 모래시계에 맞춰 회의시간을 지켰다고 회의의 목적 그 자체가 달성되는 것은 아니다. 자명종을 맞춰놓고 일찍 일어났다고 건강이 증진되는 것은 아니다. 자명종은 실천의 도구이지 목적 그 자체는 아니기 때문이다. 모니터링이나 QA는 분명 콜센터의 서비스품질을 관리하는 실천적 도구이다. 그러나 모니터링이나 QA는 실천의 도구일 뿐 이것만으로 서비스품질에 대한 모든 문제가 해결된다고 믿지는 말아야 한다는 것이다.

한번은 서비스 중심 실천사항으로 '고객 응대시 상황에 따라 감성적이며 개인별로 차별화된 인사말'로 고객과 친밀감을 돈독히 다지자는 제안이 나와 다같이 실천에 옮기기로 한 적이 있었다. 그러나 상담 녹음을 들어본 결과 실제로 행동에 옮기는 직원들이 생각보다 많지 않았다. 그래서 이를 제대로 실천하기 위한 도구가 무엇이겠느냐를 가지고 다시 토론에 부쳤다. 물론 QA에 의해 철저하게 상담내용을 평가하자는 이야기도 들어 있었다. 직원들이 짜낸 아이디어는 인원수만큼이나 다양했지만, 결국 하나로 모아진 것은 날씨나 업무별 상담환경에 맞게 그날의 인사말을 자연스럽게 다듬어서 전광판에 흐르게 하자는 것이었다. 다음은 그중 몇 가지 예이다.

- 비가 온다는 일기예보가 있는 날에는 "전국적으로 비가 온다고 하는데 우산은 준비하셨는지요?"
- 신용카드 분실신고팀에서는 "많이 당황하셨죠? 이젠 안심하십시오. 다른 카드사에는 신고하셨습니까?"
- 투신상품의 수익률을 문의하는 고객에게는 "지난해 10월에 가입하신

펀드상품은 현재 22%의 수익률을 기록하고 있습니다. 정말 탁월하신 선택이셨습니다."

● 그 밖에 "변액보험은 7년이 넘어야 원금이 보존됩니다"라거나 "청약서에 자필서명하셨는지요?" 등 꼭 알고 있어야 할 설명을 덧붙인다.

그런데 한 달이 지나자 놀랍게도 상담원들의 자연스런 화법 이행률이 40%에서 70% 정도로 높아졌다. 전광판은 이렇듯 함대의 사령관처럼 전투가 벌어지는 상황을 알리고, 일찍 일어나기 위해 자명종이라는 도구가 필요하듯이 감성화법을 활용하게 하는 실천력 있는 도구로서 활용될 수 있다.

행동을 자극하는 실천도구들

• 상담원의 책상에 얼굴이 비치도록 '거울'을 놓아둔다. 웃는 얼굴로 전화를 해야 상냥한 목소리가 고객에게 전달되므로 자기 얼굴이 웃고 있는지 스스로 볼 수 있도록 한 것이다.

• 어느 카드회사 콜센터에서는 갑자기 '뻐꾸기 소리'가 울려퍼진다. 통화 대기 고객수가 30명이 넘었다는 경보음이다. 많은 고객이 기다리고 있으니 고객당 통화시간을 짧게 줄이라는 자각적인 툴로 사용하고 있다.

• "저녁에 물을 몇 컵 들이키고 자면 소변 때문에 자연스럽게 새벽에 깨게 된다." 주로 새벽에 일어나서 책을 읽는다는 어느 사장님의 이야기는 자명종 못지않은 자각적인 실천도구를 보여준다.

때로는
얼굴을 맞대라

파리의 에펠탑은 1889년 3월 프랑스 대혁명 100주년을 맞이해 열린 만국박람회의 기념 조형물이다. 그런데 이 탑의 설계도가 발표되자 수많은 시민과 화가, 조각가들은 에펠탑의 천박한 이미지를 비난하며 건립을 반대하는 시위를 벌였다. 100여 년이 지난 지금 에펠탑은 파리의 상징이자 대표적인 관광명소가 되었다. 탑의 높이가 300미터가 넘기 때문에 파리 시민은 좋든 싫든 눈만 뜨면 에펠탑을 보아야 했다. 그러면서 그 탑에 차츰 정이 들어갔고 에펠탑을 찾는 시민도 점점 늘어났다. 그래서 단지 자주 보는 것만으로도 호감이 증가하는 현상을 심리학 용어로 '에펠탑 효과Eiffel Tower Effect'라고 한다.

필자는 여의도에서만 10년 이상 근무했기 때문에 방송사 근처나 길거리에서 유명 탤런트를 자주 보았다. 더러는 유명 탤런트가 경영하는 식당에서 저녁을 먹기도 했는데, 그가 자주 손님들 사이를 누비며 서비스 상태를 점검하고 필자에게 반갑게 인사를 건네면 나도 모르게 '전에부터 아주 잘 아는 사이'로 잠깐씩 착각에 빠지곤 했다. 그가 출연한 드라마를 즐겨 시청하는 동안 그 연예인에게 친숙해져가면서 호감을 느끼게 된 것이다.

이런 현상을 뒷받침해주는 조사가 발표된 적이 있다. 어느 연구기관이 전 세계 경영인 1,300명을 대상으로 재택근무에 관해 조사한 결과를 〈LA 타임스〉가 보도한 내용이다.

조사 결과 응답한 경영자의 78%는 재택근무가 생산성 측면에서 사무실에 출근하는 직장인보다 낮거나 떨어지지 않는다고 대답했다. 그러나 경영자들의 61%는 승진을 결정할 때에는 눈앞에 보이는 직원을 우선적으로 고려했다는 것이다. 이 기사는 "눈에 보이지 않는 직원이 훨씬 일을 잘한다 하더라도 최고경영자의 옆에서 보좌하는 직원이 더 잘되는 경우가 흔하다"며 "눈에 보이지 않으면 마음에서 멀어지는 측면이 있다"고 결론을 내리고 있다.

이는 국내기업의 인사에서도 흔히 목격되는 풍경이다. 인사권자나 경영진이 곁에서 일하는 '낯익은 직원을 먼저 생각'하기 때문일 것이다. 결혼이나 계약은 자주 접촉해야 성사되는 법이다. 자주 보면 정이 들고, 만나다 보면 좋아진다. 가까이서 자주 만날수록 호감도가 커지는 것은 너무나 자연스러운 현상이다.

이렇게 자주 만나면 더 호감이 생기는 '에펠탑 효과'를 잘 알고 있는 터라 이번에 새롭게 콜센터를 만들면서 고객의 목소리만 들어도 이름을 알 수 있고, 또한 고객도 상담원을 기억하고 반갑게 인사를 건네는 사이가 되도록 하는 전담고객제도를 생각해보았다. 중요한 고객이 콜센터에 전화를 걸어 특정 상담원을 찾는 경우, 찾는 직원이 통화중이 아니면 바로 그 직원에게 연결되며, 통화중이면 나중에 해당 상담원이 고객에게 바로 전화를 걸어주는 시스템이 구현되도록 고민해본 것이다. 심지어는 '전화로나마 친숙해진 우수고객과 더욱 돈독한 관계를 유지하고 복잡한 상품설명 및 고객의 재무 포트폴리오 설계 등을 위해서 고객이 원한다면 방문상담까지도 해보면 어떻겠느냐는 제안까지 나왔다.

시간대나 계절별로 일시적으로 전화량이 뚝 떨어진다고 해서 상담원을 해고할 수는 없는 일이다. 이때는 상담원 연결 선택번호를 제일 앞에 안내하는 것도 방법이다. 더 좋은 방법은 평소 전화로만 만났던 고객을 직접 찾아가는 것이다.

전화를 통한 상담이건 얼굴을 보는 상담이건 상담원의 임무는 고객을 계속해서 확보하고, 한번 확보한 고객을 평생고객으로 지키는 것이다. '콜센터 상담원인 내가 밖으로 나가 세일즈를 하란 말이냐'며 반론이 나올지도 모르겠다. 하지만 콜센터 직원이라고 해서 그 역할을 부스 안에만 묶어놓을 이유는 없다. 오히려 답답한 부스를 벗어나 맑은 하늘을 쳐다보며 스트레스에서 벗어나는 기회가 될 수도 있지 않을까. 자주 보면 친해지고 친해지면 더 돈독해질 것이다.

물론 상담원이 모든 고객을 찾아나설 필요는 없고 모든 고객이 그걸 원하지도 않는다. CRM의 핵심 키워드는 누가 중요한 고객인지 등 고객에 대한 이해에서 비롯된다. 그동안 CRM은 마케팅부서나 CRM부서만 담당해야 하는 일로 여겨왔다. 하지만 고객과의 상호작용을 주도하는 콜센터야말로 누가 중요한 고객인지, 고객이 좋아하는 것이 무엇인지를 가장 잘 이해해야 하는 부서이다. 증가하는 고객의 문의를 제한된 자원으로 만족스럽게 처리해야 하기 때문에 전화로든 직접 찾아가든 부가가치가 더 높은 고객에게 서비스를 집중하는 것은 당연한 이치다.

차별화된 응대를 위한 3가지 전략

차별화된 응대가 가능하기 위해서는 다음같이 세 가지 전략에서의 접근이 필요하다.

첫째, 고객가치에 따라 적절한 접촉채널을 분배하는 전략이다.

고객이 선호하는 채널은 비용이 적게 드는 웹을 통한 셀프서비스나 이메일 쪽으로 계속 확장되고 있다. 따라서 일반고객들은 가능하면 저비용채널로 유도하고, 그 다음으로 전화와 지점과 같은 고비용채널은 우수고객을 대상으로 수준 높은 서비스를 제공하는 데 집중해야 한다. 그리고 대리점, 라운지, 지점창구 등은 휴먼 터치를 위주로 하는 VIP고객 상담 등에 초점을 맞추어야 한다.

둘째, 서비스수준을 고객가치를 중심으로 차별화하는 전략이다.

여기서는 VIP고객과 일반고객의 콜 라우팅 수준을 다르게 설정하는 등 전략적인 관리를 하는 것을 말한다. 예를 들어 일반고객의 상담원 연결시간이 20초라면, VIP고객은 5초 내에 연결되어야 한다. 고객별 업무 처리기한에 대해서도 서비스수준을 달리한다. 일반고객의 보험관련 클레임 처리기한이 3일이라면, VIP고객은 1일 이내로 해결하는 식이다.

물론 이런 일이 가능하려면 성과지표를 따로 마련하고 프로세스상의 지원이 있어야 한다. 특히 성과지표를 어떻게 마련하느냐는 상담원의 고객 대응에 지대한 영향을 미친다. 『립스틱 바른 돼지』의 저자인 리오르 아루시가 컨설팅 과정에서 경험한 사례를 보더라도 그 차이는 뚜렷하다. 어느 항공사의 플래티넘 고객들은 연간 7만 5천 마일을 여행하는 우량고객들이었다. 하지만 콜센터에서 우수고객을 다루는 방식은 기여도별 고객응대 중심이 아니었다. 콜센터에 전화를 걸고는 계속 기다리는 플래티넘 고객이 매주 400명을 넘고 있었다. 왜 이런 일이 벌어졌을까? 문제의 핵심원인은 콜센터 관리자의 성과지표였다. 성과지표가 전적으로 고객 전화에 대한 '평균 처리시간'에 따라 결정되고 있었던 것이다.

셋째, 초우량고객에 대한 전략이다. 고객이 어떤 사람인지를 정확히 이해할 수 있도록 상담원에게 충분한 정보를 제공함으로써 상담원이 적절히 대응할 수 있도록 도와주는 것이다. 예를 들어 상담원에게 고객의 평생가치life time value와 이탈가능성 정도 등의 정보가 있으면 상담원은 고객의 전화를 받는 순간 적절한 전략을 가지고 차별화된 응대를 할 수 있다. 고객의 평생가치는 높고 이탈가능성이 높다면 앞서 피자가게처럼(217쪽 참조) 상담원은 이 고객에게 시간이 소요되더라도 인센티브를 제공하고 할인율을 제시하는 등 최상의 서비스를 제공하려 할 것이다.

넷째, 고객과 대면할 기회를 놓치지 않는 전략이다. 서비스의 대표적 특성으로 앞서 설명한 무형성과 함께 비분리성, 소멸성을 꼽는다. 제품은 먼저 생산되고 다음에 판매되는 데 비해 서비스는 생산과 소비가 동시에 이루어진다(비분리성). 따라서 향후 수요에 대비해서 저장할 수 없다(소멸성, 비저장성).

피크 타임 때 한꺼번에 밀려드는 고객의 전화를 어떻게 처리해 고객불편을 줄이고 포기콜을 낮추느냐는 모든 콜센터의 중요한 현안이다. 그러나 그 반대의 경우도 생긴다. 여러 가지 사정으로 고객상담 전화가 급격하게 줄어들 때 여유 있는 시간을 아웃바운드나 고객관리에 할애하는 경우 외에도 상담원이 부스를 벗어나 우량고객과의 만남을 창출해보는 것도 하나의 차별화전략이 될 것이다.

핵심 포인트

콜센터는 고객과의 상호작용을 주도하는 곳으로 CRM의 관제센터라고 할 수 있다. 고객가치에 따른 차별화된 서비스를 제공하기 위해서는 상담원도 때로는 부스 밖으로 나가 우량고객을 만날 수 있어야 한다.

고객의 요구는
원샷에 해결하라

"상담원은 고객문의에 성실하게 대답만 해주면 되는 것 아닙니까? 콜센터 상담원이 고객등급을 조정해준다는 게 말이 된다고 생각하십니까?"

본부 주무부서 담당자가 우리 콜센터 관리직원에게 이렇게 언성을 높이게 된 사연을 대충 요약하면 이렇다.

2005년 3월 28일부터 고객이 신용카드 현금서비스 등을 받을 때 고객등급이 아래로 내려간 180만 명의 고객에 대해 건당 카드 취급 수수료율을 0.4%에서 0.5%로 인상하게 되었다. 콜센터는 회사의 종합상황실이다. 상품이나 서비스, 제도가 바뀌거나 문제점이 드러나면 제일 먼저 콜센터로 항의가 쏟아진다. 아니나 다를까 등급이 떨어졌다고 항의하는 고객이 봇물을 이루자 그때야 '콜센터에서 고객등급을 2단계 정도까지는 높여 수수료율을 종전대로 조정할 수 있도록 권한을 주자'는 대책이 마련되었다. 단, 미리 지명된 과장급 관리자와 상담원 한 명에게만.

그러나 그 한 명 외의 상담원은 항의전화를 받았을 때 유연하게 문제를 해결할 수 없다. 오히려 상담원이 영업점으로 찾아가라고 하거나 상사에게 떠넘기거나 본부 담당자에게 따지면 해결될 것이라고 전화번호를 안내하기까지 한다. 책임감이 투철한(?) 직원은 항의하는 고객과 임전무퇴의 자세로 맞붙어 싸우기도 한다. 물론 이것은 고객에게나 회사에나 바람직한 일이 아니다.

물론 이런 현상은 이 콜센터만의 일은 아니다. 또 모든 상담원에게 권한을 주는 문제는, 업무의 성격에 따라 전체 상담원에게 권한을 주는 게 정말 벅찬 일이라면 방법이 한 가지 더 있다. 콜센터 내에 소비자보호팀을 별도로 설치하는 방법이다. 그리고 회사의 과실을 인정하거나 고객의 요구를 들어줄 수 있는 재량권을 주는 것이다.

대부분의 기업에서 콜센터는 주문, 상담, 정보제공을 하는 곳이지 소비자의 피해 보상에 대해 재량권을 갖고 있지 않다. 따라서 상담원들은 매뉴얼상의 형식적인 답변이나 '죄송하다'로 일관할 수밖에 없다. 회사로부터 용역을 받아 위탁운영되는 콜센터 전문업체라면 더더욱 그렇다. 이 경우 기업체는 콜센터에서 소비자 보상신청을 위한 전담기구를 안내하거나 최소한 ARS 안내멘트에 민원관련 접수처를 따로 정해 소비자보호팀에 연결되도록 해주어야 한다. 콜센터 전화번호 하나만 둔 채 재량권도 없는 모든 상담원에게 '죄송합니다'라는 말을 되풀이하게 해서는 안 된다.

물론 상담원들은 회사를 대표해서 불량상품이나 불합리한 정책 등 본부부서나 다른 사람이 한 실수나 잘못에 대해서 불평불만을 토로하는 고객들을 대신 상대하는 일도 한다. 그러나 한마디로 이들은 억울하다. 불량품을 만들거나 항의가 빗발칠 만한 이치에 맞지 않는 제도를 만든 적도 없는 이들이 불만전화를 받아내는 방어벽으로나 쓰이고 '죄송하다'는 말만 되풀이하게 해서는 안 된다.

첫 전화로 문제가 해결되게 하라

콜센터에 문의를 해본 사람이라면 누구나 다음과 같은 경험을 가지고 있을 것이다. 전화를 했는데 '담당자가 따로 있으니 그쪽으로 연락을 하라'면서 다른 전화번호를 알려준다. 그 번호로 바로 통화가 가능하면 다행이지만 언제 통화가 될지 모르는 상태로 마냥 기다리기 일쑤다. 좀 더 배려를 해주느라 다른 상담원에게 콜전환*을 시켜주기도 하지만 이 역시 만족스러운 경험은 아니다. 대기시간만 길어지고 문제는 해결되지 못한 채 다른 상담원이나 슈퍼바이저에게 떠넘겨지면서 고객들은 짜증스럽기 그지없다.

콜센터의 서비스품질 지표인 '첫 통화시 고객 문제해결 비율'은 바로 이런 이유로 측정되는 것이다. 콜센터 서비스의 원칙 중에는 '항상 첫 문의전화에서 해결하도록 하라'가 있다. '몇 사람에게 연결되어 원하는 대답

---

*콜전환 고객의 각종 데이터를 자동으로 모니터를 통해 확인하며 상담하다가 다른 상담원에게 넘기는 것. 전화와 함께 모니터상의 데이터까지 넘겨주는 기능이 있다.

을 얻을 수 있는가'가 회사의 서비스품질을 알아보는 리트머스 시험지가 될 것이기 때문이다.

고객이 콜센터에 전화했다가 적당한 상담원에게 연결되기 전에 전화를 끊는 것을 콜센터에서는 '콜포기'라고 하는데, 콜포기의 대부분은 전화가 이리저리 돌려지는 데 화가 나서다. 조사결과를 보면 '콜포기' 경험이 있다고 말한 고객들 중 상당수가 해당 기업과의 거래도 역시 '포기'해버렸다고 응답했다고 한다. 고객은 대기시간이 조금 길더라도 처음 상담원이 문제를 해결해줄 때 아주 만족해한다.

이렇듯 고객경험에 있어 첫 통화로 문제가 해결되는 원스톱 서비스는 콜센터의 만족도를 결정짓는 가장 중요한 요소이다. 또한 콜센터에서의 만족스러운 경험이 그 어느 채널보다도 회사의 매출과 수익의 원천이 되고 있다는 사실을 여러 조사결과들이 뒷받침해주고 있다. 문제는 기업에서 서비스에 문제가 있을 때 종합적으로 대처하기 위한 여러 대응방안을 수립하는 데 콜센터의 대응전략은 쏙 빠져 있는 경우가 많다는 것이다. 그 결과 화가 난 고객들이 전화를 걸어 불만을 폭발시킬 때까지 콜센터는 어떤 문제가 발생했는지 전혀 모르고 있는 것이다.

어느 회사나 완벽한 서비스품질을 지향하지만 부득이한 결함도 생긴다. 미국 퍼듀대학에서 조사한 자료에 따르면, 설령 제품에 문제가 있더라도 콜센터가 효과적으로 대응할 경우 89%가 재구매한다는 것이다. 이는 애초에 제품에 문제가 없는 경우의 재구매의향률 78%보다 더 높은 수치다. 즉 대부분의 고객은 설사 제품에 결함이 생겨 전화를 했더라도 콜센터가 제대로 해결만 해주면 크게 개의치 않는다는 것이다.

결론적으로 고객만족도와 충성도를 결정짓는 가장 큰 변수는 제품의

콜센터의 좋은 서비스가 갖고 있는 영향력

고객 상황별	재구매 가능성
제품에 문제가 없는 경우	78%
제품에 문제가 있지만 콜센터 대응이 효과적이지 못한 경우	32%
제품에 문제가 있더라도 콜센터가 효과적으로 대응하는 경우	89%

고장 발생 여부가 아니라 얼마나 '친절하고 신속한 서비스'로 대응하느냐 인 것이다.

특히 최근에는 회사간 인수합병M&A 및 업무제휴 등으로 기업이 취급 하는 상품종류가 많아지고 있고, 따라서 이러한 상품에 대한 원스톱 서 비스는 필수불가결한 요소로 등장하고 있다. 예를 들어 방카슈랑스가 도 입되면서 은행에서는 보험상품도 처리해야 하는 상황이다. 그런데 보험 상품 문의를 해당 은행에서 처리하지 못해 다른 상담원 그룹이나 다른 보험회사로 다시 연결시켜준다면, 고객은 은행에 보험을 가입한 것을 후 회할 것이 뻔하다.

원스톱 서비스를 제공하기 위해서는 무엇보다도 현장 경험이 많은 상 담원을 많이 보유하고 있어야 한다. 하지만 불행하게도 취급상품이 많아 지면 고객불편 사항도 많아지고 상담원 이직률도 높아진다. 상담원 이직 률이 높아지면 당연히 전문상담원보다는 신입상담원 비율이 증가하고 이들을 빠른 시일에 전문상담원으로 개발하기 위한 교육비가 추가적으 로 들어간다. 문제는 교육만으로 노련하고 해박한 상담원이 바로 양성되 는 것은 아니라는 것이다. 컴퓨터를 숙련되게 다루는 능력, 여러 유형의 까다로운 고객과 씨름해본 경험을 쌓는 데는 상당한 시간이 걸린다.

이러한 문제를 해결하기 위한 방안으로 선진업체들은 '서비스 지식 관리 솔루션'service knowledge management을 도입하고 있다. 이 솔루션은 다양한 상품정보 및 문제해결책을 공유하게 해서 초보상담원과 전문상담원이 갖는 스킬의 격차를 최단기간 내에 최소화해준다.

콜센터가 잘하면 하자 있는 제품도 팔 수 있다

패러다임이란 쉽게 설명하자면 사람이 어떠한 사물이나 현상을 바라보는 관점이라고 할 수 있는데, 만약 잘못 바라보는 관점이라면 편견의 덫에서 헤어나올 수 없다.

날씨가 잔뜩 찌푸린 어느 날, 아버지가 중학생 딸과 초등학생 아들을 차 뒷좌석에 태우고 외출했다. 아침부터 티격태격하던 아이들이 차 안에서 대판 싸우기 시작했다. 짜증이 난 아버지가 아들을 돌아보며 버럭 소리를 질렀다. "넌 허구한 날 누나한테 바락바락 대드니! 우애는 눈꼽만큼도 없는 녀석 같으니라구." 그때 갑자기 커브길 맞은편에서 과속으로 달려오던 대형트럭이 이 차를 덮쳤다. 아버지와 딸은 현장에서 숨졌고 중상을 입은 아들은 급히 인근 병원으로 실려갔다. 그 병원에서 가장 실력이 뛰어난 외과의사가 호출을 받고 급히 달려왔다. 의사는 수술용 마스크와 장갑을 끼고 수술실로 뛰어들어갔다. 아니, 이럴 수가…. 의사는 수술대 위의 아이를 보는 순간 얼굴이 새파랗게 질려 털썩 주저앉았다. 바로 자기 아들이었던 것이다.

대학 강의실에서 필자는 이 얘기를 하며 학생들의 반응을 살폈다. 대부분의 학생이 교통사고로 죽은 아버지가 의붓아버지, 이 의사가 친아버지라고 말했다. 독자 여러분은 어떻게 생각하는가? 이 의사는 아이의 '어머니'라는 게 정답이다. '유능한 외과의사＝남성'이라는 선입견에 사로잡힌 사람에게는 '어머니'라는 정답이 떠오를 리 없다.

고객이 콜센터와 접촉하면서 진정으로 원하는 서비스가 무엇일까? 아니, 차라리 고객들이 콜센터와 접촉할 때 혈압을 오르게 하는 것은 무엇인지를 물어보는 게 더 낫겠다. 왜냐하면 사람들은 좋은 경험보다는 나쁜 경험을 더 잘 기억하기 때문이다. 게다가 나쁜 경험은 수년이 지난 후에도 어제 일어난 일처럼 생생하다.

어느 콜센터 컨설팅업체의 조사결과, '85%의 고객은 콜센터 서비스가 형편없으면 해당 회사의 제품과 서비스를 사용하지 않을 것'이라고 응답했고 56%의 응답자가 기업에 대한 고객충성도에 가장 큰 영향을 미치는 것은 '우수한 서비스'라고 대답했다.

한편으로 89%의 소비자는 제품에 하자가 있더라도 '해당 기업의 콜센터에서 효과적으로 문제를 해결해준다면 그 기업의 제품을 재구매할 의사가 있다'고 응답했다(243쪽의 표 참조).

고객들이 이러하다는 것을 알게 되면 가슴이 철렁 내려앉아야 하는데 많은 기업들이 뜻밖에도 무덤덤하다. 콜센터 상담원치고 인사 잘하고 밝고 상냥한 목소리로 대답하지 않는 사람은 거의 없다. 그러나 고객들은 이제 자기 문제에 대해 권한과 유연성을 갖고 한 사람 한 사람을 만족시킬 수 있는 서비스를 갈망한다.

고객의 혈압을 오르게 하는 근본원인은 다음의 세 가지 기본 서비스를 놓치고 있는 데 있다.

- 기다리지 않고 신속하게 접촉이 가능하다.
- 항상 처음 상담원과 문제해결이 된다.
- 축적된 개인정보 등에 의해 한 사람 한 사람이 귀한 대접을 받고 있다고 생각한다.

다음은 인터넷에 올라온 사연을 간략하게 정리해본 것이다.

직장인 K씨는 금요일 저녁 직장동료들과 함께 회식을 하고 집에 들어오자마자 바로 잠이 들었습니다. 아내는 남편이 벗어놓은 옷가지와 소지품을 정리하다 지갑을 잃어버린 걸 알고 남편을 깨웠으나 회식자리에서 과음한 탓인지 인사불성이었습니다. 아내는 일단 남편이 잃어버린 신용카드 3장을 사용정지시키려고 콜센터에 전화했습니다. 그러나 A와 B 카드회사에서는 본인이 아니면 정지를 시킬 수 없다는 말만 했고, C카드회사에서는 일단 남편 K씨의 신용카드를 정지시켜주며, K씨가 일어나는 대로 다시 한 번 콜센터에 연락해달라는 메시지를 남겼습니다. 다음날 K씨는 C카드회사와 A, B 카드회사에 연락해 신용카드 사용중지를 신청했습니다. 다행히 별다른 사고는 없었지만 아내는 어제 저녁 카드회사와 있었던 일을 남편에게 이야기했고, C카드회사의 신속한 응대에 감동한 K씨는 그날 이후 C카드회사의 신용카드만 사용했다고 합니다.

이리저리 돌리지 않고 첫 상담원에게서 자기 문제가 해결되기를 갈망하는 고객에게 '영업점에 직접 찾아가서 책임자와 의논해보라'거나 '상사와 의논해서 조정여부를 다시 알려주겠다'거나 A, B 카드회사처럼 '죄송하다. 본인이 아니면 정지가 안 된다'는 대답은 고객을 등돌리게 하고 상담원의 업무효율과 근무의욕을 떨어뜨리는 재앙임을 모르는 것이다. 상담원에게 '규정상 처리해드릴 수가 없다'는 말만 반복하게 하면서 고객의 화가 누그러지기를, 때로는 고객이 제품에 포기하기를 기다리는 것은 고객과 상담원 모두를 저버리는 것이다.

상담원들을 더욱 고통스럽게 하는 것은 화난 고객만은 아니다. 오히려 정당한 요구를 하는 고객이나 신속한 도움을 원하는 고객들에게 '죄송하다'고만 하면서 회사에서 마련한 매뉴얼상의 규정만 읽어줄 때이다. 이때 직원들은 무력감을 느끼고 자신들은 고객의 공격에 대한 방패막이일 뿐이라고 생각하게 된다.

상담원을 '고객 질문에 꼬박꼬박 대답해주는 기계'로 바라보는 패러다임의 덫에 빠져 있는 경영자나 본부직원을 구해내야 한다. 상담원은 고객 질문에 기계적으로 반응하는 사람이 아니라 고객의 문제를 해결하기 위해 서비스하는 사람이다. 또한 고객은 특정 상담원과 통화하고자 전화를 거는 것도 아니다. 영업점을 찾든 인터넷을 이용하든 전화를 걸든, 문제를 해결하려고 회사와 접촉하는 것이다. 상담원은 회사의 대표자이고, 고객에게 콜센터는 기업 그 자체이다.

그러므로 기업은 권한을 갖고 있는 상담원을 통해 고객에게 도움이 되는 정보를 빠르게 제공하고, 고객이 어떠한 채널을 이용하든지 동일한 서비스품질과 해결책을 제공해야 한다. 이를 위해 회사에서는 특별한 상황이나 고객기여도 등 일정한 원칙과 기준을 마련해서 다양한 사례를 함께 토론하고 교육을 거친 후에 모든 상담원들에게 문제해결 권한을 부여해야 한다.

5

매뉴얼을 초월하라

제발 목소리를
들려주세요

사람마다 신문을 볼 때 정치면이나 사회면, 문화면 등 맨 먼저 펼쳐 보는 부분이 다를 것이다. 필자는 독자투고란을 제일 먼저 찾아서 유심히 읽는다. 사회 구석구석을 관찰하는 데 독자투고란만큼 다양하고 신선한 시각이 생생하게 드러나는 곳도 없기 때문이다. 그중 잊어버릴 만하면 한 번씩 등장하는 독자투고가 바로 콜센터의 ARS에 관한 불만이다. 어느 신문에 '응답까지 머나먼 ARS'라는 제목으로 실린 독자투고를 소개하면 대충 이런 내용이다.

전화를 걸면 '안녕하십니까. ○○를 방문해주셔서 감사합니다'로 시작해 부서나 담당별 안내가 끝없이 이어지며, 심한 곳은 10곳 이상을 안내하기도 한다. 한술 더 떠 자동응답으로 연결돼 잠시 수화기를 들고 있으면 '죄송합니다. 지금은 모든 안내원이 통화 중이오니 잠시 후에 다시 걸어 주십시오'라는 말이 나오면서 일방적으로 끊어진다. 특히 연결될 때를 기다리는 동안 웬 회사 홍보문구나 상품광고는 그렇게 많은지 짜증스럽기 그지없다. 고객은 응답이 빠르고 간결할수록 좋아한다. 또 자동응답전화는 수화기를 들고 있는 시간이 너무 길다. 전화안내원을 수요에 맞게 채용하든지 자동응답전화로도 최대한 빠른 대답을 얻을 수 있도록 조치하기 바란다.

고객은 ARS의 가장 짜증나는 요소로 '지나치게 많고 복잡한 메뉴'를 꼽는다. 그러면 고객은 상담원을 찾는다. 그리고는 '살아 있는' 진짜 상담원과 연결하려고 0번 혹은 9번 버튼을 눌러댄다. 독자 여러분도 "죄송합니다. 잘못 누르셨습니다"라는 안내멘트를 들어본 적이 있을 것이다.

ARS 메뉴를 이용한 셀프서비스 시스템은 원래 극장의 영화 상영시간 조회와 같은 가장 기본적인 정보를 제공하는 데 사용되었다. 그러나 IT 통신기술이 발전하면서 기업들은 기기의 다양한 메뉴가 운영비 절감에도 큰 도움이 되고, 고객도 간단한 정보 하나를 얻기 위해 장시간 기다리지 않아도 되니 일거양득 아니냐고 생각하게 되었다. 최근 은행에서 입출금과 통장정리, 조회 같은 단순 업무의 대부분을 처리하고 있는 ATM 기기도 유사한 발상 덕분에 대중화될 수 있었다. 그러나 ATM 기기로는 처리할 수 없는 신규가입이나 외환거래, 대출상담 등 복잡한 유형의 거래도 있다. 그래서 창구직원이 필요하고 콜센터의 상담직원들이 대기하고 있는 것이다.

그런데 기업들은 이러한 ARS 셀프서비스의 매력에 심취한 나머지 시간이 걸리고 귀찮다 싶은 모든 서비스 업무를 몽땅 ARS화하거나 안 되면 고객에게 미루어버린다.

그런 사례는 멀리서 찾을 것도 없다. 필자가 지방출장이 있어 철도고객센터에 전화를 했더니 2007년 1월부터 KTX 승차권 예약방법이 많이 바뀌어 있었다. 그중 대표적인 것이 승차권 결제기간이다. 출발 7일 전부터 출발 1시간 전에 예약한 경우, 콜센터에 예약하고 나서 신용카드 등으로 10분 이내에 결제하지 않으면 자동으로 예약이 취소되도록 한 것이다. 마구잡이로 예약해놓고 나타나지 않는 사람들 때문에 실제 KTX를 이용하는 고객은 예약이 더욱 쉬워졌다.

그런데 문제는 콜센터에서 상담원과 쉽게 예약을 마치고 ARS를 이용해 신용카드로 결제하면서부터 발생했다. 생각나는 대로 적어보면 이렇다.

● 결제수단을 선택하여주십시오.

　(~은 1번을, ~은 2번을……)

● 신용카드번호를 입력하고 #버튼을 눌러주십시오.

　(다시 확인하고 맞으면 1번을, 틀리면 2번을)

● 유효기간을 연월순으로 입력하여주십시오.

　(다시 확인하고 맞으면 1번을, 틀리면 2번을)

● 비밀번호 앞 두 자리를 입력하여주십시오.

● 주민번호 뒤 일곱 자리를 입력하여주십시오.

　(다시 확인하고 맞으면 1번을, 틀리면 2번을)

- 결제를 원하면 1번을 눌러주십시오.
- 다시 상담원 연결을 원하면 #버튼을 눌러주십시오.

그런데 카드유효기간을 카드에 있는 대로 잘못 입력해서 한 번 틀렸다. 다시 이렇게 거의 40여 개 전화버튼을 누르고 나서야 결제를 마칠 수 있었다. 그런데 왕복금액을 한꺼번에 결제하지 못했기 때문에 다시 돌아오는 기차편을 결제하고 나니 인내심이 한계에 와 있었다. 인터넷 뱅킹을 통한 결제라면 집이나 사무실 책상 위에서 편하게 예약했을 것이다. 그러나 전화기라는 통신수단은 이동중이거나 외출할 때 더 많이 사용하는데 아무리 생각해도 고객의 편의성을 외면했다는 생각을 지울 수 없었다.

해결책을 굳이 말해보라면 국내 항공사의 콜센터 예약 시스템을 살펴보라고 권하고 싶다. 항공사는 상담원이 예약을 받으면 고객에게 카드번호, 유효기간을 물은 다음 ARS로 넘기고, 고객은 비밀번호 4자리만 누르면 된다. 신용인증을 위한 최소한의 수고만 고객에게 직접 부탁하는 것이다. 값싼 음식점에 가더라도 물과 커피 정도만 고객이 손수 갖다 마시는 셀프서비스이지, 음식 조리까지 고객에게 시키지는 않는다.

고객의 입장에서 생각하라

K은행에서 필자가 맡았던 콜센터는 1998년 처음 생겼을 때부터 나와는 깊은 인연이 있다. CS 추진부서에서 근무하고 있었는데 당시에도 대

표전화뿐 아니라 영업점으로 오는 전화까지도 상담센터로 연결되도록 해놓았고, 고객이 굳이 거래지점의 특정 직원과 통화하겠다면 콜센터를 통해 해당 직원과 연결되도록 설계되어 있었다. 영업점 직원들이 전화를 받느라 창구 앞에 서 있는 고객을 짜증스럽게 기다리게 하지 않고 또 우수고객을 대상으로 업무처리 및 세일즈 활동에 전념하게 하려는 취지였다.

그런데 아직 ARS 자동응답전화에 익숙하지 않은 노인이나 기계에 서툰 고객이 "전화할 때마다 콜센터는 통화중이고, 상담원한테 물어보고 싶어도 어떻게 하는지 모르겠다"라는 불만이 CS 추진팀에 쏟아져들어왔다. 당시 고객은 전화가 연결되더라도 끝없이 이어지는 담당업무별 코드 안내번호를 모두 들어야 했고, 보통 코드번호가 두 자리, 세 자리로 이어지는 안내 맨 끝에서야 "상담원과 직접 통화하고 싶으신 분은 0번을 누르세요"라는 말을 들을 수 있었다.

누가 보아도 상담원이 직접 받는 전화통화량을 줄이겠다는, 속이 뻔히 들여다보이는 설계였다. 그래서 각 부서 실무자로 구성된 CS향상위원회는 맨 끝에 있던 '상담원과 통화하고 싶으신 분은 0번'이라는 안내말을 맨 처음 메뉴로 올렸다. 물론 많은 직원들이 전화통화량이 많아져 업무가 마비될까 봐 걱정했지만 필자는 그렇게 생각하지 않았다. 상담원을 찾는 메뉴번호를 맨 끝에 놓더라도 결국 고객을 딱 한 번 속이는 효과밖에 없다.

누구나 아파트단지 도로에 페인트로 칠해진 과속 방지턱을 지나친 경험이 있을 것이다. 실제 방지턱이 아니고 페인트로 그린 그림이지만 처음 찾아온 방문객은 브레이크를 밟아 속도를 줄이게 된다. 착시현상을 이용하여 서행을 유도하는 것이다. 하지만 자주 그 도로를 지나는 아파트 주민들에게는 전혀 제 구실을 하지 못한다. 한두 번만 지나다녀도 과속방지턱이 페인트만 칠한 가짜라는 걸 알기 때문이다.

상담원을 찾는 콜센터의 서비스 코드도 마찬가지다. 전화를 걸어본 고객은 상담원과 직접 통화하고 싶을 때 안내멘트를 듣지 않고 그냥 코드를 외워서 달려온다는 것이다. 그런데도 거의 모든 회사의 ARS 시스템이 계속해서 안내말만 나오고 '최선을 다해서' 상담원과 연결되지 않도록 설계해놓고 있다. 더욱 기가 막힌 것은 급해서 0번을 눌렀을 때 '잘못 눌렀습니다. 다시 눌러주십시오' 하고 함정을 만들어놓는다는 사실이다. 실제로 고객들은 ARS 안에 0번이나 9번에 상담원이 숨어 있다는 것을 이미 알고 있다. 어떤 회사는 한술 더 떠 고객이 알고 있는 9번, 0번이 아닌 5번, 7번에 상담원을 연결할 수 있게 해놓았다가 고객들의 불만과 항의가 더욱 빗발쳐 다시 조정하는 해프닝을 벌이기도 했다. 결국에는 고객이 이기게 되어 있다.

은행 콜센터 계좌이체팀을 담당하고 있는 김 과장도 이런 고객의 불만전화에 시달릴 대로 시달렸다. 텔레뱅킹으로 다른 사람에게 송금을 하려면 본인확인 및 사고방지를 위하여 주민번호, 사용자 비밀번호, 보안카드 비밀번호, 계좌 비밀번호 등을 입력하게 함으로써 5중 6중의 철저한 확인단계를 거쳐야 한다. 그런데 기계에 익숙지 못한 사람들이 ARS 안내멘트에 따라 시도하다가 서비스 코드를 잘못 선택하거나 데이터를 잘못 입력하는 실수를 반복하면 고객도 지쳐서 거칠게 항의하기 십상이다.

고객들의 에러율을 분석해보니 고객들이 분노하는 데도 이유가 있었다. 타행이체, 당행이체의 에러율은 13%인데 대출금 상환 등은 에러률이 60%나 되었다. 결국 조작이 복잡한 거래는 60%가 포기하고 40%의 고객만 성공했던 것이다.

김 과장은 고객이 계좌이체를 시도하다가 두번째 에러가 나는 즉시 "상담원을 연결해드릴까요?"라고 메뉴를 넣어 고객이 선택하게 하고 상담원에게 바로 연결되도록 하자고 제안했다. 이를 바로 실행에 옮긴 결과 고객만족도가 몰라보게 좋아졌고, 은행도 미처 생각하지 못했던 추가 수입도 올릴 수 있었다. 상담원을 통하여 계좌이체를 하면 건당 600원의 수수료가 붙기 때문이다. 고객도 만족하고 은행 수입에도 도움이 되는 윈-윈을 실현한 것이다.

식당에서는 직원이 고객이 항상 볼 수 있는 위치에서 고객이 무엇을 해달라고 두리번거리거나 손짓을 할 때 재빠르게 달려갈 채비를 하고 있다. 마찬가지로 콜센터를 둔 기업은 고객이 회사 홈페이지를 뒤지다가 제품에 대해 더 구체적인 정보를 얻고 싶을 때 "상담원을 연결해드릴까요?"라는 단추를 클릭하면 바로 음성voice 도우미와 연결되게 해야 한다. 세계적인 콜센터 전문 컨설팅업체가 최근 조사한 결과에서도 '71%의 고객이 인터넷을 뒤지다가 전화로도 문의할 수 있으면 좋겠다'고 생각한다는 것이다. 그러나 '44%의 고객은 인터넷에서 거래에 문제가 생겨도 회사에 전화를 걸어 도움을 받을 수 없었다'고 한다.

고객의 부름에 대비하여 서 있는 식당 종업원처럼 텔레뱅킹에서도 두세 번 에러가 발생하면 상담원이 바로 달려가야 한다. 만족스러운 답변을 얻는다면 문제를 해결하려고 전화를 건 고객조차 훌륭한 구매자가 될 수 있다. 가령 지역 케이블 방송사에 문의전화를 걸었다가 답변에 만족한 고객이 '유료 영화채널을 선택해보지 않겠느냐'는 상담원의 권유에 흔쾌히 승낙할 수도 있다. 고객이 사람의 목소리에서 신뢰를 느끼고 바로 구매를 결심할 기회를 놓치지 않게 할 때, 기업은 수익과 고객만족이라는 두 마리 토끼를 잡을 수 있다.

사람보다 똑똑한 컴퓨터는 없다

요즘은 큰 회사, 작은 회사를 막론하고 첨단 정보기술을 이용해 고객과의 접촉채널에서 가급적 사람을 없앰으로써 관리비용을 절감하려고 노력하고 있다. 은행·보험사·이동통신사·전력회사·철도회사·항공사 등 어디나 이러한 추세를 따르고 있다. 그러나 필자는 다음과 같은 몇 가지 이유에서 이것이 고객에게 대단히 짜증스런 경험을 축적하게 한다고 생각한다.

먼저 ARS 자동응답시스템은 "우리는 너무 바빠서 당신의 개인사정을 들을 수 없으니까 컴퓨터로 넘기겠다. 미리 입력된 프로그램이 시키는 대로 하면 된다"는 메시지와 진배없다. 이것은 회사가 추구하는 표준화·효율성·비용절감이 고객의 감정이나 특별한 요구보다 더 중요하다는 인상을 주기에 충분하다.

어느 날인가 자동차 내비게이션의 지도를 6개월마다 주기적으로 갱신하라는 친절한 문자메시지가 휴대폰으로 날아왔다. 업데이트를 해보았는데 서툴러서인지 몇 차례 연거푸 실패하고 콜센터로 전화를 걸었더니 '토요일이라 상담할 수 없다'라는 기계음만 들렸다. 그러나 필자는 이 기계에다가 지금 내가 얼마나 급한지, 언제 전화를 걸면 되는지 말할 수가 없었다.

어느 프린터업체의 콜센터는 오후 6시 5분에 전화를 걸었는데 10분 동안 신호음만 가고 아무도 받지 않았다. 나중에 확인해보니 오전 9시부터 오후 6시까지만 정상근무라는 것이었다. 이런 안내멘트조차 과감하게 생략할 정도면 고객을 무시하는 것이라고 생각할 수밖에 없다.

여전히 많은 기업의 경영자들이 고객을 자신이 편리한 거리만큼 멀리 둘 작정으로 회사 주변에 ARS 자동응답기 등 디지털 차단막을 만들어두고 있다. 인건비도 절감되고 복잡하고 골치 아픈 문제를 들이대는 고객과 직접 접촉할 필요가 없으니 좋아죽겠다는 듯이 말이다. 컴퓨터는 아직까지 전화하는 사람의 음성에서 분노나 좌절, 걱정을 들을 수도 없고 여기에 반응할 수도 없다. 더구나 어떤 고객이 불만이 있고 누가 만족스러워하는지 알지 못한다.

최근 고객이 화가 났는지를 인식하는 음성인식 소프트웨어가 등장했다고 한다. 말하는 사람의 목소리 진동을 측정해 감정상태를 나타내준다는 것이다. 그러니까 이 시스템은 고객이 이성을 완전히 잃기 직전에야 상담원을 연결시켜준다는 것이다. 아주 멋진 발명품이기는 하지만 화가 머리끝까지 났다는 걸 기계가 알아차릴 때까지 기다려야 할 고객을 생각해보면 한심스러운 발명품이 아닐 수 없다.

기계로 사람을 대체하면 기업은 고객과의 접촉비용을 줄이는 데는 성공하겠지만 그 대신 '이름도 얼굴도 없고 무신경한 기계' 이상의 이미지를 얻지 못한다. 다른 회사와 서비스를 차별화할 수 있는 가능성은 모조리 없어진다. 사람보다 고객의 전화를 더 잘 받는 컴퓨터는 아직 없기 때문이다.

우리는 부부를 '거래'라 하지 않고 '관계'라고 한다. 기계가 자동화해 주는 관계는 어디에도 없다. 관계를 자동화해 주는 기계도 없다. 정성을 들여서 관계나 경험을 창출할 수 있는 것은 사람뿐이다. 고객도 친구나 연인, 부부처럼 거래가 아니라 '관계'이다. 효율성이 아니라 인간적 접촉이 더 중요한관계다.

기업이 고객의 충성도를 높이려면 고객에게 긍정적인 경험을 제공할 수 있어야 한다. 컴퓨터는 이러한 경험을 제공할 수 있도록 하는 효과적인 지원수단일 뿐이다. 고객에게 즐거운 경험을 제공하는 것은 목소리에 웃음이 담겨 있는 사람이다.

핵심 포인트

고객은 ARS보다 상담원의 목소리를 더 원한다. 효율성만을 따져 ARS에만 의존하는 기업은 설사 비용을 줄이는 데 성공할지 몰라도 이름도 얼굴도 없고 기계처럼 냉정한 기업이라는 딱지를 얻게 될 것이다. 효율이 아니라 관계를 추구하라.

고객이
편히 잠들게 하라

"손님마다 특성을 잘 알아두었다가 다음에 또 찾아오면 말하지 않아도 다 알아서 해주지. 어떤 손님은 다른 사람이 썼던 비누를 쓰면 찜찜해하니까 물로 한 번 헹군 뒤에 비누칠을 하고, 어떤 손님은 식초로만 헹궈주고…. 작은 것에 감동하는 것 같아, 손님들이."

"되도록이면 빨리 손님이 눈을 감을 수 있도록 해야 해. 눈을 감는다는 것은 나를 믿는다는 것이거든. 처음에는 이 사람이 잘하고 있나 못하고 있나 걱정이 되니까 거울을 뚫어지게 쳐다본다고. 그런데 조금씩 머리모양이 나오는 게 마음에 들거든. 그럼 안심을 하고 눈 감고 쉬어. 손님이 눈 감는 시간이 빨라야 나도 편하고 손님도 편해."

이렇게 눈을 감고서 믿고 맡기는 손님에게는 최대한 정성을 들여 이제

되었다 싶을 때까지 머리를 다듬는다. 설령 뒤에 여러 손님이 기다리고 있어도 손을 재촉하지 않고 섬세하게 가위를 움직인다.

'이용원'이라는 낡은 간판을 그대로 걸고서 외할아버지, 아버지에 이어 3대째 가업을 잇고 있는 한 이발고수의 인터뷰 내용을 보고 저절로 고개가 끄떡여졌다. 필자 역시 처음 가보는 이발소에서 편히 쉬지 못한 채 그렇지 않아도 시력이 나쁜 눈으로 피곤하게 거울을 쳐다보면서 마음을 졸인 적이 한두 번이 아니었기 때문이다. 전자제품 사는 것처럼 다른 디자인으로 다시 바꿀 수 있는 것도 아니고, 마음에 안 든다고 다시 머리카락을 붙일 수도 없는 일이라서 처음 가는 이발소에서는 누구나 신경이 곤두설 수밖에 없다.

각 분야에서 장인다운 노련함과 서비스정신으로 무장된 이런 고수들의 이야기는 언제 들어도 즐겁다. 스스로 한심한 사람을 자칭한 어느 교수님의 「한심스러운 교수」라는 글에서 읽은 한 구두닦이의 이야기도 필자를 즐겁게 만든다. 대략 간추리면 이런 내용이다.

어느 비 오는 날 교수님이 구두를 고치러 길거리 포장마차식 구둣가게로 갔다. 그런데 젊은 구두닦이가 구두를 다 손질하고 나서는 구두에 약칠을 하는 게 아닌가. 그래서 교수님은 대뜸 비 오는 날 구두약은 왜 칠하느냐고 빈정거렸다. 그랬더니 그 친구가 내지르는 말이 가관이었다.

"아니, 멀쩡하게 생긴 양반이 그런 것도 모른대요? 오늘처럼 비 오는 날 구두가죽이 더 쉬이 망가지니까, 약칠을 더 잘 해야지요."

교수님은 한동안 말문을 잊었다. 이 고상한, 그러나 자칭 한심한 지식인은 그저 날씨 좋은 날 번쩍거리는 구두 광채만 줄곧 생각하고 있었던 것이다.

두어 달 전에 가졌던 월례회의에서 탁월한 실적을 거둔 어느 직원의 우수사례도 미소를 짓게 했다. 직장인들을 대상으로 은행 신용대출을 판매하는 직원이었는데 지하철역 주변에서는 하도 많은 사람들이 전단지를 나눠주는 터라 행인들도 이제 알아서 피해간다는 것이다.

"저는 그런 곳을 찾아가지 않습니다. 빌딩의 휴게실, 특히 담배를 피우며 휴식을 취하거나 동료들과 잡담을 즐기는 공간으로 갑니다."

곰곰 생각해보니 바쁜 직장인들이 신용대출 세일즈맨의 얘기에 귀를 기울여주기에 가장 적당한 장소는 휴게실이었다는 것이다.

경험에 대한 기억이 가장 오래간다

필자가 서울의 어느 대학원에서 맡고 있는 '서비스품질 관리론' 강좌는 고품질 서비스의 설계, 측정 등에 관한 여러 이론과 실제사례 등을 다룬다. 그런데 서비스를 얘기하다 보면 좀 생소한 '경험experience'이란 단어가 자주 등장한다.

"고객은 항상 제품이나 서비스 외의 것에도 가격을 지불하는 셈이다. 왜냐하면 제품이나 서비스라는 것은 반드시 관련된 경험과 함께 구매되기 때문이다."

톰 피터스도 경험과 관련하여 이와 같은 말을 했다.

"제품과 서비스가 다른 것처럼 경험과 서비스는 다르다."

이 말을 필자 나름대로 비유해서 설명해보면 이런 의미다.

유명 패밀리 레스토랑에서 고객에게 다음과 같이 서비스한다. 고객에게 무릎을 꿇고 주문을 받음으로써 고객이 주문할 때 고개를 들지 않아도 되고, 다양한 음식에 대해 친절한 설명을 덧붙이고, 생일을 맞은 고객에게 축하공연을 해주고 즉석사진을 찍어 고객에게 증정하는 등 즐거운 추억을 제공한다. 고객은 이러한 이벤트가 만족스러운 경험으로 기억에 남아서 다시 이 레스토랑을 찾게 된다는 것이다.

고객이 가장 끈질기게 기억하는 것은 경험에 대한 기억이다. 음식점이라면 식당은 무대로, 음식은 소도구로 이용해서 고객에게 기억에 남을 만한 이벤트를 제공하고 그에 대한 입장료를 받는 영업이어야 하는 것이다. 여기서 두고두고 잊지 못할 경험을 한 것을 고객이 주변에 소문을 낼 것이기 때문이다. 결국 돈만 받기보다는 고객의 마음을 얻는 것이 비즈니스의 본질인 것이다. 음식을 파는 것이 아니라 '기억에 남을 만한 경험'을 파는 것이다.

긍정적 경험의 기준을 설계하라

서비스의 대표적 특징은 무형성이다. 무형성이라는 말은 '존재하지 않는다'가 아니라 단지 '보이지 않는다'라는 의미이다. 그런데 어떤 기업은 서비스는 보이지 않고 만질 수 없는 것이라 측정할 수 없다는 생각으로 직원에게 '좋은 서비스를 하라!'고 말하는 실수를 범하고 있다. 서비스는 생산과 소비가 동시에 이루어지는 행위다. 그리고 고객은 서비스 전달이 성공했는지 실패했는지 그 자리에서 말해줄 수 있다. 바로 여기서부터 시작하면 된다.

우선 고객의 관점에서 좋은 서비스, 나쁜 서비스, 훌륭한 서비스가 어떤 것인지 구체화한 기준을 마련해 직원들에게 제시한다. 그래야 직원들이 회사가 원하는 서비스를 이해하고 이행할 수 있게 된다. 최소한의 기대치(기대표준)와 화가 나는 경험(부정적 경험)과 기대 이상의 순간(긍정적 경험)이 무엇인지를 구체적으로 제시해야 한다. 이것을 도표나 청사진으로 그려놓는 것도 하나의 방법이다.

다음, 고객의 경험에 대해서도 목표를 세운다. 막연하게 오래 기억하게 해야겠다가 아니라, 오래 기억하도록 구체적으로 설계해야 한다. 고객에게 추억이 될 경험을 위해 구체적인 서비스 목표를 설정하고 측정해야 한다. 고객이 제품이나 서비스를 구매하고서 긍정적이고 즐거운 경험을 지속적으로 유지하는지를 점검하는 것을 고객경험관리customer experience management라고 한다.

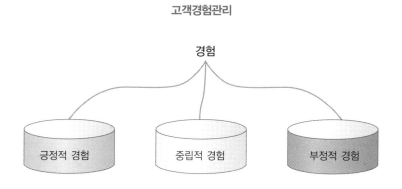

고객경험관리

경험

긍정적 경험   중립적 경험   부정적 경험

끝으로, 이러한 서비스를 안정적으로 제공할 수 있도록 고객 서비스 사이클에 따라 진실의 순간이 구체적으로 설계되어야 한다.

구체적인 목표는 구체적인 결과를 가져온다. 그러나 막연한 계획은 막연한 결과를 가져오는 것이 아니라 아무런 결과도 가져오지 못한다.

진실의 순간을 포착하라

그러면 여기서 고객경험을 설계하는 방법으로 MOTIA에 대해 잠깐 설명하기로 한다. MOTIA는 론 젬케가 그의 동료와 함께 '서비스 사이클'과 '진실의 순간'이라는 개념을 이용해 만든 것이다. MOTIA는 'moment of truth impact assessment,' 즉 '진실의 순간에 대한 영향력 평가'이다. 이것은 특정 서비스를 바라보는 고객의 입장에서 경험에서 가장 중요한 사건이나 진실의 순간을 포착하여 이를 세분하여 만든 평가이다. 이러한 데이터는 고객 인터뷰·설문조사·관찰·직원의 경험·서비스 프로세스·고객 불만과 칭찬 등 다양한 자료에서 얻을 수 있다.

어느 특정한 진실의 순간 하나하나에 대해 고객은 최소한의 기대치를 갖는다. 이를 '기대표준'(중립적 경험)이라고 한다. 특정한 진실의 순간에 고객이 실망하거나 화가 나는 경험을 했다면 이를 '부정적 경험'이라고 한다. 반면에 특정한 진실의 순간이 기대 이상의 좋은 경험이 되는 경우를 '긍정적 경험'이라고 말한다.

다음 쪽의 표는 '콜센터의 A/S 담당직원과 통화했을 때' 잘해야 하거나 하지 말아야 한다고 고객이 기대하는 행동을 실례로 들어본 것이다.

물론 이것은 상담원의 모든 행동에 대한 사례를 포괄하는 것은 아니며, 긍정적이든 부정적이든 고객에게 강한 인상을 줄 수 있는 상담원의 응대 수준을 구별해 보여주기 위한 것이다.

서비스품질이 획기적으로 개선되지 않는 요인 중에 한 가지는 '기준 이하의 응대행위를 그대로 방치해둔다'는 것이다. 자동차나 휴대폰 등 어느 제품도 노조가 파업한 시기에 만들어진 것이든 공장 직원들이 피로 가 누적된 상태에서 생산된 것이든 휴가철에 만들어진 것이든, 불량품이 출고되는 경우는 거의 없다. 제품이 시장에 나오기 전에 철저한 품질검 사가 이루어지기 때문이다.

A/S 담당 콜센터 직원과 통화시 고객의 기대행동

부정적 경험 (−)	기대표준(O)	긍정적 경험(+)
• 상담원의 말을 이해할 수가 없다.	• 한 번만 전화하면 될 것이다.	• 상담원은 듣기 좋은 부드러운 목소리를 가지고 있었다.
• 두 번 이상 전화를 해야 했다.	• 시내전화일 것이다.	• 상담원은 내 문제를 진심으로 이해하고 어떻게 해야 할지 잘 알고 있었다.
• 녹음된 소리를 들으며 별로 환영받지 못한다는 느낌이 들었다.	• 친절하고 명랑할 것이다.	
• 통화보류가 된 상태에서 너무 조용해 전화 연결이 끊어진 줄 알았다.	• 이해하기 쉽게 분명히 말할 것이다.	• 상담원은 내가 특별한 상황에 처해 있거나 긴급한 병원연락이 필요해 보통 때보다 빠른 보수를 해야 하는지 물어보았다.
• 상담원은 마치 정해진 질문을 순서대로 따라하는 것 같았다.	• 합리적인 시간 안에 대답하거나 해결책을 줄 것이다.	• 상담원은 마치 이웃처럼 우리 지역을 잘 아는 듯했다.
• 사무실에 찾아가 담당자를 직접 만나 얘기할 수 없었다.	• 상담원은 내 문제에 귀를 기울이고 내 요구를 완전히 이해할 것이다.	• 상담원은 내 편의에 따라 일을 처리해주겠다고 약속했다.
	• 상담원은 자신감이 넘치고 친절하며 이해심이 깊다.	

그러나 눈에 보이지 않는 서비스를 다룰 때에는 불량 서비스를 출고하는 일도 생긴다. 그럴 때 콜센터 매니저나 상담원이 '콜포기율이 이 정도면 괜찮아'라든가 '특별한 사정이 생긴 오늘 같은 날은 예외야'라고 받아들이면 마음은 편할 것이다. 하지만 엉망인 서비스, 심지어 예외적인 사건으로 생긴 나쁜 경험이라 할지라도 고객은 이런 부정적인 경험을 오래오래 기억하기 때문에 결코 무시해서는 안 된다. 콜센터에 '괜찮아' 해도 괜찮은 날은 없다. 최고품질의 서비스는 한마디로 고객과의 약속이며 신뢰이기 때문이다. 고객이 기꺼이 비싼 가격을 치르고 유명 브랜드 제품을 구매하고, 일류회사와 제품이나 서비스를 계약하는 것은 최고의 서비스를 약속한 기업을 믿기 때문이다. 일류기업은 고객과의 약속을 지키기 위해 큰 지진에서부터 사소한 고장에 이르기까지 각종 상황에 철저히 대비하는 모의실험을 끝도 없이 반복한다.

잘 모르는 상대를 파악하는 가장 쉬운 방법은 약속시간을 잘 지키는지 여부를 보는 것이다. 신뢰를 잃는 최선의 방법은 늦게 나타나 상대를 기다리게 하는 것이다. 늘 약속시간에 늦는 사람은 어느 조직에서나 정해져 있다. 아마도 지극히 낙관적인(?) 사람일 것이다. 이들은 삶에 아무런 장애물을 예상하지 않는다. 집을 나서자마자 버스가 오고, 택시는 늘 기다리고 있고, 길은 전혀 막히지 않고…. 그러나 그런 경우는 드물기 때문에 결국 조금만 어긋나도 늦을 수밖에 없다. 조금만 어긋나도 늦을 수밖에 없는 상황이라면 지하철 같은 확실한 교통수단을 선택하든가 차가 막힐 경우를 예상해서 30분 정도 일찍 출발해야 한다. 늘상 시위대가 있는 길이라면 우회도로를 점검해두어야 할 것이고 갑작스런 방해물이나 비상사태에 대비하여 제2의 안을 항상 갖고 있어야 한다.

명품회사들이 한결같은 명품 서비스를 창출해내는 것은 바로 이처럼 정전이 되었을 때, 지진이 일어났을 때, 갑자기 전화가 폭주했을 때 같은 큰 사고에서부터 사소한 고장에 이르기까지 모든 경우에 대비해 끊임없이 모의실험을 했기 때문이다.

제품과 서비스를 팔지 말고 경험을 팔아라. 그리고 고객에게 항상 기대 이상의 긍정적인 경험이 되도록 기준을 설계하라. 어떤 이유에서든 엉망인 서비스를 어쩔 수 없었던 일이라고 속 편하게 받아들이지 말라. 한결같이 약속을 지킬 수 있도록 비상계획을 세우라.

론 젬케의 '진실의 순간'

서비스 실패 이후 처음으로 고객을 접하게 되는 '진실의 순간'에는 고객의 입장을 이해하고 공감하는 감성적인 접근이 필요하다. 이를 통해 고객의 선의를 자극하고 부정적인 인식과 느낌을 지워야 한다. 『양말을 벗고 서비스 복원에 나서라』의 저자인 론 젬케는 이런 감성적인 접근을 강조하고 있는데, 고객의 감정수준에 따라 사과와 공감을 적절히 배합할 것을 권고한다.

고객과 공감하라

한 카드회사의 콜센터는 매주 금요일 책임자회의를 연다. 이 회의는 가장 최근에 이슈가 되고 있는 고객의 요구사항이나 민원전화를 듣는 것으로 시작된다. 그런데 그날은 회의시작 불과 몇 분 전에 사건이 터져 의제를 준비할 필요조차 없게 되어버렸다. 한 50대 남자고객이 "당신네 은행은 원래 이렇게 버르장머리 없고, 거짓말쟁이가 많은 회사"라며 10여 분이 넘게 성토를 하고 있었기 때문이다. 통화 끝에 고객이 요구한 것은 "담당 부행장이 직접 찾아와서 사과하라"는 것이었다. 사실 이럴 때가 제일 난감하다. 상담원 대신 고객에게 사과해달라고 윗사람을 동원할 수는 없기 때문이다.

고객만족부서나 민원팀에서 제일 싫어하는 것이, 민원인이 본사나 임원을 찾아가겠다는 경우나 직접 전화하는 경우다. 이것은 담당부서의 무능을 드러내는 일이기도 하고, 경영진이 이런 문제로 신경쓰게 하면 안되겠다는 나름의 충성심도 있기 때문이다. 사실 민원팀이나 콜센터 직원들은 경영진이 고객 불만사항으로 골머리를 앓지 않도록 회사를 대표해서 궂은일을 도맡지 않던가.

위의 사건은 이용대금 명세서상의 안내금액과 실제로 사용한 금액이 다르니 확인해달라는 단순한 문의사항이 발단이었다. 고객의 카드사용 총한도가 1천만원이고 현금서비스 한도가 300만원, 해외한도가 952달러였는데, 이 금액에 대해서 고객이 잘못 이해했을 뿐이었다. "다른 은행은 모두 잘 되어 있는데 당신네 은행은 인터넷상에 이런 안내조차 제대로 되어 있지 못하다"고 고객이 지적하자 상담원은 "인터넷상에 분명히 총한도, 현금서비스 한도, 해외한도가 구분되어 표시되어 있다"고 또박또박 설명했다.

구 분		총한도	현금서비스한도	해외한도
통합한도	기본한도	10,000,000원	3,000,000원	$9,520.00
	잔여한도	8,111,910원	3,000,000원	$7,929.00

다시 고객이 "그럼 '현금서비스 한도가 총한도에 포함되어 있다'는 설명이 어디 있느냐"고 따졌다. 사실 그런 안내문구는 적혀 있지 않았고 누가 보아도 오해할만하게 되어 있었다. 어쨌든 고객이 언성을 높이며 부행장의 사과를 요청하게 만든 결정적인 원인은 총한도니 현금서비스 한도니 금액이니 하는 문제가 아니고 상담원과의 '대화' 자체였다. 상담원이 조목조목 고객의 항의를 '반박'하며 총한도란 무엇이고 이용한도란

무엇이고, 마치 고객이 문외한이라는 양 설명해나가는 데 기분이 나빠진 고객이 "내가 그런 것조차 제대로 이해하지 못할 바보로 아느냐"며 분통을 터뜨려 사건이 눈덩이처럼 커져버린 것이다.

상담원 입장에서는 이런 항의를 받아본 게 한두 번은 아니지만 억울하기도 했을 것이다. 하지만 거의 대부분의 상담원은 칭찬을 해주어도 될 만큼 회사의 입장을 잘 옹호하고 업무규정과 방침을 성실하게 설명한다. 그러나 고객은 우리 회사의 방침과 콜센터의 업무처리 규정을 따라야 할 의무가 없는 사람들이다.

어느 주유소 광고에서 왕초보 문근영의 두번째 에피소드는 이런 줄거리다. 기분 좋게 드라이브를 즐기고 문근영이 당당하게 주유소로 들어간다. "빵빵하게 가득이요~"라고 호기 있게 말했는데 주유구를 찾지 못해 허둥지둥 이것저것 눌러보지만 트렁크가 열리고 와이퍼가 움직이고. 운전초보란 것을 들키자 자신도 모르게 "이 차는 주유버튼이 없나 봐요~"라며 변명한다. 하지만 주유소의 멋진 직원은 다른 사람이 들을까 살짝 "여기 숨어 있었네요~"라며 편안한 미소를 지어준다. 주유 버튼이 숨어 있으니 찾지 못하는 게 당연하다는 듯 고객의 마음까지 배려하는 서비스에 절로 기분이 좋아진다는 이야기다.

마치 언제나 처음인 것처럼 고객의 요구사항을 귀기울여 들어주고 이 주유소 직원처럼 '(자기도) 잊고 있었는데 (고객의 말씀에) 불현듯 생각났다는 듯이' 인터넷상에 있는 안내문구에 대해 설명해주었으면 좋았을 것이다. 하지만 이 상담원은 그러는 대신 "틀림없이 인터넷에서 조회됩니다. 현금서비스 한도는 총한도 내에 포함되어 있는 한도입니다' 하면서 그런 것도 제대로 이해 못했냐, 틀림없이 적혀 있지 않느냐는 식으로 똑 부러지게 고객의 잘못을 짚은 것이다.

만일 고객이 분을 못 풀고 납득하려 하지 않으면 "지금 제가 다시 생각해보니 '총한도에는 현금서비스 한도와 해외한도가 포함되어 있습니다' 라는 안내문구가 들어가야 옳습니다. 당장 고치겠습니다. 지적해주셔서 감사합니다"라고 개선을 약속하고 고객의 자존심을 지켜주어야 했다.

외환위기가 한창인 1997년 가을, 한 보험회사의 채권관리팀에서는 1개월 단기연체 고객에서부터 3개월 이상 연체가 되어 장기연체로 넘어가기 직전의 고객들에게 전화를 해서 체납액을 안내하고 납부를 유도하기로 했다. 대출금리는 최대 24%까지 개인마다 차이가 있었지만 연체금 총액은 대개 120에서 240만원 사이였다. 외환위기로 수입이 줄거나 사업이 부도나 끼니조차 잇기 힘든 사람들이 많다 보니 연체관리를 하기도 쉽지 않았다. '나 몰라라' 식으로 아예 전화를 받지 않는 고객, 전화를 받더라도 '맘대로 하라'는 식으로 떠넘기는 고객, '어제는 라면 한 개로 때웠다'며 하소연하는 고객까지, 대응방식도 참 다양했다.

이 일을 맡은 상담원이 할 일은 결국 돈 내라고 독촉하는 것이었기 때문에 모두가 힘들 수밖에 없었다. 그런데 그런 상황에서 참 신기하게도 싸우러 오는 고객도 있고 고맙다는 인사를 하러 오거나 선물을 주러 오는 고객도 있는데, A직원한테는 항상 싸우러 오는 고객만 있고 선물을 받는 B직원은 언제나 선물만 받더라는 것이다. 또 A직원과 싸우던 고객도 B직원과 통화를 마치고 나면 화를 가라앉히고 상담을 마무리하는 것이었다.

두 직원을 자세히 관찰해보았더니 그 차이는 너무나 단순했다. B직원은 고객의 항의나 불평을 묵묵히 받아들였고 고객의 입장에서 이해하려 했다.

"누가 안 갚는다고 했어요? 나라 전체가 어려운데…. 이 정도는 봐줘야 되는 거 아니에요? 고작해야 3개월인데. 좀 기다려요. 아무리 그래도 돈이 나올 곳이 없다니까요."

고객이 이렇게 말하면 B직원은 이렇게 응대한다.

"네, 고객님. 어려우신 사정 이해가 갑니다. 그런데 고객님, 제가 오늘 전화 드린 건 이번 달까지 해결이 안 되시면 고객님께서 더 힘들어지실까 걱정되어서 전화를 드린 겁니다. 연체하시면 다른 금융거래도 힘드신 건 고객님도 잘 알고 계시지 않습니까. 제가 도와드릴 수 있는 데까지는 도와드리겠습니다. 이번 주까지 얼마 정도가 가능하신지요?"

그러나 A직원은 이런 식이다.

"아니, 그러니까 이자를 갚을 수 있는지를 미리 계산해보고 대출을 받으셨어야죠. 왜 저한테 그렇게 이야기하십니까? 그러니까 이번 달까지 연체를 하시면 제가 담보를 넘기겠다는 것이 아니고 회사 규정상 그렇게 할 수밖에 없다니까요."

직원들은 고객의 하소연을 진심을 다해 들어주고 할 수 있는 한 최선을 다하면 된다. 고객들이 원하는 것은 그것뿐이다. 상담원들이 반드시 알아야 할 것은 '설명을 하지 않으면 고객들은 아무것도 알지 못한다'는 것이다.

최고의 상담기술은 경청과 공감이다

어떤 목사님 말씀이 생각난다. '하나님이 인간을 아주 완벽하게 조각 하셨다'고 하는 말이다. 입이 하나 있는 것은 말을 더디 하라는 뜻이고, 귀가 두 개 달린 것은 많이 들으라는 의미이며, 눈이 양쪽으로 있는 것은 시각을 달리해서 양면으로 보라는 뜻이라는 것이다. 상담원은 고객의 말을 경청하는 한편으로 고객의 마음을 들여다보아야 한다.

사실 필자도 논리적으로 조목조목 따져가며 해결책을 제시하려 했다가 봉변을 당했던 적이 있다. 부끄럽지만 집안일을 하나 들춰내겠다.

아내와 심하게 다투고 아침까지 못 얻어먹고 나온 날이 있었다. 어느 날 저녁 교사인 아내가 '교사에 대한 처우와 평가방법'에 관해 몹시 불평을 했다. 3장의 '깨진 유리창'에서 언급한 것처럼 교사니까 무능해도 신분이 보장되고 차등 대접을 받아선 안 된다는 논리에 필자는 아주 비판적인 입장이다. 필자는 경쟁에서 낙오되지 않기 위해 몸부림치는 직장인의 변화된 근무환경과 동기부여를 촉진하기 위한 성과주의의 불가피성을 조목조목 설명했다. 그리고 예수의 말씀이 어떻고 소크라테스가 어떻고 하며 옛 성현들까지 들먹인 다음, 그러나 기업에서 조직생활을 하는 평범한 사람들은 자기 신념과 철학보다는 조직이 평가하고 보상하는 대로 움직이는 법이다, 경영이 뭔지 아느냐, 보통 사람들로 하여금 보상과 인정이라는 과정을 통해 비범한 일을 하게 만드는 것이다 등등 멍석을 받아놓은 사람처럼 신이 나서 지껄였다. 평소 필자의 소신이기도 했거니와 더러 강의 때도 하는 얘기라서 조금도 망설임이 없었다. 필자는 필자의 유식함을 유감없이 과시했다고 믿었다. 그런데 아내는 뜻밖에도 "당신도 교사생활을 6년이나 하지 않았느냐, 학교가 돈 버는 회사와 같으냐'라며 비난을 퍼부었다. 필자가 교사의 처우나 평가방법을 결정하는 사람도 아닌데 말이다.

나중에 깨달았지만 필자가 그때 논리적으로 설득하고 해결책을 제안하는 것이 아니었다. 그저 "그랬냐, 그런 생각이 들었겠다, 당국에서 일선교사들의 의견에 더 많이 귀를 기울이면 좋겠다"라고 몇마디 맞장구쳐주면서 가볍게 공감만 해주었으면 될 일을, 무엇이 현실이며 정답이라고 한껏 잘난 척했다가 봉변만 당하고 아침까지 못 얻어먹은 것이다.

고객이 상담원에게 가장 바라는 것이 무엇일까? 완벽한 해결책이 없더라도 포근하게 받아들여주는 분위기로, 끝까지 귀기울여 들어주고 공감해주는 노력이 '참 좋은 서비스'가 아닌가 하는 생각이 든다.

특히 남자와 여자의 대화방식에서 이 공감과 경청에 관한 차이가 극명하게 드러날 때가 많다. 존 그레이 박사는 『화성에서 온 남자 금성에서 온 여자』라는 책에서 제목 그대로 남자와 여자를 각각 다른 별에서 온, 서로 다른 인종으로 설정하고 있다. 남녀가 사귀는 동안 벌어지는 갖가지 오해와 갈등은 바로 남녀의 이런 생득적 차이에 기인한다는 것이다. 상대방이 나와 다른 성별을 가진 남성 혹은 여성이라는 것을 깨닫고 그(그녀)의 행동을 이해하라는 것이 이 사랑학 지침서의 조언이다.

필자는 남자와 여자만 서로 다른 별나라에서 온 것이 아니라 기업과 고객도 서로 다른 별나라에서 왔을 것이라고 생각해본다. 기업은 화성이라는 별나라에서 왔고, 고객은 금성이라는 별나라에서 왔다. 그래서 기업과 고객은 서로 사용하는 단어의 의미가 다르고, 항시 서로 다른 생각을 하고 있다. 같은 언어라도 금성에서 사용할 때와 화성에서 사용할 때 그 의미가 전혀 다른 경우는 허다하다.

예를 들어 여자의 "당신은 내 말을 전혀 듣고 있지 않아요"라는 말을 금성의 언어 사전에서 찾아보면 "내가 하려는 말을 당신은 충분히 이해하지 못해요. 내가 하는 말에 관심과 흥미를 보여주세요"라는 말이라고 해석되어 있다. 그러나 화성의 남자들은 "무슨 소리야! 당신 지금 이렇게 얘기했잖아. 다 듣고 있다"면서 그녀가 방금 한 말을 그대로 되풀이하며 자기가 잘못 듣지 않았다는 것을 증명하려 한다. 대다수의 화성 남자들은 감정을 표현하는 금성 여자들의 화법이 자기들과 다르다는 것을 이해하지 못하기 때문에 상대의 감정을 자기 잣대로 판단하고 말다툼을 벌인다.

이제 기업은 금성과 화성의 언어사전을 펼쳐놓고 고객의 언어를 배우기 위해 끊임없이 노력해야 할 것이다. 그들이 무엇을 좋아하고, 어떤 언어를 사용하며, 고객의 말을 어떻게 해석해야 하는지를 모르는 채 물건을 만들고 서비스를 제공한다면 고객에게 기업은 외계인과 다름없으니까.

아내는 자기 생각을 이해해주고 속상한 마음에 대해 공감해주기를 바랐던 것이다. 여자들은 감정공유 어법을 구사한다. 그러나 남자들은 문제해결 어법을 쓴다. 그래서 남자들은 여자들이 무슨 말을 하면 도와달라는 것으로 착각한다. 그래서 해결책과 정답을 말한다. 그러나 남자들이 말하는 그 정답은 정답이 아니다. 정답은 맞장구치고 공감해주는 것이다.

상담원은 듣는 수준과 단계를 한층 높여야 한다. 최고의 상담스킬은 공감하고 경청의 수준을 높이는 것이다.

● 1단계 말을 가로막지 말고 귀를 기울이고 [귀]

- 2단계 상대의 눈을 쳐다보면서 [눈]
- 3단계 가끔씩 고개를 끄덕여주며 [태도]
- 4단계 '속상하셨겠다', '당연한 말씀이시다', '말씀하신 대로입니다' 라고 공감해주고 [입]
- 5단계 '예리한 지적이시다', '일부러 전화까지 주셔서 정말로 고맙다'고 자존심을 살려주어야 한다 [칭찬]

핵심 포인트

늘 고객과 싸우는 A와 고맙다는 선물까지 받는 B의 차이는 뭘까? B는 공감하고 경청하는 사람이고 A는 반박하고 지적하는 사람이다. 고객이 바라는 정답은 맞장구치고 끄덕여주고 공감해주는 것이다.

고객의 마음을
열어라

1884년은 소매유통산업에 혁신적인 변화가 일어난 점에서 선언적인 해이다. 바로 NCRNational Cash Register이 세계 최초의 금전등록기를 발표한 해이기 때문이다. 미국의 NCR 창립자 존 패터슨은 금전등록기라는 최첨단 상품을 개발하여 전국의 점포에 판매하겠다는 생각으로 그때까지 거의 없었던 전담 세일즈맨까지 채용했다. 대부분의 세일즈맨들이 부진한 판매실적을 보이고 있을 때, 어느 세일즈맨의 판매실적이 갑자기 급증했다. 패터슨은 그를 불러 비결을 물었다. 그런데 정작 이 세일즈맨 자신도 실적이 좋은 이유를 모르고 있었다. 패터슨은 그와 이런저런 이야기를 하던 끝에 아주 중요한 사실을 하나 발견했다.

이 세일즈맨도 처음에는 다른 세일즈맨처럼 이 점포 저 점포를 열심히 찾아다니면서 금전등록기의 탁월한 성능을 입이 닳도록 설명했지만, 점포 주인들은 아무도 관심을 가지지 않았다고 한다. 이 세일즈맨은 제품보다는 점포 주인의 입장에서 무엇이 가장 큰 고민거리인지, 어떻게 그 고민을 해결해줄 수 있을지를 생각하기에 이르렀다. 당시는 어느 점포나 매출 집계나 재고관리가 쉽지 않았고, 점원이 돈을 슬쩍하는 일이 빈번했다. 특히 점원이 돈을 슬쩍하는 일이 점주들이 가장 골치 아파 하는 문제였다.

그는 점주들과 상담할 때 금전등록기의 우수성을 설명하기보다는 이 금전등록기가 혁신적인 계산기능과 영수기능을 결합했기 때문에 점주들의 고민거리를 해결할 수 있다고 설득하기 시작했다. 고객이 안고 있는 문제점이 무엇인지를 생각하고, 그것을 해결할 수 있는 솔루션을 만들어 고객이 듣고 싶어 하는 이야기를 한 것이다. 고객은 금전등록기를 원한 것이 아니라 직원들의 삥땅을 예방하고 싶었던 것이다.

고객은 세일즈맨을 도와주기 위해서 상품을 구입하는 것이 아니다. 따라서 서비스맨이나 세일즈맨들은 해당 상품이나 서비스를 사용하면 고객에게 어떤 이익이 있는지를 제시함으로써 상품의 가치를 알게 해야 한다. 그러나 많은 세일즈맨들이 제품의 특징, 성능을 설명하는 데만 집착한다. 정작 고객은 제품이나 서비스가 자신에게 어떤 이점이 있는지에 더 관심을 갖는데 말이다.

판매를 앞세우는 것은 하수의 전략이다

보험회사 직원이 제일 속이 상할 때는 어렵게 고객으로부터 '보험에 가입하겠다'는 약속을 받았는데 정작 고객이 건강검진을 통과하지 못했을 때다. 보험회사가 이른바 역선택을 방지하기 위해서 미리 고객의 건강상태를 체크하기 때문이다. 역선택이란 보험사가 사고확률이 높은 사람들을 가입시킬 경우 많은 보상금이 나가서 결과적으로 회사재정을 악화시키는 상황을 말한다.

백화점 점원도 이 옷 저 옷 입어보고 그냥 출입문을 나가는 고객이 제일 미울 것이다. 어느 유명 백화점에서 판매실적과 고객관리능력이 뛰어난 판매사원 350명을 대상으로 설문조사를 했는데, 판매 고수들은 어떤 고객이 지갑을 열 것인지 한눈에 알아보는 능력이 뛰어났다고 한다. 눈빛만 봐도 그 고객이 물건을 살 것인지 아닌지 알 수 있다고 하는 판매원이 35.5%나 되었다고 한다.

판매 고수들은 처음 보는 고객이 매장에 들어섰을 때 고객에게 다가붙지 않는다. 간단하게 인사한 후 고객이 자유롭게 매장을 둘러보게 한다. 바로 이 점이 보통의 세일즈맨과 다른 점이다. 그리고 거울 앞에 서 있는 시간 등을 지켜보면서 지갑을 열 만한 고객인지를 관찰한다. 고객을 설득하지도 않는다. 고객의 눈빛(35.5%), 상품을 꺼내보는 행동(26.9%), 거울 앞에 서 있는 시간(17.9%), 사이즈 확인(9.3%) 등을 지켜보면서 실제 구매 욕구를 가진 고객을 가려낸다.

그 다음 구매를 망설이는 고객에게는 자신을 믿고 구매하라(33.1%), 젊어보인다(24.5%), 날씬해 보인다(16.2%), 패션감각이 좋다(12.1%) 등의 말로 칭찬하면서 다가서는 것이다. 판매의 달인들은 헛고생을 하지 않겠다고 대놓고 "물건을 꼭 사겠느냐?"고 물어보지 않는다. 두말할 필요도 없지만 보험회사 설계사 역시 '먼저 건강검진부터 받아보고 통과한 고객만 보험상담을 하겠다'고 할 수는 없는 노릇이다. 그런데 주변에서 보면 "빨리 사도록 설득해야지", "먼저 자격부터 되는지 보자"고 덤벼드는 세일즈맨이 많다. 소매업자가 세일즈맨의 실적을 위해 금전등록기를 구입하지 않고, 고객이 백화점 매출을 위해 매장에 나타나지 않으며, 설계사 수당을 챙겨주기 위해 보험을 가입하려 하는 게 아닌데도 말이다.

얼마 전 신용대출과 주택담보대출을 담당하는 은행 상담원이 전화를 받는 장면을 우연히 지켜보게 되었다.

고객   대출문의 때문에 전화드렸는데요.

직원   고객님, 직장은 다니고 계시죠?

고객   네.

직원   그럼 제가 몇 가지 사항을 확인해야 하는데요.

고객   그러세요

직원   고객님, 연봉은 얼마세요?

고객   1,800만 원요.

직원   다니신 지는 얼마나 되셨죠?

고객   6개월이요.

직원   회사명은요?

고객   ○○○인데요.

직원   직급은요?

고객　사원인데요.

직원　전에 연체하신 적 있으세요?

고객　없는데요.

직원　고객님 죄송한데 저희 쪽에서 대출받으시기는 어려우십니다.

고객　그래요? 할 수 없죠.

직원　예, 고객님 좋은 하루 되십시오.

여기저기 대출상담 전화를 넣었지만 자격미달이라 신용대출 가능 여부가 무엇보다 궁금한 고객이었다. 그런데 상담원은 고객이 처한 상황을 물어보지도 않고 대출에 대한 어떤 설명도 해주지 않았다. 단지 대출가능 여부를 가려내는 컴퓨터처럼 직장이 어디며 연봉이 얼마인지부터 물어본 것이다. 고객은 대출에 대한 유익한 정보를 듣기 위하여 전화를 했는데 정보를 얻기는커녕 사생활만 타인에게 노출시키고 은행 직원에게 한바탕 취조만 당한 느낌이었을 것이다.

'개별적인' 셀링 포인트를 찾아라

대화법과 억양보다 상담원에게 더욱 필요한 자질과 스킬은 고객심리를 꿰뚫는 능력과 따뜻한 품성으로 고객의 문제 해결을 돕는 컨설팅 능력, 즉 세일즈맨십과 서비스 마인드다.

수차례 상담내용을 녹음해 들어본 결과 가장 눈에 띄는 문제점은 고객이 질문하는 내용에 대해서는 알고 있는 상품지식을 활용해서 잘 대답해주는데, 이것을 구매의욕을 북돋우는 쪽으로 전혀 연결하지 못하고 있다는 것이다. 고객마다 상품을 구매할 때 중요시하는 요소가 다르다. 자동차를 구매할 때도 어떤 사람은 연비가, 어떤 사람은 승차감이, 어떤 사람은 성능이 중요하다. 또 지위를 과시하고 싶은 고객은 배기량이나 디자인을 중요시한다.

상담원은 이러한 고객의 니즈를 잘 파악하여 고객의 니즈를 충족시킬 수 있는 상품의 포인트를 찾아내서 고객에게 제시해야 한다. 이 상품의 특징과 혜택, 장단점을 연구해서 설득력 있고 생동감 있는 언어로 고객을 자극해야 한다. 이를 셀링 포인트selling point 라고 하는데, 이것이 고객의 구매의사에 결정적인 영향을 미친다면 고객 입장에서는 이것이 구매 포인트buying point 가 되는 셈이다.

상담내용을 분석한 뒤 필자는 상담원들에게 상품의 특징과 사실만 나열하지 말고 우리가 파는 상품의 혜택을 고객의 관점에서 다시 찾아보게 하였다. 상담원들이 찾아낸 내용은 이러했다.

- 고객의 예금 계좌상태를 먼저 파악하여 이 고객에게 필요한 상품이 무엇인지 판단한다.
- 잔고를 많이 보유하고 있는 경우 '정기예금'을 권유한다.
- 잔고는 많지 않지만 일정한 금액이 꾸준히 들어오는 경우는 '정기적금'을 추천한다.
- 전세자금 대출을 상담하는 고객에게는 청약관련 상품을 가입했는지 문의한다.
- 만 20세가 넘었는데 청약관련 상품이 없는 경우 아파트 분양에 대한

안내를 통해 청약상품을 권유한다.

● 전화로 상품에 가입하고 불안하다는 고객에게 휴대폰 문자메시지 및 신규거래 확인증과 약관을 발송하며 영업점에서 신규 개설한 것과 동일하게 처리된다는 것을 알려준다.

● 은행에서 정한 우수고객의 경우 영업점에서 직접 가입할 경우 더 높은 금리를 받는 경우가 있는데 이럴 때는 "영업점에서 직접 가입하시면 추가금리를 받으실 수 있어서 지금 전화로 가입하시라고 권해드릴 수가 없다"고 정보를 줌으로써 고객만족을 획득하면서 신뢰를 얻는 기회로 삼는다.

이때 고객에게 제시하는 특징과 혜택사항은 3가지를 넘지 않도록 한다. 고객은 아무리 좋은 물건을 사더라도 본인이 사용하지 않는 기능에 대해서는 혜택이라 느끼지 못한다. 그러므로 세일즈를 할 때 고객에게 어떤 혜택이 있는지를 정리해서 제안하는 것이 효과적이다.

최근 콜센터의 달라진 위상을 설명하는 컨셉트가 있다면 무엇보다도 수익센터라는 말을 꼽을 수 있을 것이다. 도입 초기에 콜센터는 텔레마케팅 센터, 고객상담센터, 고객서비스센터처럼 회사마다 다양한 이름이 붙었다. 최근에는 역할과 위상이 달라진 현실을 반영하는 이름이 붙고 있다. 우선 언제, 어디서, 어떠한 이유에서든 고객이 바로 접촉할 수 있다는 편리성을 강조하는 콘택트 센터contact center라든가 콜 케어 센터call care center, 고객지향 중심에서 고객과의 관계개선과 평생 고객센터로서의 위상을 강조하는 CRM센터, 또 전화 이외에 인터넷이나 멀티미디어 환경에서 실시간으로 서비스가 자동처리되는 웹 콜센터, 고객감동센터, 고객행

복센터 등 다양한 이름들이 등장하고 있다.

그러나 콜센터 입장에서는 상담 서비스라는 고유기능에 덧붙여 매출과 이익을 직접적으로 창출해내는 수익실현의 기지로서 역할하는 것이 더 자랑스러울 것이다.

또한 인바운드 콜과 아웃바운드 콜을 구분하는 일은 무의미하다. 오히려 고객 입장에서 보면 전화 홍수 속에서 상품 세일즈를 전문적으로 하는 아웃바운드 상담원들의 전화가 얼마나 귀찮은가. 인바운드 콜에서 고객 문의사항에 대해 핵심적으로 설명하면서 그 가운데서 핵심 니즈를 찾아내어 마치 아웃바운드처럼 효과적으로 설명을 덧붙이면 충분하다.

- "청약예금이란 가입 후 2년이 지나면 아파트를 분양받을 수 있는 청약우선권이 주어지는 정기예금입니다. 고객님 말씀대로 공급이 넘쳐나서 현재 미분양 아파트가 많은 것도 사실입니다. 그렇지만 인기 있는 아파트를 구입하시려면 하루라도 빨리 가입해두시는 것이 좋습니다. 판교신도시의 청약 경쟁률이 190:1이라고 보도된 것 보셨는지요? 지금 전화로도 가입하실 수 있습니다."

- "적금이율은 연 3.5%입니다. 선생님처럼 이율이 너무 낮다고 생각하시는 분들이 많습니다. 그렇다면 매월 적금식으로 저축하되 그 돈을 주식이나 채권에 투자하여 수익률에 따라 배분받는 적립식 투자신탁은 어떻습니까?"

- "한 달 전화요금이 10만원에서 12만원 정도 나온다면 많이 쓰시는 편이네요. 그렇다면 '긴 시간 무료통화 요금제'를 추천하고 싶습니다. 기본료 외에 15,000원만 추가하시면 3분 이상 통화시 11시간 동안 무

료로 이용할 수 있습니다. 한 번 통화시 길게 하신다면 큰 이득을 누리실 수 있습니다. 지금 신청하시겠습니까?"

위의 몇 가지 사례처럼 인바운드를 활용하여 고객 만족을 극대화하면서 마케팅할 기회를 찾아내는 것이다.

K은행에 근무했을 때, 2005년부터 보통예금에 가입하고 있는 고객을 대상으로 고객이 영업점에 직접 찾아가지 않고 콜센터를 통하여 직접 예금상품에 가입할 수 있게 했다. 그러나 시행 초기여서인지 그 성과가 기대에 미치지 못했다. 그래서 우리는 먼저 본부 및 기획부서 직원들에게 부탁하여 콜센터 해당 파트에 전화를 걸어 직접 상품에 가입해보게 하였다. 마치 복싱 스파링 파트너처럼 100여 명의 직원들이 가장 먼저 고객이 되어주면서 상담원의 세일즈 스킬 연습상대가 되어준 것이다. 스파링 파트너의 목적은 선수가 배운 기술을 적절히 활용할 수 있도록 하는 것이다. 그러자 스파링 파트너 역을 했던 본부직원들로부터 갖가지 불만과 제안이 쏟아져나왔다. 영업점을 직접 방문하지 않고 전화만으로 가입하는 편리성 이외에는 특별한 혜택이 부각되지 않는다는 것이다.

'팔기 전에 먼저 사라'는 말이 있다. 고객의 마음을 움직이려면 고객이 그 상품을 사용했을 때 어떠한 결과가 나타날 것인가, 즉 상품을 사용함으로써 얼마나 혜택을 즐길 수 있을 것인가를 그림을 그려 보이듯 생생하게 묘사해주어야 한다. 그러기 위해서는 직원들이 먼저 자사 상품을 구입하여 사용해보아야 한다는 내 나름의 논리를 검증하고자 하는 의도도 있었는데, 결과는 필자의 예상과 일치했다.

한편 이때 드러난 문제점도 시급히 개선되어야 했다. 당시 필자가 분석한 문제점은 다음과 같았다.

첫째, ARS를 통해 상담원과 연결되는 절차가 복잡하고 연결까지의 대기시간이 너무 길다.

둘째, 상담직원들이 상품의 장단점을 제대로 설명하지 못하고 상품지식이 매우 부족하다.

셋째, 인바운드 상담 직원들의 세일즈 스킬에 대한 훈련이 부족하다.

이런 분석결과를 토대로 다시 스크립트를 만들고 롤플레잉을 해보았다. 아울러 매주 판매실적이 탁월한 직원의 콜을 직접 청취하게 해서 우수사례를 공유하게 했다. 그랬더니 두 달 만에 1인당 1억원 정도의 판매실적을 올릴 수 있었다.

인바운드 콜을 이용하여 세일즈로 연결시키라고 독려한다고 해서 성과가 오르는 것은 아니다. 먼저 동료 직원들이 스파링 파트너가 되어주고 이렇게 해서 드러난 부족한 세일즈 스킬을 롤플레잉을 통해서 세련되게 다듬었을 때 비로소 성과가 극대화된다는 것을 알 수 있다.